# 古代歷史文化 研究輯刊

## 二二編

王明蓀 主編

# 第7冊

## 六朝「大地」之多元思想及其詮釋（下）

林敏勝 著

國家圖書館出版品預行編目資料

六朝「大地」之多元思想及其詮釋（下）／林敏勝 著—初版
—新北市：花木蘭文化事業有限公司，2019〔民 108〕
目 8+164 面：19×26 公分
（古代歷史文化研究輯刊 二二編；第 7 冊）
ISBN 978-986-485-901-6（精裝）

1. 魏晉南北朝史 2. 魏晉南北朝哲學

618                                          108011797

ISBN-978-986-485-901-6

古代歷史文化研究輯刊
二二編　第七冊                    ISBN：978-986-485-901-6

## 六朝「大地」之多元思想及其詮釋（下）

作　　者　林敏勝
主　　編　王明蓀
總 編 輯　杜潔祥
副總編輯　楊嘉樂
編　　輯　許郁翎、王筑、張雅淋　美術編輯　陳逸婷
出　　版　花木蘭文化事業有限公司
發 行 人　高小娟
聯絡地址　235 新北市中和區中安街七二號十三樓
　　　　　電話：02-2923-1455／傳真：02-2923-1452
網　　址　http://www.huamulan.tw 信箱 hml810518@gmail.com
印　　刷　普羅文化出版廣告事業
初　　版　2019 年 9 月
全書字數　320304 字
定　　價　二二編 25 冊（精裝）台幣 63,000 元

# 六朝「大地」之多元思想及其詮釋（下）

林敏勝　著

## 圖　次

# 第四章　宇宙論、陰陽五行與六朝「大地」思想

　　《淮南子》乃漢代重要的哲學著作，其中的〈天文訓〉、〈地形訓〉、〈時則訓〉三篇，組織了漢代對於天、地、時的看法，可以說，〈天文訓〉、〈地形訓〉、〈時則訓〉三者，一方面分屬於不同的部門，另一方面又互相糾葛牽引，表皮看似分離、內層血脈纏繞。透過〈天文訓〉的文字，可以看出「天」是論述的主角，而宇宙生成、陽施陰化、天人感應等主題，構成了論天思想的架構；因此，觀天仍須察地、說地依附天理、天地因時制宜，天地人、空間、時間相互對應。〔註1〕而這些對應的機制，其配對的方式與邏輯，更被廣泛地收納於陰陽五行的架構，也顯現出中國對於「大地」思想的理解，不僅含括自然、人文等現代「科學」地理學的內容，也融匯了地理學的「術數」面向。而從另一個角度分析，〈天文訓〉、〈地形訓〉、〈時則訓〉三者各有專責職司，且必須與其他部門互相關照，這也可以說是中國「大地」思想在歷史進程當中的「配套措施」。

　　而《淮南子・地形訓》更顯現出對於「大地」思想的匯納成績。首先，〈地形訓〉當中所提到的陰陽五行學說與氣論，在隋代蕭吉的《五行大義》當中多所因襲；〈地形訓〉所提到的九州風土的說法，不僅在〈天文訓〉中曾提及，更是六朝方志論述各州風土民情的依據；此外，〈地形訓〉所記載的天廣地袤、量天步地、天徑數字等數據，在漢代亦非絕響，至少在《周髀》、

---

〔註1〕傅師大為曾根據《周髀》一書，研究出「時間」在中國前渾天時代天文學中具有重要地位，而古代出土的「式盤」也進一步顯示「時間」與「時間序列」在蓋天宇宙中的重要性。此處由《淮南子・時則訓》文字當中，更可以發現「時間」在天地論述當中的地位。參傅大為，〈對「周髀研究傳統」一文的補註〉，收入傅大為，《異時空裡的知識追逐——科學史與科學哲學論文集》（臺北，東大圖書公司，1992 年 10 月出版），頁 66～67。

張衡與漢代流行的緯書當中皆可發現這種論述；〔註2〕此外,〈地形訓〉所提出的「天一地二人三」的主張,並以陰陽五行來說明人、獸、禽、鳥、魚、蟲之生命的論點,在《五行大義》更踵事增華,進一步形成體系與系統的論述。〔註3〕

　　天文與星占是中國古代的大事,古代將天文現象與地上的州國互相對比附,使得天、地、人可以互相對應,藉以得出預測吉凶的判斷。此在正史〈天文志〉、〈五行志〉、〈律曆志〉,及唐代的幾本占經當中,都有詳細的論述。隋代蕭吉的《五行大義》一書,更是總結六朝以前闡論陰陽五行思想的一部代表性的文獻。全書環繞著「五行」的思想而建構。從而依天文星占史料為主,探討六朝陰陽五行與天文星占對於「方位觀念」的理解與論述,及其中所顯現的「大地」思想。

# 第一節　中國的宇宙論與「大地」思想——先秦到六朝的歷史回顧

　　六朝是中國歷史上宇宙論的探討最為活躍的時期。除了漢代的蓋天、渾天、宣夜三種宇宙論之外,還出現了定天論、安天論、穹天論、昕天論、渾蓋合一論等多種宇宙理論。這個時期,渾天論開始漸居優勢,蓋天說則愈來愈受到懷疑,因此有了諸多修正的理論產生。

## 一、天地學說中的「大地」論述

　　《晉書・天文志》記載:「古之言天者有三家,一曰蓋天,二曰宣夜,三曰渾天」〔註4〕,此三家所謂的「言天者」中,只有「宣夜」一家僅僅言天,

〔註2〕傅師大為曾例舉《周髀》與《洛書甄曜度》、《春秋考異郵》、《尚書考靈曜》等幾部緯書,認為在西漢前後,曾出現探求「周天里數」的風氣,也包括了「地之廣大多少」、「地厚、地昇降多少」、「地去天多少」等數據的記載,而《淮南子》的〈天文訓〉與〈地形訓〉當中各出現了不同的數字。傅師更進一步推論,張衡在〈靈憲〉中所提出的「天徑之數」與《淮南子・地形訓》中的天經數極似,有可能來自於早期讖緯傳統中的方士所撰寫的《淮南子》。參傅大為,〈論《周髀》研究傳統的歷史發展與轉折〉,收入傅大為,《異時空裡的知識追逐——科學史與科學哲學論文集》,頁3~5。
〔註3〕關於《論衡》、《淮南子》、《五行大義》,以及天地人、大宇宙、小宇宙之對應思想,將在第四章第二節當中,進一步深入探討。
〔註4〕《晉書》(臺北,鼎文書局,1995年6月出版)卷11〈天文志・上〉,頁278。

「蓋天」和「渾天」兩家則不僅言「天」，而且論「地」。此外，蓋天說又有兩個支派——一個支派被《晉書・天文志》稱作「周髀」，其基本觀點是：「天似蓋笠，地法覆盤，天地各中高外下」；另一個支派就是「天圓地方」說，《晉書・天文志》稱之爲「周髀家」，其基本觀點是：「天圓如張蓋，地方如棋局，……天形南高而北下」〔註5〕。下面，就要以言天諸家對於時空的見解爲引子，來探討在古代言天諸家的理論當中，有關於「地」的論述。

### （一）時空與大地

「時空」一詞，出於現代人對西文 time-space 之對譯。在對時空概念的抽象理解上，古代有多種說法。《尸子》曰：「四方上下曰宇，往古來今曰宙。」這是在中國典籍中找到的與現代「時空」概念對應較早的說法。此外，中國典籍來還常見的是用空間的三維性質來定義空間。例如，《管子》書中有〈宙合〉篇，後人解曰：「四方上下曰合」〔註6〕，「合」即爲抽象意義的空間概念。由「四方上下」著眼進行定義，顯然是強調的其三維性。

對於古代將「宇宙」連用或並提以表示空間的做法，東漢張衡在〈靈憲〉中已有論述：「過此而往者，未之或知也。未之或知者，宇宙之謂也。宇之表無極，宙之端無窮。」〔註7〕對於這一段話，論者咸以爲張衡提出了無限時空理念，從而給予高度評價。其實，從上下文來看，張衡這段話只討論了無限空間理念，並未指涉時間概念。

空間有限與否，直到今天仍然爲現代宇宙學所關注，也是古代哲人討論的熱點。古人在思考這一問題時，有多種說法，其中有不少主張空間無限。〔註8〕例如，《管子・宙合》即說：「宙合之意，上通於天之上，下泉於地之下，外出於四海之外；合絡天地，以爲一裏。散之至於無間，不可名而出。是大之無外，小之無內，故曰有橐天地。」〔註9〕天地囊括萬物，宙合又有

---

〔註5〕《晉書》卷 11〈天文志・上〉，頁 278～279。

〔註6〕湯孝純注譯、李振興校閱，《新譯管子讀本》（臺北，三民書局，1995 年 7 月出版）卷 4，〈宙合篇〉，頁 189。

〔註7〕張衡，〈靈憲〉，收入《全上古三代秦漢三國六朝文・全後漢文》卷 55，頁 533。

〔註8〕基本上，空間無限的判斷，合乎邏輯思惟。古人認爲，有形則有極，無形則無盡，空間是無形的，所以它無極無盡。這一思想方法具有普遍性，無論是在中國還是在西方，都可以覓到它的蹤跡。例如古羅馬盧克萊修就曾提出過一種投擲飛矛的理想實驗，用以論證空間的無限性。中西文化在用邏輯推理模式論證空間的無限性時，在思路上可說彼此相仿。

〔註9〕《新譯管子讀本》卷 4〈宙合篇〉，頁 218。

棠天地，大之無外，這樣的空間，應該說是無限的。又《列子‧湯問》同樣從宏觀和微觀兩個方面對空間性質進行探討，認為它「無極無盡」。殷湯曰：「然則上下八方有極盡乎？革曰：無則無極，有則有盡，朕何以知之？然無極之外，複無無極；無盡之中，複無無盡。朕是以知其無極無盡地，而不知其有極有盡也。」〔註10〕這裡借夏革之口，討論了空間的「極」與「盡」的問題。《列子》認為，如果空間是虛無，它就沒有邊緣，是無限的；如果空間由具體物質組成，它的內部就會有盡處，空間也就變成有限的空間。

　　另一方面，古代也有主張有限空間觀者。此種有限空間的理念，有它自己一定的觀測依據和數理推算過程。三國王蕃的議論，就充分表明了這一點。他說：「夫周徑目前定物，圖蓋天者尚不考驗，而乃論天地之外，日月所不照，陰陽所不至，日精所不及，儀衡所不測，皆為之說。虛誕無征，是亦鄒子瀛海之類也。」〔註11〕王蕃反對那種任意臆測天球之外空間範圍的方法，而表現出一種求實精神。

　　此外，中國古代探討空間理念的另一特徵，是其對空間取向性的重視，認為空間各向異性，方向具有絕對意義。這一特徵的作用首先在於它發展出了一套實用角度概念體系，用四維、八干、十二支表示二十四個地平方位角。這一體系成功地解決了物體分佈地平方位的表示問題，具有較大的實用價值。而中國古代對空間取向絕對性的論述很多，例如《管子‧七法》篇云：「不明於則，而欲錯儀畫制，猶立朝夕於運鈞之上」〔註12〕立朝夕，即確定東西取向。不能在旋轉的鈞石上建立方向標誌，因為方向本身是固定的。這裡涉及方向的絕對性。除了水準方向，古人對鉛直取向亦很重視，認為它是自然本身的特質，人類在主觀上不能對之加以更改。又如，《荀子‧王製篇》云：「有天有地，而上下有差」〔註13〕；《墨子‧辭過》云：「聖人有傳：天地也，則曰上下；四時也，則曰陰陽；人情也，則曰男女；禽獸也，則曰牝牡雄雌也。真天壤之情，雖有先王不能更也」〔註14〕這些，都反映了一種

〔註10〕楊伯峻，《列子集釋》（北京，中華書局，1997年10月出版）卷5，〈湯問篇〉，頁147～148。

〔註11〕王蕃，〈渾天象說〉，收入《全上古三代秦漢三國六朝文‧全三國文》，卷72，頁683。

〔註12〕《新譯管子讀本》卷2〈七法篇〉，頁96。

〔註13〕李滌生，《荀子集釋》（臺北，臺灣學生書局，1988年10月出版）〈王制〉，頁165。

〔註14〕張純一注述，《墨子集釋》（臺北，文史哲出版社，1993年1月出版）卷1，

空間上下的觀念。〔註15〕

### （二）地方思想

　　根據西漢論述蓋天說的專著《周髀》的記載，早在西周初年，就已出現「方屬地，圓屬天，天圓地方」的說法。因此，可以推測「天圓地方」是中國早期的一種天地觀。「天圓地方」觀念一開始即表現出一種原始與素樸，它出自於遠古對天地形狀的直觀感覺，〔註16〕而「周髀家」的「天圓地方」說常見於先秦史料的記載。例如：《莊子·說劍》曰：「上法圓天以順三光，下法方地以順四時」〔註17〕；又如《楚辭·天問》曰：「圓則九重，地方九則」〔註18〕等等。此外，從殷墟甲骨文的記載看，可以看出，殷人一方面把自己的國家稱作「中商」，一方面又把「中商」以外的周邊地區分別稱作東方、西方、南方、北方，這表明了，在殷人的心目中，整個大地是一個以商地為中心的四方形。〔註19〕

　　然而，天空和大地是否真的能給人以天圓地方的直觀感覺？如果僅就天空而言，的確有這種可能。因為，當人們白天在廣闊的大平原的某一固定位置進行觀察的時候，會覺得天空就像一個頂高旁低的大罩子籠罩著大地，與大地在遙遠的四周相會合，會合之處猶如一個很大很大的圓圈。也就是說，

頁 56～57。

〔註15〕中國古人的絕對上下觀念，與其固有的「地平大地觀」分不開。古人缺乏地球理念，認為大地是平的，在量級上與天的大小差不多，由此，上下取向是絕對的，背離地面，就是向上，否則為向下。後來，在中國古代宇宙架構理論中出現了渾天說，認為天包地外，否定了道統所謂天在上地在下的說法，但中國人對於上和下的理解並沒有改變。

〔註16〕鄭文光認為：「在一切原始民族當中，天圓地方說無疑是最早出現的、樸素的、直觀的宇宙圖式」，參鄭文光，《中國天文學源流》（臺北，萬卷樓圖書，2002 年 3 月出版），頁 215；陳久金認為：「很早以前就有樸素的天圓地方的天地概念。」參陳久金，〈渾天說的發展歷史新探〉，《科技史文集》第 1 集，上海科學技術出版社，1978 年，頁 59；金祖孟則認為：「天圓地方是人類對於天空和大地的直覺印象，是一種感性認識。」參金祖孟，《中國古宇宙論》（上海，華東師範大學出版社，1996 年 5 月出版），頁 28。

〔註17〕楊柳橋譯詁，《莊子譯詁》（上海，上海古籍出版社，1996 年 5 月出版），〈雜篇·說劍〉，頁 651。

〔註18〕傅錫任註譯，《新譯楚辭讀本》（臺北，三民書局，1984 年 12 月出版）卷 3，〈天問〉，頁 77～80。

〔註19〕美國學者艾蘭（S.Allan）認為在殷人的心目中，大地是一個「亞」字形，參艾蘭（S.Allan），〈「亞」形與殷人的宇宙觀〉，《中國文化》（上海，三聯書局，1992 年出版），第 4 期，頁 32。

在這種情況之下，人們是可以產生天空的周邊是圓形的直觀感覺。不過，需要指出的是，與此同時，人們同樣也會直觀地感受到大地的周邊也是圓形的，而不會有「大地周邊是方形」的感覺。〔註20〕

首先，以先秦、秦漢時期的文獻記載表明，當時人們對於「天圓地方」中的「方」字都是按「方形」來理解。例如，用車輿來比喻天地，認為天的形狀像車蓋，地的形狀像車體，這是當時人們的普遍想法。楚國詩人宋玉在〈大言賦〉中寫道：「方地為車，圓天為蓋。」〔註21〕；《周易‧說卦》曰：「乾為天，為圓。坤為地，為大輿。」〔註22〕而《周禮‧考工記》曰：「軫之方也，以象地也。蓋之圓也，以象天也。」〔註23〕這說明了古代以車體比喻大地，完全是因為在當時人們的心目中，大地的周邊形狀如看起來類似四方形的車體。又如，據《大戴禮記‧曾子天圓》的記載，春秋時期，單居離曾向曾參提問：「天圓而地方者，誠有之乎？」曾參的回答是：「如誠天圓而地方，則是四角之不掩也。」在單、曾二人的討論中，「地方」作「大地的周邊為方形」來理解，且存在大地的四角不能被圓形天蓋遮掩的矛盾。再如，《周髀》論曰：「環矩以為圓，合矩以為方。方屬地，圓屬天，天圓地

---

〔註20〕 關於「天圓地方」這個在中國古代流行的關於天地架構的學說，依拙見，恐怕不能因為它出現的年代比較早，就斷定其創立者僅僅是以直觀感覺為依據，而沒有進行過抽象的理性思辨。很難想像，能夠對天地架構這類重大問題，進行研究並作出回答的周髀家，在對天地的整體形狀進行判斷的時候，會僅憑在一時一地所得到的直觀感覺，就不加思索地作出結論。然而可以想像的是，當周髀家在大平原上獲得天像頂高旁低，倒扣在大地上的初步印象以後，作為一個理智的人，他一定會想到應該去天邊，也就是看似天地相合的地方考察一下，看看天地在那裡是否真的會合。只要他將這一想法付諸於實際行動，來到原來看似天地相合的地方，一定會發現，那裡的天空不僅沒有低垂下來與大地相連接，反而升到了頭頂上，變成了天穹的最高處；回頭再看原觀測地的天穹最高處，此時反而低垂下來，變成了與大地相連接的天邊。經過實地考察以後，周髀家一定能夠清楚地認識到，頂高旁低、周邊為圓圈的形狀，只不過是天空給予人們的一種視覺假象，而不是天空的真實形狀；同時還會認識到，天和地都是無比巨大的，僅憑自己有限的直觀感覺，無法真實地認識天和地的形狀，即使進行實地考察，也會因為不能到達天地的邊緣而無法實現直接觀看天邊和地邊形狀的目的。

〔註21〕 宋玉，〈大言賦〉，收入《全上古三代秦漢三國六朝文‧全上古三代文》卷9，頁128。

〔註22〕 關於「圓」字，《說文》釋：「圓，天體也。」段注：「圓，環也。」；關於「輿」字，《說文》釋：「輿，車輿也。」段注：「車輿，車之輿也。……輿為人所居。」

〔註23〕 此句中的「軫」是當時人們對車體的稱謂，參《十三經全文標點本》，頁511。

方。」〔註24〕由此可見，在《周髀》的這段論述中，「方」字有「四方形」的意思，因此「地方」的本義即是指大地的周邊爲「方形」的意思。

其次，根據先秦、秦漢時期的其他有關文獻的記載，當時人們對於「天圓地方」中的「地」字都是按「大地」而非「田地」來理解。例如，前面提到的楚國宋玉〈大言賦〉、《周易·說卦》以及《周禮·考工記》，都把天比喻成車蓋，把地比喻成車體。這些文獻之所以如此比喻，是因爲當時安裝有圓形頂蓋或傘蓋的供人乘坐的車輛，其車體均爲周邊呈四方形的車箱，而車箱並沒有分隔成形狀如田塊的小方格。〔註25〕又如，《大戴禮記》所記曾參關於「天圓地方」的看法是：「誠如天圓而地方，則是四角之不掩也」。文中的「地」字顯然也是指的整個大地，也只有這樣理解，才會有圓圓的天蓋掩遮不住方形大地的四角的問題。

此外，關於地方思想的考察，亦有推測，可能是依據「天動地靜」的現象。根據「地靜」現象，而得出大地爲方形的判斷；又根據「天動」現象，得出天空爲圓形的判斷。首先，「天動地靜」是古人所能感受到的天空和大地最顯著的整體運動特徵——大地是靜止不動，這是在通常情況下人人都能隨時隨地體驗到的直觀感覺；而晴朗的夜間，全天恆星以北極爲中心的同步周日視運動，則能使古人產生整個天蓋在不停地轉動的直觀感覺。所以，《莊子·天道》有云：「其動也天，其靜也地」〔註26〕；《禮記·樂記》有云：「著不息者天也；著不動者地也」〔註27〕；張衡《靈憲》亦云：「天致其動，地致其靜」〔註28〕。其次，在實際生活中，古代也有一種說法，那就是認爲，隨時隨地都能觀察到一種現象，即不同形狀的物體具有明顯不同的運動特性——圓形物體具有容易轉動的特性，方形物體則具有相對穩定難動的特性。

---

〔註24〕 文中的「矩」，是古代工匠的一種作圖工具。這段話的大意是：如果以矩的一條直角邊的端點 A 爲圓心，則另一條直角邊的端點 B 就可以環繞 A 畫出圓形，這個圓形就是天蓋的形狀；如果將兩矩形的四條直角邊對合起來，就可以圍成一個方形，這個方形就是大地的形狀。

〔註25〕 地下出土的大量車輛實物即可證明這一點，見河南省丹江庫區文物發掘隊，〈河南省淅川縣下寺春秋楚墓〉，《文物》，1980 年第 10 期）；河南文物研究所、周口地區文化局文物科，〈河南淮陽馬鞍家楚墓發掘簡報〉，《文物》，1984 年第 10 期）；又秦俑考古隊，〈秦始皇陵 2 號銅車馬清理簡報〉，《文物》，1983 年第 7 期）。

〔註26〕 楊柳橋，《莊子譯詁》，〈外篇·天道〉，頁 246。

〔註27〕 《十三經全文標點本》，頁 826。

〔註28〕 張衡，〈靈憲〉，收入《全上古三代秦漢三國六朝文·全後漢文》卷 55，頁 533。

例如《尹文子‧大道上》云：「圓者之轉，非能轉而轉，不得不轉也。方者之止，非能止而止，不得不止也。因圓之自轉，使不得止；因方之自止，使不得轉。」〔註29〕大概正是根據這種經驗的體會。《周髀》在無法對巨大天地的周邊形狀進行直接觀察的情況下，轉而推論，旋轉不止的天蓋，其邊緣可能是圓形的；靜止不動的大地，其邊緣可能是方形的。

　　三國時期，爲《周髀》作注的趙爽，曾在注文中指出「天圓地方」與「天動地靜」之間的關係。他說：「物有圓方，數有奇偶。天動爲圓，其數奇；地靜爲方，其數偶。」不過，由於他對於無法直接證實的「天圓地方」之說，還是表示了存疑態度。所以，他接著又說：「此配陰陽之義，非實天地之體也。天不可窮而見，地不可盡而觀，豈能定其圓方乎？」〔註30〕不過，趙爽的議論在古代似乎沒有產生多大影響，「天圓地方」觀在古人心目中的牢固地位並沒有被動搖。例如，後來取代蓋天說，並逐漸佔據主導地位的渾天說，雖然把對天空形狀的認識由圓蓋改成了圓球，但其信奉者依然相信大地的周邊是方形的，相信「天圓地方」與「天動地靜」之間的淵源關係。

### （三）地中思想

　　除了地方思想的出現，中國古代還有地中思想的產生。由於天圓地方的觀念，認爲天地分離，天在上、地在下，天地的大小是有限的，由此導出了地中概念的產生。既然天地的大小有限，地表就有個中心，此中心就是「地中」。歷史上有關地中位置的說法很多，以下略論幾種地中的思想。

　　首先，以蓋天學說而言，系統介紹蓋天學說的主要史料是《周髀》，在《晉書‧天文志》中有對於蓋天說的介紹。從〈晉志〉的說明當中，可以看出蓋天說的幾點看法。其一，是被《晉書》稱爲「周髀家」的說法：「天員如張蓋，地方如棊局」〔註31〕周髀家並未替「地中」提出明確的地中的說法。蓋天說的另一派，蔡邕稱其爲「周髀者」。其理論大略如下：「蔡邕所謂周髀者，及蓋天之說也。……其言天似蓋笠，地法覆槃，天地各中高外下。北極之下爲天地之中，其地最高。……天地隆高相從，日去地恆八萬里。」〔註32〕

---

〔註29〕徐忠良注注譯，《新譯尹文子》（臺北，三民書局，1996 年 1 月出版），〈大道‧上〉，頁 54～55。
〔註30〕《周髀算經》，收入《算經十書》（瀋陽，遼寧教育出版社，1998 年 12 月出版），卷上，頁 4。
〔註31〕《晉書》卷 11〈天文志‧上〉，頁 279。
〔註32〕《晉書》卷 11〈天文志‧上〉，頁 278。

因此，根據《周髀》的說法，天地有如一個「天好像蓋著的笠，地好像覆扣著的盤子」；天地都是中央高而外邊低，北極的下面，為天地之中，亦為地的最高處。〔註33〕其次，在渾天說方面，根據渾天說的理論，以東漢張衡〈渾天儀注〉為例來說明：「渾天如雞子，天體圓如彈丸，地如雞中黃，孤居於內。天大而地小，天表裡有水，天之包地，由殼之裹黃。……北極乃天之中也，在正北出地上三十六度。」〔註34〕依照張衡的說法，天不是一個蓋笠，而是一個圓球。另在張衡〈靈憲〉當中，曾提及：「天體於陽，故圓以動；地體於陰，故平以靜」的說法，而〈靈憲〉中也提到天周地廣的數字，〔註35〕也說明了渾天說認為大地是一個天球中的平面。〔註36〕

此外，在中國歷史上留下較大影響的還有「洛邑地中說」。關於該說，古籍中有許多記載，例如《論衡・難歲篇》：「儒者論天下九州，以為東西南北，盡地廣長，九州之內五千里。竟三河土中，周公卜宅，《經》曰：『王來紹上帝，自服於土中。』雒，則土之中也。」〔註37〕「雒」，即「洛」，周代以後稱洛邑，位置在今洛陽。「土中」亦即「地中」。因此，從周公的時代起，洛邑已經被認為是「地中」。分析其原因，其一，就地理位置而言，洛邑地處北緯 34 度半，在遠古時代，此地正是適宜於先民生存與棲息之地，也是古代衣冠文物發祥地。《史記・封禪書》曰：「昔三代之居，皆在河洛之間。」遠古時代，人們社會活動範圍不會太大，因而往往會產生一種感覺，認為自己居住的地方就是天下的中央。河洛地區衣冠文物發源比較早，河洛民眾認為雒是天下之中的思想，不可避免地要影響到其他衣冠文物相對落後地區的人們，這是洛邑地中說的地理根源。其二，洛邑地中說之所以廣泛被人們接受，是因為它跟周公營洛聯繫在一起。牧野之戰，周人打敗了殷人，武王因為洛

---

〔註33〕 傅師大為認為周髀強調天地之大，宇宙之廣，而入目所極有限，人的普通想像非常侷限；進一步，《周髀》也提出一套句股術來間接地算出人目所不及的天地廣袤之數。參傅大為，《異時空裡的知識追逐——科學史與科學哲學論文集》（臺北，東大圖書公司，1992 年 10 月出版），頁 38～39。

〔註34〕 張衡，〈渾天儀注〉，收入《隋書》卷 14〈天文志・上〉，頁 509。

〔註35〕 傅師大為認為〈靈憲〉中的「天徑之數」：二億三萬二千三百里，此數字與《淮南子・墜形訓》中的天徑數極似，可能也來自於早期讖緯傳統中的方士所撰寫的資料。參傅大為，《異時空裡的知識追逐——科學史與科學哲學論文集》（臺北，東大圖書公司，1992 年 10 月出版），頁 5。

〔註36〕 鄭文光，《中國天文學源流》，頁 212～213。

〔註37〕 黃暉，《論衡校釋》（北京，中華書局，1996 年 11 月出版）卷 24〈難歲篇〉，頁 1019～1020。

地居天下之中，有意在此營建東都。周爲小邦，猝然滅殷，實爲不易，因此周公營洛，有其政治上的考慮。這種情況之下，如何以偏居西土的鎬京爲國都，去鎮撫蠢蠢欲動的東方殷族遺民，進而治理整個天下？這成爲周初政治家不得不考慮的問題。考慮的結果，營建洛邑成了周初的國家策略。在古代社會條件下，把京師置於國家的幾何地理中心，確實符合管理的角度。周公歷來被儒家奉爲政治上的楷模，周公營洛無疑爲洛邑地中說罩上了一層神聖的光環，使它更易於被後人所接受，這是以洛邑爲地中的歷史淵源。

另外的說法是「陽城地中說」。陽城即今河南省登封告成，根據考古挖掘，目前此地有「禹都陽城」的說法。〔註38〕陽城地中說的由來，據說也跟周公有關。據文獻的記載，周公在營造洛邑時，首先對地中進行了測定，然而亦有認爲周公所測定的地中，並非在洛邑，而是在陽城。《周禮‧大司徒》記敘了周代對於地中所做的測定：「日至之景，尺有五寸，謂之地中。天地之所合也，四時之所交也，風雨之所會也，陰陽之所和也。然則百物阜安，乃建王國焉。」〔註39〕根據《周禮》這段文字來看，周公所定的地中，是以夏至的日影長度爲一尺五寸來定義地中，但是文句中並未明確指出地中的所在地。不過，之所以被後代認爲周公的地測日點在於陽城，乃係由於李淳風之認定。根據《隋書》的記載，李淳風對於陽城地中說有了進一步的談論：

> 昔者周公測晷影於陽城，以參考曆紀。其於《周禮》，在大司徒之職：
> 「以土圭之法，測土深、正日影，以求地中。日至之景，尺有五寸，
> 則天地之所合，四時之所交。百物阜安，乃建王國。」〔註40〕

關於地中是否爲陽城，李淳風並未提出進一步的看法，爲對於測「晷影」，則舉出許多古代與當代的例子，加以說明。首先，李淳風舉先儒的說法：「先儒皆云：夏至立八尺表於陽城，其影與土圭等。案《尙書考靈曜》稱：日永，景尺五寸，日短，景尺三寸。」接著，李淳風又舉出許多例子，測出的日景

---

〔註38〕目前考古學界根據河南登封王城崗所挖掘的龍山文化遺址的位置，發現與文獻記載的夏代陽城的地望十分吻合，因此推測此地很有可能就是夏代「禹都陽城」的遺址所在。參河南省文物研究所，〈登封王城崗遺址的發掘〉，《文物》，1983年第3期，頁16；河南省文物研究所，《登封王城崗與陽城》（北京，文物出版社，1992年1月出版），頁321～324。

〔註39〕《十三經全文標點本》，《周禮‧大司徒》，頁409。

〔註40〕《隋書》（臺北，鼎文書局，1974年7月出版）卷19〈天文志‧上〉，頁523。

有一尺五寸八、一尺四寸八、一尺六寸……，他又根據《尚書考靈曜》、《周髀》所提出的「日影於地，千里而差一寸」，以及當代的南北實測，歸納出「千里之言，未足依也，其揆測參差如此，故備論之」〔註41〕的論點。〔註42〕談到陽城爲地中的說法，有其一定的文化與歷史背景。從地中概念與早期人類社會活動中心之關係的角度來看，「禹都陽城」是古代文獻常見的說法，而考古發掘也證實了春秋戰國時期古陽城的存在，古陽城的位置確實是在今河南登封的告成，這表明以陽城爲地中的說法有其歷史淵源。此外，陽城緊臨嵩山，而嵩山在古代社會，也有其不可替代的神祕色彩。古代的嵩山還具有作爲溝通天地之通道的地位。夏都陽城，自然以陽城爲中心，此說與嵩山所具有的神祕色彩結合起來，並與天文學上對地中的需求相一致，成爲被相當一部分天文學家所認可的地中。

## 二、星占、分野與大地

中國古代的占星家認爲，天上的某一區域與地上的某個地域會相互影響，如果某部分天區內出現不尋常的天象，這意味著這一天區對應的某一地域將有大事發生，這種用星象變化來占卜地方人事的吉凶，而將地上的州、國與天上的星空區域匹配的占星法就叫「分野」〔註43〕。先秦和兩漢史料

〔註41〕《隋書》卷19〈天文志·上〉，頁523～526。
〔註42〕根據傅師大爲的研究，從唐代一行的關於「以句股量天度日」的看法，可知在唐代基本上推翻了「寸影差千里」之說法。首先，傅師指出，一行以在各地測「北極出地高」的結果，而批評王蕃所提出的「以句股量天度日」的作法係「以蠡測海者也」。其次，傅師認爲李淳風已覺得各地影差沒有恆定之數，「若以一等永定，恐皆乖理之實」。所以，李淳風推廣後的重差法在斜面上求日高，以維護「句股量天度日」之傳統，而完全不用「寸影差千里」之古法；反而，一行卻認爲以句股之術，由近處日影以推求天地之數這個基本構想是錯誤的，亦即不論我們怎麼去修改重差術的理論或是技巧都沒有用。參傅師大爲，《異時空裡的知識追逐——科學史與科學哲學論文集》（臺北，東大圖書公司，1992年10月出版），頁38～39。
〔註43〕有關星占與分野之研究，可參考陳遵嬀，《中國天文學史》（臺北，明文書局，1985年5月出版）第二冊，第17章〈分野〉，頁177～184；江曉原，《星占學與傳統文化》（上海，上海古籍出版社，1992年10月出版），頁62～74；江曉原，《12宮與28宿：歷史上的星占學》（瀋陽，遼寧教育出版社，2005年5月出版），頁217～228；江曉原、鈕衛星，《中國天學史》（上海，世紀出版公司，2005年8月出版），頁82～86；馮時，《中國天文考古學》（北京，社會科學文獻出版社，2001年11月出版），頁76～80；崔振

中保存了大量的分野記錄，儘管它們的具體內容還有差異，但是卻都是遵循
著這個原則而制訂。〔註44〕分野觀念不僅在遠古時代已具雛形，而且同其
他事物一樣，也經歷了由簡而繁的過程，這使得分野體系具有諸多不同的形
式。分野理論出現頗早，根據《周禮》所載職官中有「保章氏」，其職掌爲：

> 保章氏掌天星，以志星辰日月之變動，以觀天下之遷，辨其吉凶。
>
> 以星土辨九州之地，所封封域，皆有分星，以觀妖祥。以十有二歲
> 之相，觀天下之妖祥。〔註45〕

這段記載已經談到分野理論的幾個要點。首先，「所封封域，皆有分星」，指
出天上的星宿與地上的州國的對應，而且地上的州與天上的星宿皆可匹配，
其目的旨在關災祥、辨吉凶；「十有二歲」則指太歲而言，〔註46〕以太歲運行
的各種不同的樣貌，歸納出各種不同的妖祥兆瑞。

　　分野學說與星占的關係，是依據天象所在之星宿，推占其對應地區之人
事，這可能是中國原始時代流傳下來的文化現象。陳遵嬀認爲：「我們祖先
把天河擬爲地上的漢水，把它們叫做天漢或是河漢」〔註47〕，根據現存文

---

　　華，〈分野說探源〉，收入《中國科學技術史國際學術討論會論文集》（北京，
　　中國科學技術出版社，1992年出版），頁22～26；李勇，〈對中國古代恆星
　　分野和分野式盤研究〉，《自然科學史研究》11：1，1992年出刊），頁22～
　　31。

〔註44〕分野之說在星占上的使用方法，是依據天象所在之宿，推占其對應地區之人
　　　　事。古代中國人解決之法是創立「分野理論」，分野理論的基本思想是：將天
　　　　球劃分若干天區，使之與地上的郡國州府分別對應。如此一來，則某一天區
　　　　出現某種天象，其所主的吉凶，即爲針對地上對應郡國而兆示者。江曉原認
　　　　爲所謂的「分野」，是一個純粹出於古代中國的術語，在西方中缺乏完全對應
　　　　之詞，儘管有著類似的概念，都屬於用以預占「戰爭勝負、年成豐歉、王朝
　　　　盛衰」之類的星占學。其作法有兩種，一種是將天區作劃分，使之與地上不
　　　　同區域對應（天區分野）；或將時間作劃分，使不同時間內呈現的天象，分別
　　　　兆示不同地區的人事（時間分野）。參江曉原，《12宮與28宿：世界歷史上的
　　　　星占學》，頁54～55。

〔註45〕吳樹平點校，《十三經全文標點本》（北京，北京燕山出版社，1991年12月出
　　　　版），頁451。

〔註46〕所謂「太歲」，是一個假想的天體，它以自東向西的方向在天上運行，十二年
　　　　一周，與當時人們所知的木星（歲星），運行的速度相同，而方向相反。沿著
　　　　木星所運行的方向劃分爲「十二次」，各有專名；沿著太歲所行的方向劃分爲
　　　　「十二辰」，用十二地支表示。在古代，這兩種劃分法，連同二十八宿、十二
　　　　古國、十二州等，都有整套對應之法。

〔註47〕陳遵嬀指出：「我們祖先把天河擬爲地上的漢水，把它叫做天漢或河漢；加爾
　　　　底亞古代則把銀河擬爲底格里斯和幼發拉底兩大河，……把周天從東向西，

獻，所記分野的文字連用，最早出現於春秋時代，根據《國語》所記載：「歲之所在，則我有周之分野」〔註48〕，已明確使用「分野」一詞。而集中且成系統的分野學說，大致出現於戰國時代。〔註49〕因此，中國古代的分野並非整齊畫一，而是有著許多的方法，或者稱爲有多種體系，尤其是在兩漢時期，各家的說法大相逕庭。〔註50〕由史料分析可以歸納出先秦至六朝，中國歷史上至少存在著二大分野系統——空間分野、時間分野；〔註51〕三種分野學說——干支分野、星土分野、九宮分野；這三種學說又包含了八種分野模式（參圖4-1：分野系統圖）〔註52〕。以下將依照這三種分野模式，略述其理論於后，再以這些說法來觀察〈天文志〉中的分野記錄。

配以十二辰，這可以說是分野說的原始觀念。」參陳遵媯《中國天文學史》第二冊，頁179。

〔註48〕《國語》（臺北，里仁書局，1971年7月出版）卷3，〈周語・下〉，頁138。

〔註49〕陳遵媯主張分野的起源，大概在戰國時代，他認爲分野大概先以實沈配於趙，大火配於宋，鶉火配於周，然後再把黃道周天配給周圍的各國。又從周的分野爲鶉火，魏的分野爲大梁，可以知道制定分野的年代，當和制定十二次的年代同時，即在戰國時代，可能在西元前350年前後。參陳遵媯，《中國天文學史》第二冊，頁177～180。

〔註50〕陳遵媯認爲，分野說的起源，可以上溯至戰國時代，而《史記》所記載的分野說是前漢所制定的；《漢書・地理志》和《淮南子・天文訓》所記載的是後漢時代的分野學說，可能是過去的分野說的變形。考察這三種學說，依某種特定的對應方式進行的地域劃分，其目的是爲了占卜地域的吉凶。因此，分野不僅因天文的劃分不同以及時代的不同而變化，而且更重要的是不同的對應方式有不同的分野模式。參陳遵媯，《中國天文學史》第二冊，頁177～184。

〔註51〕江曉原認爲建立分野理論，目的在於解決天象與不同地域中的人事的對應，這有兩種途徑：一種是「地域分野」，中國星占學主要走這條途徑；另一種途徑即「時間分野」，將一年或一日中的日期、月份、時刻等分配給不同地域，如此則在什麼時候出現星占學意義的天象，此天象所兆示的人事吉凶，即應在與此時間相配的地域，這種時間分野系統在古埃及星占學中被廣泛使用。參江曉原，《12宮與28宿：歷史上的星占學》（瀋陽，遼寧教育出版社，2005年5月出版），頁226。

〔註52〕李勇主張中國歷代的分野學說，基本上可分爲三種分野模式，亦即干支說、星土說、九天說。干支分野包含十干分野與十二支分野兩種模式；星土分野包含五種分野模式——單星分野、五星分野、北斗分野、十二次及二十八宿分野。參李勇，〈對中國古代恆星分野和分野式盤研究〉；《自然科學史研究》11：1（1992年出刊），頁22～31。

**圖 4-1：分野系統圖**〔註 53〕

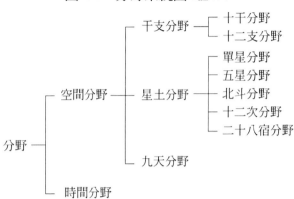

## （一）分野模式略論

### 1. 干支分野

干支分野可見於《淮南子》、《漢書》、《開元占經》等史料的記載。根據《淮南子・天文訓》的記載：「甲戌，燕也；乙酉，齊也；丙午，越也；丁巳，楚也；庚申，秦也；辛卯，戎也；壬子，代也；癸亥，胡也；戊戌、己亥，韓也；己酉、己卯，魏也；戊午、戊子，八合天下也。」〔註 54〕這裡可以看出《淮南子》將十天干、十二地支配對於分野的情形。而《漢書・天文志》的記載並不相同，在《漢書》裡面，十天干與十二地支，分別各有一套對應的系統：「甲齊，乙東夷，丙楚，丁南夷，戊魏，己韓，庚秦，辛西夷，壬燕、趙，癸北夷。」〔註 55〕這是十干分野；「子周，丑翟，寅趙，卯鄭，辰邗鄲，巳衛，午秦，未中山，申齊，酉魯，戌吳、越，亥燕、代。」〔註 56〕這是十二支分野。再者，《開元占經》的說法如下：「石氏曰：甲、為齊；乙、為東海；丙、為楚；丁、為南蠻；戊、為魏；己、為韓；庚、為秦；辛、為西夷；壬、為燕；癸、為北夷。……石氏曰：子、為周；丑、為翟；寅、為趙；卯、為鄭；辰、為晉；巳、為衛；午、為秦；未、為中山；申、為齊；酉、為魯；戌、為趙；亥、為燕。」〔註 57〕這裡由《淮南子》、

〔註 53〕參李勇，〈對中國古代恆星分野和分野式盤研究〉，頁 22～31。

〔註 54〕劉文典，《淮南鴻烈集解》（北京，中華書局，1997 年 1 月出版）卷 3〈天文訓〉，頁 125。

〔註 55〕《漢書》卷 28〈天文志〉，頁 1288。

〔註 56〕《漢書》卷 28〈天文志〉，頁 1288。

〔註 57〕《開元占經》，收入李零主編，《中國方數概觀・占星卷》（北京，人民中國出版社，1993 年 12 月出版），卷 64〈分野略例・日辰占邦〉，頁 647。

《漢書》和《開元占經》關於干支分野的史料分析，可知早期的分野學說與中土的大地的關係，除了中原古國（燕、齊、韓、趙、魏、秦、晉、鄭、周、魯、中山國等）具有分野的地位以外，其他的南方邦國（吳、越、楚），甚至於外族（北夷、西夷、南蠻）〔註58〕，也具有分參「天垂象、示吉凶」的一席地位。

### 2. 九天分野

中國古代有九天、九野之說，將九天配以星名的分野法，稱爲九野法。〔註59〕九野法在《呂氏春秋》和《淮南子》等典籍中均有記載。根據《呂氏春秋》的說法：「天有九野，地有九州。……何謂九野？中央日鈞天，其星角、亢、氐；東方日蒼天，其星房、心、尾；東北日變天，其星箕、斗、牽牛；北方日玄天，其星婺女、虛、危、營室；西北日幽天，其星東壁、奎、婁；西方日顥天，其星胃、昴、畢；西南日朱天，其星觜嶲、參、東井；南方日炎天，其星輿鬼、柳、七星；東南日陽天，其星張、翼、軫；何謂九州？河漢之間日豫州，周也；兩河之間爲冀州，晉也；河濟之間爲兗州，衛也；東方爲青州，齊也；泗上爲徐州，魯也；東南爲揚州，越也；南方爲荊州，楚也；西方爲雍州，秦也；北方爲幽州，燕也。」〔註60〕；而《淮南子》的史料大體上與《呂氏春秋》相同。〔註61〕觀察九天分野的說法，可知《呂氏春秋》在論述時，企圖將將「九天」（鈞天、蒼天、變天、玄天、幽天、顥天、朱天、炎天、陽天）以「二十八宿」的分割區塊，呈顯出分野的面貌。其次，《呂氏春秋》在提出了九天與九州（豫州、冀州、兗州、青州、徐州、揚州、荊州、雍州、幽州）之說，然而對於九天應如何與九州配屬，並未進一步提出說明。〔註62〕然而在《呂氏春秋》的分野說法之中，「二十八宿」

〔註58〕唐代李淳風曾斬釘截鐵地認爲，分野具有「正統」論的說法，他認爲夷狄外邦是沒有資格入分野之列的。然而，依拙見，觀察《淮南子》與《漢書》，可知在分野早期的發展過程，並未完全排除外族的參列。參《乙巳占》的一些論點，詳後論。

〔註59〕崔振華主張中國古代將九天配以星名的分野法爲「九野法」，參崔振華，〈分野說探源〉，收入《中國科學技術史國際學術討論會論文集》（北京，中國科學技術出版社，1992年出版），頁22～26。

〔註60〕朱永嘉、蕭木注譯、黃志民校閱，《新譯呂氏春秋》（臺北，三民書局，1995年8月出版）上冊，卷13，〈有始覽〉，頁601～604。

〔註61〕《淮南子》的分法，大體與《呂氏春秋》相同，唯一不同的是把婺女改爲須女。參《淮南鴻烈集解》卷3，〈天文訓〉，頁87～88。

〔註62〕陳遵媯主張《呂氏春秋》與《淮南子》所載的所謂「天之九野」的說法，並

的名稱已經出現，[註63]且應用在分野的理論。

### 3. 星土分野

在分野學說中，星土分野包括了較爲廣泛的內容與歷史。[註64]其中，以五大行星爲主，進行天區劃分的分野模式稱爲「五星分野」[註65]，關於五星分野，《史記・天官書》和《乙巳占》卷3都有記載。以《史記・天官書》爲例，其記載如下，太史公曰：「二十八舍主十二州，斗秉兼之，所從來久矣。秦之疆，候在辰星，占於野狼狐；吳、楚之疆，侯在熒惑，占於鳥衡；燕、齊之疆，侯在辰星，占於虛、危；宋、鄭之疆，侯在歲星，占於房、心；晉之疆，亦侯在辰星，占於參罰。」而李淳風參考了太史公的說法，認爲：「二十八舍，主十二州，所從來久矣。秦之疆，候在太白，占於辰弧；吳、楚之疆，候在熒惑，占於衡星；燕、齊之疆，候在辰星，占於虛尾；宋、鄭之疆，候在歲星，占於房心；晉之疆，亦候在塡星，占於參。」[註66]從這裡可以看到，李淳風對於五星分野的理論依據，係源自於〈天官書〉的說法，而略有更替。

其次，在正史〈天文志〉的分野記錄中比較常見的是所謂的十二次與二十八宿分野，即是以十二次和二十八宿爲主，[註67]進行天區分劃的分野方

無直接的關係，只是以二十八宿配九天，並未將九天與九州做成配對。參陳遵嬀，《中國天文學史》（臺北，明文書局，1985年5月出版）第二冊，第17章〈分野〉，頁180。

[註63] 九野中有八野均匹配三宿，唯有北方（玄天）匹配四宿（婺女、虛、危、營室）。關於這點，崔振華認爲大概是北極是天的中央，是天地之位，應配以四宿，至於把它配於北方，也許和禹貢九州的思想是同一系統，和地上天子的南面稱王之思想相同。參崔振華，〈分野說探源〉，收入《中國科學技術史國際學術討論會論文集》，頁24。

[註64] 李勇認爲中國分野理論的核心是星土說。參李勇，〈對中國古代恆星分野和分野式盤研究〉，《自然科學史研究》11：1（1992年出版），頁23。

[註65] 五星，係指金、木、水、火、土，太陽系的五大行星。不過，古代中國對此五大行星的稱呼，並不像今天這樣直呼其名，而是另有一套習用的稱法，在典籍中專有的稱呼如下：木星——歲星；火星——熒惑；土星——鎭星、塡星；金星——太白；水星——辰星。五行之說在中國傳統文化中有極爲廣泛的影響。在行星星占學中，五行學說的影響層面可見一斑，因此可見五星的名字，與五行學說之間的關係。

[註66] 《乙巳占》卷3，頁61。

[註67] 在《爾雅・釋天》中記載了十二次與二十八宿的對應關係則是：「壽星，角、亢。天根，氐也。天駟，房也。大辰，房、心、尾也。析木，謂之津，箕斗之間漢津也。星紀，斗、牽牛也。玄枵，虛也。營室謂之定。娵訾之口，營

式。〔註68〕二十八宿與州國對應的史料十分豐富，而且二十八宿分野與十二次分野又往往聯繫在一起。〔註69〕而在歷史上的十二次與二十八宿分野體系中，最為規範的天地對應構圖，見於《晉書・天文志》，係出於李淳風的設計。基本上，這一體系由兩部分組成：第一部份稱為「十二次」，主要是將十二次與二十八宿精確對應起來，同時也給出對應的十二次的地支與分野。由於周天的劃分十二次均勻，而二十八宿不均勻，為了將此二者以比較精確

室、東壁也。降婁，奎婁也。大梁，昴也。西陸，昴也。
濁謂之畢，洙謂之柳，柳，鶉火也。」參《十三經全文標點本》，頁2129。
不過，李淳風在《乙巳占》卷3中，關於十二次與二十八宿的對應關係與《爾雅・釋天》的記述略有出入。李淳風的將十二次與二十八宿對對如下：（參李淳風，《乙巳占》，卷3，頁54〜60。）

| 十二次 | 二十八宿 |
| --- | --- |
| 壽星 | 角、亢 |
| 大火 | 氐、房、心 |
| 析木 | 尾、箕 |
| 星紀 | 斗、牛 |
| 玄枵 | 女、虛 |
| 娵訾 | 危、室、壁 |
| 降婁 | 奎、婁 |
| 大梁 | 胃、昴 |
| 實沈 | 畢、觜、參 |
| 鶉首 | 井、鬼 |
| 鶉火 | 柳、七星、張 |
| 鶉尾 | 翼、軫 |

〔註68〕二十八宿的名稱最早見於《呂氏春秋》，二十八宿又名二十八舍，或是二十八星。古代為了測定和比較日、月、五星的運行而沿天黃赤道帶設立的二十八個星官作為標誌，根據目前所掌握的史料和出土的文物的發現，二十八宿的創立至遲在春秋戰國初期即已產生。二十八宿從角宿開始的名稱排列如下：
　　東方七宿——角、亢、氐、房、心、尾、箕
　　北方七宿——斗牛（牽牛）、女（須女或婺女）、虛、危、室（營室）、壁（東壁）
　　西方七宿——奎、婁、胃、昴、畢、觜（觜巂）、參
　　南方七宿——井（東井）、鬼（輿鬼）、柳、星（七星）、張、翼、軫
參崔振華，〈分野說探源〉，頁23。
〔註69〕崔鎮華認為十二次在初之時，乃依據二十八宿的四宮（即四象），每宮分成三次，以與二十八宿配對，但是由於四宮的赤經廣度不等，故十二次的赤經廣度也參差不齊。參崔振華，〈分野說探源〉，頁23；又江曉原認為十二次及二十八宿兩套體系的出現和定型，似乎都在九州之說問世之後。參江曉原，《12宮與28宿：歷史上的星占學》，頁220〜221。

地的對立，因此有些宿被分割開來。下面依照十二次分為十二組，順次列出，每組依次為次名、地支、古國名、古州名、二十八宿名（部分二十八宿右下角的數字是分跨兩次的）：

表 4-1：《晉書·天文志》「二十八宿分野表」〔註70〕

| 十二次 | 十二地支 | 古國名 | 古州名 | 二十八宿 |
|---|---|---|---|---|
| 1. 壽星 | 辰 | 鄭 | 兗州 | 軫 12、角、亢、氐 4 |
| 2. 大火 | 卯 | 宋 | 豫州 | 氐 5、房、心、尾 9 |
| 3. 析木 | 寅 | 燕 | 幽州 | 尾 10、箕、斗 11 |
| 4. 星紀 | 丑 | 吳越 | 揚州 | 斗 12、牽牛、須女 7 |
| 5. 玄枵 | 子 | 齊 | 青州 | 須女 8、虛、危 15 |
| 6. 娵訾 | 亥 | 衛 | 并州 | 危 10、室、壁、奎 4 |
| 7. 降婁 | 戌 | 魯 | 徐州 | 奎 5、婁、胃 6 |
| 8. 大梁 | 酉 | 趙 | 冀州 | 胃 7、昴、畢 11 |
| 9. 實沈 | 申 | 魏 | 益州 | 畢 12、觜、參、東井 15 |
| 10. 鶉首 | 未 | 秦 | 雍州 | 東井 16、輿鬼、柳 8 |
| 11. 鶉火 | 午 | 周 | 三河 | 柳 9、七星、張 16 |
| 12. 鶉尾 | 巳 | 楚 | 荊州 | 張 17、翼、軫 11 |

在上表中，顯現出李淳風對於分野體系追求精緻、規範化的成績。從第一至四欄位，可以看出李淳風將十二次、十二地支、古國、古州配對的分野，然而在二十八宿座標體系內，每宿所占的度數頗不均勻，例如最大的是東井，30 多度；最小的是觜宿，只有 2 度。但是十二次則是將周天均分為十二等分。因此，此二者要精確對應，有些宿必須被分割。上表二十八宿欄位，凡宿右下角的數字，表示了該宿在數字所示的度數之處被分割，而不標數字者則表示了該宿全部都屬於某次。例如，以玄枵為例，它占有從須女宿 8 度開始，經過須宿全部，到危宿 15 度為止的一片區域。又如鶉尾，它占有從張宿 17 度開始，經過翼宿全部，到軫宿 11 度為止的區域。

（二）〈天文志〉分野史料分析──分野、星占與「大地」思想之考察

1. 分野與「正統論」之解釋

分野理論在論述之時，牽涉到「正統論」的觀點，首先以李淳風在《晉

---

〔註70〕《晉書》卷 11〈天文志·上〉，頁 307～309。

書‧天文志》中的說法爲引子，來說明這個問題。根據《晉書‧天文志》的記載：

> 《蜀記》稱明帝問黃權曰：「天下鼎立，何地爲正？」對曰：「當驗天文。往昔熒惑守心而文帝崩，吳、蜀無事，此其微也。」〔註71〕

黃權在回答魏明帝詢問此正統問題時，不以國家的面積或是國力的大小爲回答的標準，反而以天象與人事之間的對應，做爲這個問題的依據。因此，魏文帝曹丕的駕崩，吳、蜀之君無恙，反倒成爲證明魏爲正統的鐵證。而從個問題的回答思考上，也可以看出古代天文星占家對於天象之於人事的解釋技巧。其次，李淳風的引用這個例子，也可以說明了「正統論」在天文星占家與國君的心目之重要性。關於正統論，李淳風在《乙巳占》中，還有進一步的說明。根據《乙巳占》的記載：「天高不極，地厚無窮，凡在生靈，咸蒙覆載，而上分辰宿，下列侯王，分野獨擅於中華，星次不霑於荒服；至於蠻夷君長，狄戎虜酋豪，……應驗全無。……華夏者，道德禮樂忠信之秀氣也，故聖人處焉，君子生焉；彼四夷者，北狄洰寒、穹廬野牧；南蠻水族、暑濕蒸耨；東夷穴處、寄托海隅；西戎氈裘、爰居瀚海；莫不殘暴狼汩，鳥語獸音，炎涼氣偏，風土憒薄，人面獸心，宴安鴆毒，以此而說，豈得與中夏皆同日而言哉。」〔註72〕因此，在李淳風的觀點，中夏乃是禮義之邦，具有道德禮樂忠信之秀氣，而蠻夷的文化落後，所以分野的派分上，蠻夷不具有論述的地位。然而，事實果真如李淳風所言？

首先，由前面關於干支分野的說明，根據《淮南子》和《漢書》等早期的分野史料，可知早期的分野學說與中土的大地的關係，除了中原古國（燕、齊、韓、趙、魏、秦、晉、鄭、周、魯、中山國等）具有分野的地位以外，其他的南土邦國（吳、越、楚），甚至於外族（北夷、西夷、南蠻），也同樣具有分參「天垂象、示吉凶」的一席地位。其次，六朝時期屬於中國的分裂時期，南北雙方各有不同的政權同時存在，有時甚至於有多個政權同時並存。這些政府是否亦自視爲正統所在？觀察史料，情形似乎也不盡相同。以魏明帝太和六年（232）的這條史料分析：「魏明帝太和六年，……十一月有星孛於翼，占曰：『爲兵喪』，翼，楚分，孫權封略也。明年，權有遼

---

〔註71〕《晉書》卷13〈天文志‧下〉，頁362。
〔註72〕參《乙巳占》，收入《中國方術概觀‧占星卷》（北京，人民中國出版社，1993年12月出版）卷3，〈分野〉，頁65。

東之敗。」〔註73〕一方面，占星家使用「二十八宿分野」，主張「翼，楚也，有兵喪」的星占，承認了天上的兆象對應於南方的楚地，而事實上，孫權的兵敗就是這條天象的分野之應。另外一條發生於三國時代的星占史料，更是明白地指出天象兆示於南方的吳國。這條史料在時間上，以孫權赤烏十三年（250）爲天象發生的時間，且其兆示爲：「吳主孫權赤烏十三年，五月，熒惑逆行入南斗，占曰：『熒惑逆行，其地有死君。』太元二年權薨，是其應也。故國志書於吳而不書於魏也。」〔註74〕在分野的操作上，以熒惑逆行的情況來分析，也間接地指出熒惑這種天象與君王地位的關鍵性，而孫權的死亡，也進一步使得星占家不得不以其應驗，而加以記載。〔註75〕

南北朝時期，政權的更迭、君王的篡弑更爲頻繁，「正統論」在星占分野上，是否進一步確認？似乎亦非如此。首先，以東晉穆帝永和四年（348）的這條史料分析：「東晉穆帝永和四年，五月，熒惑入婁，占在趙，及爲兵喪。五年，石虎僭號稱帝，尋病死。」〔註76〕這條史料以南方的年號，熒惑入婁的天象，分野占測在「趙地」，隔年「石虎僭號稱帝，尋病死」論斷。一方面認爲天象所兆示的就是石虎的稱帝與病薨，此外，在占測「趙地」的說法上，星占家似乎也有籠統解釋之嫌。這是因爲根據「二十八宿分野」的理論，「婁」的對應之州國應爲「魯國、徐州」，而「趙」應與「冀州」對應，然而，星占家卻逕以石虎所建立之國的僭號「趙」爲其應，完全忽略了理論上所應正確對應之地域。這也顯示出分野在解釋上的彈性。因此，基於上述的論述，李淳風所認爲的分野具有「正統」論，夷狄外邦是沒有資格進入分野之列的說法，依拙見，在六朝分野的實務上，似乎並未完全排除外族的參列。

## 2. 分野與「南北分裂」之解釋

六朝時期是版圖紛亂複雜的時期，所謂「版籍爲之渾淆，職方所不能記。」〔註77〕有關文獻記載又「舛錯過半」〔註78〕。首先，唐初史臣修纂《晉書·

〔註73〕《宋書》卷23〈天文志·一〉，頁682。

〔註74〕《宋書》卷23〈天文志·一〉，頁688。

〔註75〕三國時期，另有二條有關分野的史料，亦涉及正統論的情形。分別是魏齊王正始元年（240）與魏高貴鄉公正元元年（254），這兩條史料皆標明魏的年號，占在「牛，吳越之分」，而事件的主角是吳國的君王，高貴鄉公這條也標明「……是其應也，故國志又書於吳。」，從這裡似乎也可以看出星占分野在正統的解釋上的權宜情形。參《宋書》卷23〈天文志·一〉，頁686、690。

〔註76〕《宋書》卷24〈天文志〉，頁713。

〔註77〕《宋書》（臺北，鼎文書局，1993年10月出版）卷11〈志序〉，頁205。

地理志》，大要以太康元年（280）平吳之後，太康三年（282）廢寧州之前爲定限，實爲一部「西晉」之地理志。〔註79〕清洪亮吉曾指出：「歷史地志，互有得失，其最舛者，則惟晉史地理志乎。」〔註80〕再檢之《宋書・州郡志》，敘及東晉史事，或略而不盡，或沿革不清，與紀傳舛錯者又時時而有。除此之外，討論東晉疆域政區，尚有兩大困難：一則實土之廣狹無常，二則僑土之名目多復。〔註81〕考東晉實有土地，「建武、太寧，規摹粗定；始削于咸和，而旋振于永和；再蹙于寧康，而復拓于太元；三挫于隆安，而大闢于義熙。」〔註82〕至若僑置州郡縣，更造成地理概念的極大混亂，「且省置交加，日回月徙，寄寓遷流，迄無定託，邦名邑號，難或詳書。」〔註83〕以沈約去晉世未遠，獨有「地理參差，其詳難舉，實由名號驟易，境土屢分，或一郡一縣，割成四五，四五之中，亟有離合，千回百改，巧曆不算，尋校推求，未易精悉」〔註84〕之嘆，何況千數百年後之今人？〔註85〕晉末宋初，經過義熙土斷與元嘉割實土於僑州以後，僑州、郡、縣的問題有所解決，然而，地方政區的紊亂狀況並未因此而好轉。此乃由於「濫置州郡」的緣故，南北朝時期，政區紊亂的程度與濫置州郡存在著微妙關係。造成了南北「同州同名」、「同郡同名」、「同縣同名」者；或東西俱立同州、同郡、同縣者，這正是南北朝時期分裂割據時代的歷史現象。「濫置州郡」是南北朝共同的社會現象。〔註86〕因次，由於南北分裂的歷史局面，使得地理面向也變得較爲複

---

〔註78〕〔清〕洪齮孫，《補梁疆域志・序》，收入《二十五史補篇》（臺北：臺灣開明書店，1974 年 6 月出版）冊三，頁 4361。

〔註79〕胡阿祥，〈六朝疆域與政區研究史料評說〉，《歷史地理》12 輯（上海，1995年 3 月），頁 237。

〔註80〕洪亮吉指出〈晉志〉在惠帝以下即多脫略，至永嘉以後迄東晉之百餘年間，不獨僅綴數語，而且謬妄叢生。參〔清〕洪亮吉，《東晉疆域志・序》，收入《二十五史補篇》冊三，頁 3579。

〔註81〕陳琳國，《魏晉南北朝政治制度研究》（臺北，文津出版社，1994 年 3 月出版），頁 198。

〔註82〕〔清〕洪亮吉，《東晉疆域志・序》，收入《二十五史補篇》冊三，頁 3579。

〔註83〕《宋書》卷 11〈志序〉，頁 205。

〔註84〕梁代沈約在編撰《宋書》之時，即已發現疆域之繁簡失當、州郡變遷、名稱混亂等問題，參《宋書》卷 35〈州郡志〉，頁 1028。依拙見，這對於以地理區域爲指標的分野學說，造成一定程度的影響。

〔註85〕胡阿祥，〈六朝疆域與政區研究史料評說〉，頁 235。

〔註86〕殆南北朝晚期，不論南北都颳起了濫置州郡之風氣，陳琳國教授認爲歸納其原因，有四點：第一、多置州郡，是削弱地方勢力的重要措施，這是南北朝

雜，當六朝的星占家在分析解釋分野的學說之時，就必須針對地理的因素，另做一番解釋。

例如，觀察〈天文志〉的分野史料，可以發現，有諸多分野地名根本不相稱、南北地名互有差異、甚至根本棄地域另做新的解釋。以東晉穆帝永和四年（348）這條史料為例：「東晉穆帝永和四年，五月，熒惑入婁，占在趙。及為兵喪。……石虎僭號稱帝。」〔註87〕熒惑入婁，婁屬魯地、徐州，並不屬於趙地、冀州（二十八宿在昴、畢）。星占家不以地名為星占的依據，反而逕以石虎國號「趙」來論斷。此外，再觀察東晉哀帝興寧元年（363）這條史料：「東晉哀帝興寧元年，十月，月奄太白，在須女。占曰：『災在揚州。』三年，洛陽沒。」〔註88〕此處，須女的分野在吳越、揚州，占測揚州將有災，不過，事實的結果，卻是三年後（365）的洛陽發生災害。這一方面顯示了理論上的占測與實際發生的結果可能有異，另一方面也顯示出分野的星占現象與災變的發生存有時間遞延的情形。

再看有關於地名不相稱的情形，根據梁武帝天監七年（508）的分野記載：「梁武帝天監七年，九月，月犯東井，占曰：『有水災。』其年京師大水。」〔註89〕二十八宿的東井，對應在秦地、雍州；而當時北朝的雍州在長安，南朝的雍州在襄陽，其年建康發生水災，因此這條分野占測，地名上南北均不相稱。又如魏明帝青龍四年（236）的記載：「魏明帝青龍四年，五月太白犯畢，占曰：『畢為邊兵，又主刑罰。』九月，涼州塞外胡阿畢師侵犯諸國。」〔註90〕觀察這條史料，可以發現太白犯畢，畢的分野在趙地、冀州，故舉事地點應在冀州才是，可是四個月後發生的是事件地點卻是位在涼州，因此，這裡也有分野地名不相符的情形。

---

時期中央集權與地方勢力強弱轉換的關鍵。第二、多置州郡，乃南北妄自尊大、虛張聲勢的需要。第三、為了靖邊誘敵，多置「左」州郡和緣邊州郡。所謂的「左」州郡，是指在少數民族聚居地所立、由少數民族首領擔任刺史、太守、令的州郡。當時蠻族主要分佈在荊、湘、雍、郢諸州，處於南北之間，是南北雙方爭取的對象。第四、政治腐敗、社會動亂，使得州郡越來越濫、極度紊亂。六朝時期地方政區的紊亂是地方行政制度頹敗的一種表徵。這個時期州的增加近 20 倍，郡增加了近 6 倍。參陳琳國，《魏晉南北朝政治制度研究》，頁 227～230。

〔註87〕《宋書》卷 24〈天文志‧二〉，頁 713。
〔註88〕《宋書》卷 24〈天文志‧二〉，頁 718。
〔註89〕《隋書》卷 21〈天文志‧下〉，頁 593。
〔註90〕《宋書》卷 23〈天文志‧一〉，頁 684。

接著來觀察分野的解釋上不以地名為依據，而逕以星占者的解釋為依歸的情形。首先是西晉惠帝元康五年（295）的記載：「西晉惠帝元康五年，八月，有星孛於奎，占曰：『奎為魯，又為庫兵』。明年，武庫火。」〔註91〕這一條有星孛於奎，奎係魯、徐州分野。故分野事件推理應發生在徐州地區，然而星占家卻逕以第二年在武庫所發生的火事，為星占分野的解釋。再如北魏文成帝和平元年（460）這一條史料：「北魏文成帝和平元年，四月，太白犯東井，井，秦分。占曰：『雍州有兵亂。』六月，月犯心，心，宋分。時宋君虐其諸弟，後宮多喪。……是歲，詔諸將討雍州。」〔註92〕這一條史料涉及的層面比較複雜，首先，太白犯井，二十八宿的井宿，對應在秦地、雍州。事後，在同年雍州亦發生兵亂；然而六月中，天象曾發生月犯心，依照占者的說法係「心，宋分，時宋君虐其諸弟，後宮多喪。」這裡星占家並不把「心，宋、豫州分野」納入其分析星象的中心說法，反而以南朝劉「宋」王室的宮中鬥爭，拿來作為分野論斷的解釋。

### 3. 分野與星占之技術

中國古代的星占學所關心的是國家大事，這從歷代正史〈天文志〉可見一斑。因此天文志中經常論述的主題，無不環繞著君王的王位、人臣的逆篡、國家的兵革等問題，而透過天象的種種變化來做出解釋。基本上，分野也是這類的星占解釋的一部分。根據最早的正史天文書《史記‧天官書》的資料，其中的星占學內容共有十七類，而最多的門類就屬「用兵」一項。〔註93〕此外，以中國古代的星占典籍分析，以《開元占經》為例，全書120卷，其中除了開始的論天、論地，中間部分的曆算、算法、星圖以外（大約合計有10卷），全書大約有110卷占術的內容。稍加分析可知，日月占13卷（約11%）、五星占42卷（約38%）、二十八宿占4卷（約3%）、星經學派占術6卷（約5%）、流星占、雜星占、客星占、妖星占、慧星占等星占20卷（18%）、風雨占及其他雲氣占12卷（約10%）、其他人神鬼及生物占10卷（約9%），這其中的分野學說只占1卷，〔註94〕遠非其他的占法來得龐大。〔註95〕因此，

〔註91〕《宋書》卷24〈天文志‧二〉，頁699。
〔註92〕《魏書》卷105-3〈天象志‧三〉，頁2409
〔註93〕根據江曉原的統計，《史記‧天官書》當中共有十七類星占門類，其中以用兵類最多，參江曉原，《星占學與傳統文化》，頁74。
〔註94〕《開元占經》卷64〈分野略例〉，頁641～648。
〔註95〕李淳風的《乙巳占》一書全書有100目，分野學說亦僅佔一目。參《乙巳占》

可以說分野學說只是這諸多的占法中的一種面向而已。

再者，分野學說的論斷也極易受到地理區域、行政區劃變遷頻繁的缺點所影響。分野學說在剛起源之時，曾以古代邦國為區劃分割的原則，但隨著朝代的地理疆域的擴張與變遷，出現了不同的州國，不同的郡縣，因此造成解釋上有所不同。〔註 96〕然而，綜觀歷史上的分野學說，不論是干支分野或是星土分野，解釋上的著眼點都是在於「地理」，亦即空間觀念，這雖是中國古代分野學說的特色，也同時隱含著分野理論本身在發展的過程當中，容易受到郡縣的更迭、疆域的變遷等地理因素所左右，〔註 97〕也間接凸顯了，即使分野學說在李淳風的精緻規劃，與力求精確的預占目標之下，卻仍有其先天上難以圓滿的瑕疵。

另外，若仔細分析分野占測的事例，可以發現分野學說有著「時間遞延」的問題。分野從進行星占觀測、天象現象的發生、地面上的實際事件的發生、寫成解釋的星占文，此為進行星占分野的程序過程。而分野在預測上有一定程度必須講究其時間上的即時性。亦即，天象的發生時間與地面人事的發生時間，具有幾乎或接近「同步發生」的情形。然而，根據拙見，若吾人仔細計算六朝分野的幾件事例，可以發現天象與人事之間，似乎存在著並非同步發生的情形，而出現人事的發生比起天象的發生晚了許多時間（短者一年以內，長者多達六年）而這種情形，就是拙文所要指出的分野學說的「時間遞延」問題。由下表的幾個六朝時期的分野條目看來，普遍都存在著這種現象。

---

卷 3，〈分野〉，頁 54～64。

〔註 96〕陳遵嬀主張分野說的起源可以上溯到戰國時代，《史記》的分野說是漢代所制定，《淮南子》根據二十八宿的次序，分配於春秋戰國時代的鄭、宋、燕、越、吳、齊、衛、魯、魏、趙、秦、周、楚等十三國名，可說是漢代分野說的變形。參陳遵嬀，《中國天文學史》第二冊，第 17 章〈分野〉，頁 180～182。

〔註 97〕江曉原認為中國的分野模式大多為「地域分野」，中國的時間分野極少，這與埃及的時間分野的盛行差別很大。在西方，現今所知第一手埃及星占文獻中，年代最早當推著名的《維也納世俗體交蝕微兆紙草書》（A Vienna Demotic Papyrus on Eclipse and Lunar-Omina），在此紙草書中，保存著埃及星占學的幾套時間分野體系。這些分野體系所涉及的地區，除埃及本土外，還有其周邊諸國，包括敘利亞、克里特、希伯來、阿莫等地區。參江曉原《12 宮與 28 宿：世界歷史上的星占學》，頁 55～57。

## 表4-2：分野占測「時間遞延」分析表〔註98〕

| 占測之年 | 分 野 史 料 | 占應之年 | 遞延年數 | 史料來源 |
|---|---|---|---|---|
| 吳主孫權赤烏13年（250） | 五月，熒惑逆行入南斗，占曰：「熒惑逆行，其地有死君。」太元二年（252）權薨，是其應也。 | 孫權太元2年（252） | 2年 | 《宋書·天文志》卷23，頁688 |
| 西晉懷帝永嘉6年（312） | 七月，熒惑、歲星、塡星、太白聚牛女之間，按占曰：「牛，揚州分。」是後元帝中興（318），是其應也。 | 東晉元帝建武元年（318） | 6年 | 《宋書·天文志》卷24，頁706 |
| 東晉成帝咸和6年（331） | 十一月，熒惑守胃、昂，占曰：「趙、魏有兵。」八年（333）七月，石勒死，石虎自立。 | 東晉成帝咸和8年（333） | 2年 | 《宋書·天文志》卷24，頁707 |
| 東晉穆帝永和4年（348） | 五月，熒惑入婁，占在趙，及爲兵喪。五年（349），石虎僭號稱帝，尋病死。 | 東晉穆帝永和5年 | 1年 | 《宋書·天文志》卷24，頁713 |
| 東晉海西公太和元年（366） | 二月月奄熒惑，在參。占曰：「爲內亂。參，魏地。」五年（370），慕容暐爲苻堅所滅，司、冀、幽、并四州並屬氏。 | 東晉海西公太和5年 | 4年 | 《宋書·天文志》卷24，頁718 |
| 宋明帝泰始6年（470） | 八月，熒惑犯南斗，南斗，吳分。占曰：「大臣有誅者。」元徽二年（474），殺揚州刺史王景文。 | 宋後廢帝元徽2年（474） | 4年 | 《宋書·天文志》卷26，頁756 |

上表是以熒惑天象的出現爲例，來觀察分野時間遞延的問題。以孫權赤烏13年（250）條爲例，根據史料，該條占測說明南斗之地，「地有死君」，南斗之分野爲楚地，所以孫權之死爲其應，然孫權薨於兩年（252）之後。又以西晉永嘉6年（312）條爲例，西晉末年，國事傾輒，內憂外患，星占家占測稱牛、揚州爲其占測分野，後來元帝在東晉中興（318），時間整整格了六年以後才應占。再舉東晉穆帝永和4年（348）發生的熒惑入婁爲占例，當時東晉已在江東開國近三十年許，北方爲五胡十六國之紛擾局面，星占家卻以石虎僭號稱帝爲其占應，不過時間上比較接近，僅一年。因此，分析分野的「占」與「應」的問題，可知從天象的發生，到地上實際人事的發生，少則1年，多則6年。一方面代表了分野的立論與實務上的人事變動，出現時間遞延的情形；另一方面，似乎也隱含著分野學說，至少在操作技術上需要一點「時間」的過程，以作爲星占家較能合理解詮釋其占應的解釋「空間」。

〔註98〕依據《宋書》卷23〈天文志·一〉～卷26〈天文志·四〉之史料。

## 第二節　六朝的陰陽五行與「大地」思想──以《五行大義》爲例

　　陰陽五行是中國古代重要的哲學思想，對於傳統文化有過廣泛而持久的影響。〔註99〕從商周至近代，縱觀陰陽五行學說的發展歷程，在不同的時期有著不同的內涵，表現出不同的特色，關於陰陽五行的起源，學術界有許多不同的理論與見解，至今仍是見仁見智。〔註100〕古代正史當中，以「五行志」爲名的志書，雖有許多，〔註101〕但這些史料記錄了許多祥瑞災異的現象，卻較少全面講解五行學說及其歷史文獻。六朝時期探討陰陽五行學說最爲重要

〔註99〕顧頡剛曾言：「五行，是中國人的思想律，是中國人對於宇宙系統的信仰，二千餘年來，它有極強固的勢力。」參顧頡剛，〈五德終始說下的政治和歷史〉，收入《古史辨》（臺北，名倫出版社，1970 年 3 月出版）第五冊，頁 404～616；又梁啓超曾言：「陰陽五行說，爲二千年來迷信之大本營。直至今日，在社會上猶有莫大勢力。」參梁啓超，〈陰陽五行說之來歷〉，收入《古史辨》第五冊，頁 343～362。徐復觀則指出：「把陰陽、五行、天文、律書、風習、政治的理想，組織成一個完整系統的，是《呂氏春秋》的〈十二紀〉，……因爲這雖是合理與迷信的混合物，但其中表現有絕大的組織能力。」參徐復觀，《中國人性論史・先秦篇》（臺北，臺灣商務印書館，1994 年 4 月出版），頁 509～587，有此可知陰陽五行學說在中國文化發展史上有久遠的歷史與深遠的影響。

〔註100〕例如，葛瑞漢（A.C. Graham）在其名作《陰陽與關連思維的本質》（「Yin-Yang and the Nature of Correlative」）一書當中，指出了對應思想（correlative thinking）是人類思維的一種普遍形式，具有分析思維所不可取代的作用，而陰陽五行就是建立在對應思想上的思想。葛瑞漢教授還指出在古代陰陽五行說主要是在天文家、方士之間流行，此後才被哲學家所採用。參 A.C.Grahamm, *Yin-Yang and the Nature of Correlative Thinking*（National University of Singapore, 1986）；韓德森（J.B. Henderson）則認爲「陰陽」是一種具有相互關係的概念（relational ideas），也是一種二元分類系統（binary classification system），而「五行」是五種具有相生（mutual production）與相剋（mutual conquest）的順序的物質，以物質的特殊的性質起反應（with a particular material element or substance as with a quality or type of activity.），參 J.B.Henderson,「*Cosmology*」, manuscript, pp.12-14；又龐樸教授指出：「陰陽五行之作爲中國文化的骨架，是從戰國後期到西漢中期陸續形成的。在此之前，陰陽自陰陽、五行自五行，各有分畛。」參龐樸，〈陰陽五行探源〉，收入《穰莠集──中國文化與哲學論集》（上海，上海人民出版社，1983 年 3 月出版），頁 355～395。

〔註101〕古代正史當中，有「五行志」者有：《漢書・五行志》1 卷、《後漢書・五行志》6 卷、《晉書・五行志》3 卷、《宋書・五行志》5 卷、《南齊書・五行志》1 卷、《隋書・五行志》2 卷、《舊唐書・五行志》1 卷、《新唐書・五行志》3 卷、《舊五代史・五行志》1 卷、《宋史・五行志》7 卷、《金史・五行志》1 卷、《元史・五行志》2 卷、《明史・五行志》3 卷等。

的文本，可以隋代的《五行大義》一書爲代表。〔註 102〕因此，拙文在此擬集中討論《五行大義》文本當中，〔註 103〕所表現出來的思想，來探討六朝時期陰陽五行與大地思想之間的關係。

# 一、蕭吉與《五行大義》

## （一）蕭吉的生平與術業

關於蕭吉之生平，《隋書》與《北史》有傳，《隋書》說他博學多通，擅長陰陽算術，然其性情孤僻，雖官拜上儀同，因與當時權臣楊素不合，因此頗受冷落，遂矯爲祥瑞，泛論陰陽，以投隋文帝之所好。〔註 104〕蕭吉原是南朝人，時梁元帝因建康遭侯景之亂而殘破，遂在江陵定都（552），後西魏南侵攻梁，江陵陷落（554），蕭吉遂隨眾多南朝士人被擄至北方。〔註 105〕後來

〔註 102〕李約瑟稱：「中世紀有關五行學說最重要的著作，當推蕭吉的《五行大義》。這本書曾在西元 594 年獻給隋文帝御覽。」參李約瑟，《中國之科學與文明》（臺北，臺灣商務印書館，1985 年 2 月出版），第二冊，頁 417。

〔註 103〕有關於《五行大義》的文本與研究，可參考〔隋〕蕭吉，錢杭點校，《五行大義》（上海，上海書店出版社，2001 年 12 月出版）；劉國忠，《五行大義研究》（瀋陽，遼寧教育出版社，1999 年 3 月出版）；朱淵清，〈《五行大義》版本述略〉，《古籍整理研究學刊》，1996：2（長春，1996 年 3 月出版），頁 29～30；中村璋八，《五行大義》（東京，明德出版社，1991 年 4 月出版）。

〔註 104〕根據《隋書》的記載：「（蕭）吉性孤峭，不與公卿相沉浮，又與楊素不協，由是擯落於世，鬱鬱不得志。見上好徵祥之說，欲乾沒自進，遂矯其跡爲悅媚焉。」參《隋書》卷 78〈藝術・蕭吉傳〉，頁 1774～1777。關於這一點，劉國忠認爲蕭吉是南朝亡臣在北朝任官，北朝君臣對南朝士人頗多輕視與排擠。參劉國忠，《五行大義研究》，頁 33～34。除此之外，依拙見，吾人觀察《隋書・藝術傳》中提到的幾位術數精通者，可以發現，一來隋代君王相信命數，這也使得術數之士無不爭取向帝王進祥瑞。例如〈藝術・臨孝恭傳〉曰：「臨孝恭，京兆人，明天文算術，高祖甚親遇之。每言災祥之事，未嘗不中，……官至上儀同。」；又如〈藝術・劉祐傳〉曰：「劉祐，滎陽人，……其所占候，合如符契，高祖甚親之。……上善之。」；又〈藝術・張胄玄傳〉記載：「張胄玄，渤海人，博學多通，尤精術數。高祖徵授雲騎尉，直太史，……時輩多出其下。」（參《隋書》卷 78〈藝術傳〉，頁 1778～1780），所以帝王也多喜聽取精通術數之士所言的災祥之事。二者，蕭吉係南人，北方朝廷原任之相關太史或考定陰陽之職務，多已由北人擔任，並且可能也已形成門派（根據「時輩多出其下」一語推斷），所以這些要職多已由北人擔任，南人頗難染指。

〔註 105〕正史記載蕭吉之相關史料，比較集中於《隋書》與《北史》本傳。關於蕭吉的素業之養成，史料缺乏記載。不過，依拙見，由蕭吉之著作來看，當與陰陽五行術數相關，此其一；再者，蕭吉爲南朝蕭梁王室之宗族，蕭梁士族素以精通「陰陽之學」爲其家學，這可由梁武帝蕭衍「陰陽緯候，卜筮占訣，

北朝改朝換代，隋受禪（581），蕭吉進官並受任考定古今陰陽書。之後於隋文帝開皇14年（594），蕭吉向文帝上書，大談符命徵祥，這也是《隋書》本傳所稱之「(蕭) 吉見上好徵祥之說，欲乾沒自進，遂矯其跡為悅媚焉。開皇十四年上書，……上覽之大悅。……」〔註106〕。由〈本傳〉知蕭吉著有《金海》、《相經要錄》、《宅經》、《葬經》、《樂譜》、《帝王養生方》、《相手版要訣》、《太一立成》等書，〔註107〕可知其對於術數之精通。

關於《五行大義》五卷，《隋書・經籍志》不載；在唐宋期間，《舊唐書・經籍志》與《新唐書・藝文志》曾有著錄，唯書名稍異；〔註108〕至《宋史・藝文志》改題名《五行大義》。〔註109〕之後，《四庫全書總目提要》曰：「考

〔註106〕 並悉稱善」（《梁書・武帝紀》）；梁元帝蕭繹「於技術無所不通」（《南史・梁本紀》），推斷蕭吉之精通術數之學與其家世背景有關。

李約瑟根據這條史料，指出開皇14年（594）就是蕭吉向隋文帝上呈《五行大義》之年，不過由於〈本傳〉上並未明確詳述，因此認定上可能有些爭議。首先，若此次之上書確為《五行大義》，應是一件光榮之事，何由〈本傳〉未載？而《隋書・經籍志》亦未錄；其次，從《五行大義》之文本的每節段落前時可見到有類似摘要的文字，例如「第一釋名，就此分為二段，……；第三論數，就此分為五段，一者 xxx，二者 xxx，三者 xxx，」，也間接可以證明《五行大義》至少在開皇14年以前，尚在撰寫之中，並未完全定稿成書；再者，由蕭吉抵達北方（554），到開皇上書（594），中間有將近40年空白的歷史紀錄，《隋書》僅以蕭吉曾任北周儀同匆匆帶過，而後來蕭吉著作等身，故依拙見，蕭吉的這些著作當經過長時間的構思與撰著。

〔註107〕 在蕭吉本傳中，著錄了蕭吉八部「並行於世」（參〈本傳〉，頁1777）的著作，分別是：《金海》30卷、《相經要錄》1卷、《宅經》8卷、《葬經》6卷、《樂譜》12卷、《帝王養生方》2卷、《相手板要訣》1卷、《太一立成》1卷。這八部著作均已亡佚。根據錢杭的研究（參錢杭，〈蕭吉與《五行大義》〉，《史林》1990：2，頁40～41），《金海》是一部以陰陽五行學說為依據的兵法書；《相經要錄》是一部專門在探討相命的專書；《宅經》之內容應是以陰陽之理判斷家宅方位優劣的書；《葬經》是一本專講葬法之書；南朝蕭梁時代，音律學的發展已經達到很高的水準，《樂譜》一書主要就是針對南朝音律學的總結之書；《帝王養生方》可能是有關養生之術；《相手板要訣》推測也是針對手相的總結之書；《太一立成》一書，推其名義，「立成」可能為「要略」、「簡略」之類。因此，依拙見，蕭吉具有相術（相人、相手扳、相宅、相墓）、兵法、天文、音律等術業，也具備醫藥與養生等知識。

〔註108〕 《舊唐書》云：「《五行記》5卷，蕭吉撰」，參《舊唐書》（北京，中華書局，1991年12月出版）卷47〈經籍志・丙部・五行類〉，頁2044；《新唐書》云：「蕭吉《五行記》5卷」，參《新唐書》（北京：中華書局，1991年12月）卷59〈藝文志・丙部・五行類〉，頁1558。

〔註109〕 錢杭指出〈宋志〉關於《五行大義》的著錄是中國正史對於該書的最後一次著錄。在這之後的正史，便未再著錄。一直到清嘉慶9年（1804），才由許宗

《隋書‧經籍志》、《新唐書‧藝文志》均未著錄，本傳述（蕭）吉所著書亦無是冊。然史稱吉博學多聞，精陰陽算術，今觀其書文義質樸，徵引讖緯諸籍，有條不紊，且多佚亡之秘笈，猶非隋唐以後所能僞也。」因此，依照《四庫全書》的立場，還是認爲《五行大義》爲蕭吉所撰。

### （二）《五行大義》的章節與架構

　　《五行大義》一書是蕭吉整理自上古到隋代，有關陰陽五行學說的總結之書；且本書雖是隋代有關闡明術數思想的代表性的文獻，然全書的體制乃環繞著「五行」的思想而建構。〔註110〕蕭吉是以信奉五行學說的態度來撰著《五行大義》。這可由本書的〈序〉中觀察出來：

> 夫五行者，蓋造化之根源，人倫之資始。萬品稟其變易，百靈因其感通。本乎陰陽，散乎精像。周竟天地，布極幽明。子午、卯酉爲經緯，八風、六律爲綱紀。故天有五度以垂象，地有五材以資用，人有五常以表德。萬有森羅，以五爲度，過其五者，數則變焉。〔註111〕

蕭吉在〈序〉中首先指出了五行的關鍵，五行是萬物造化之根源，天地萬品百靈皆繫乎陰陽之感通，故天地萬有森羅，以五爲度，過其五者，數則變化。因此作爲申論五行理論的《五行大義》也是以五卷爲限。蕭吉接著又敘述：

> 今故博采經緯，搜窮簡牒，略談大義。凡二十四段，別而分之，合四十段。二十四者，節數之氣總；四十者，五行之成數。始自釋名，終於蟲鳥，凡配五行，皆在茲義，庶幾使斯道不墜，知其始焉。〔註112〕

由這段話可看出蕭吉在章節段落的安排上的寓意。今觀其條目卷數，似乎隱含著一些玄機。首先，爲了與「五行」配合，蕭吉將全書5卷細分爲24節，以五卷象徵五行，以二十四個段落相配二十四節氣。現將《五行大義》各章節段目羅列於后：

---

　　　　彥根據日本《佚存叢書》所收之《五行大義》翻刻回國。其亡佚、復歸的間
　　　　隔，長達460年左右。參錢杭點校，《五行大義》，頁17。
〔註110〕參錢杭點校，《五行大義》，〈前言〉，頁1～40；劉國忠，《五行大義研究》，〈中
　　　　國學者對「五行大義」的認識和介紹〉，頁1～9；中村璋八，《五行大義》（東
　　　　京，明德出版社，1991年出版），〈撰者、蕭吉の略伝とその著書〉，頁11～25。
〔註111〕《五行大義》，〈序〉，頁1。
〔註112〕《五行大義》，〈序〉，頁2。

表 4-3：《五行大義》章節名稱統計表〔註113〕

| 章　節　名　稱 | 節的頁數總計 | 段的頁數總計 | 頁數起迄 |
|---|---|---|---|
| 卷一　節一　釋名 | 4 | | 150～154 |
| 釋五行名 | | 1 | 150～151 |
| 論支干名 | | 3 | 151～154 |
| 　　　節二　辨體性 | 3 | | 154～157 |
| 　　　節三　明數 | 18 | | 157～175 |
| 　　　　1. 起大衍論易動靜數 | | 2 | 157～159 |
| 　　　　2. 論五行及生成數 | | 4 | 159～163 |
| 　　　　3. 論支干數 | | 1 | 163～164 |
| 　　　　4. 論納音數 | | 3 | 164～167 |
| 　　　　5. 論九宮數 | | 8 | 167～175 |
| | | | |
| 卷二　節四　論相生 | 6 | | 176～182 |
| 　　　　1. 論相生 | | 2 | 176～178 |
| 　　　　2. 論生死所 | | 2 | 178～180 |
| 　　　　3. 論四時休王 | | 2 | 180～182 |
| 　　　節五　論配干支 | 3 | | 183～186 |
| 　　　節六　論五行相雜 | 4 | | 186～189 |
| 論五行相雜 | | 2 | 186～188 |
| 論支干雜 | | 1 | 188～189 |
| 論方位雜 | | 1 | 189～189 |
| 　　　節七　論德 | 3 | | 189～192 |
| 　　　節八　論合 | 2 | | 193～195 |
| 　　　節九　論扶抑 | 1 | | 195～196 |
| 　　　節十　論相剋 | 1 | | 197～198 |
| 　　　節十一　論刑 | 2 | | 198～200 |
| 　　　節十二　論害 | 1 | | 200～201 |
| 　　　節十三　論沖破 | 1 | | 202～202 |
| | | | |

〔註113〕本表資料係參考劉國忠，《五行大義研究》中對於原文的點校，頁150～301。表中之頁碼係該書之頁碼，節之頁數統計、段之頁數統計是為了統計《五行大義》一書的各章節的篇幅，藉以瞭解蕭吉撰寫《五行大義》對於各章節之偏重。

| 卷三 節十四 論雜配 | 25 | | 203～229 |
|---|---|---|---|
| 1. 論配五色 | | 2 | 203～205 |
| 2. 論配聲音 | | 3 | 205～208 |
| 3. 論配氣味 | | 6 | 208～214 |
| 4. 論配臟腑 | | 10 | 214～224 |
| 5. 論五常 | | 2 | 224～226 |
| 6. 論五事 | | 2 | 226～229 |
| | | | |
| 卷四 節十五 論律呂 | 7 | | 230～237 |
| 節十六 論七政 | 9 | | 237～246 |
| 節十七 論八卦八風 | 3 | | 247～250 |
| 節十八 論情性 | 3 | | 251～254 |
| 節十九 論治政 | 6 | | 254～260 |
| | | | |
| 卷五 節二十 論諸神 | 7 | | 260～267 |
| 節廿一 論五帝 | 5 | | 267～272 |
| 節廿二 論諸宮 | 7 | | 272～279 |
| 節廿三 論諸人 | 11 | | 279～290 |
| 1. 論人配五行 | | 9 | 279～288 |
| 2. 論人游年年立 | | 2 | 288～290 |
| 節廿四 論禽蟲 | 11 | | 290～301 |
| 1. 論五靈 | | 5 | 290～295 |
| 2. 論卅六禽 | | 6 | 295～301 |

在《五行大義》當中，為了與五行配合，蕭吉將五卷分別為二十四小節，以便與五行相配的二十四節氣。〔註114〕就如〈序〉所言，「五行幽遂，安可

〔註114〕蕭吉在《五行大義・序》中提到此書以分為 24 節，以配合二十四節氣。然綜觀全書，提及二十四節氣，並完整論述二十四節氣之內容並不多。蕭吉在卷3〈論配聲音〉中，提到以八卦、樂器、節氣三者相配之關係：「坎主冬至，故樂用管；艮主立春，故樂用塤；震主春分，故樂用鼓；巽主立夏，故樂用笙；離主夏至，故樂用弦；坤主立秋，故樂用磬；兌主秋分，故樂用鍾；乾主立冬，故樂用拐梧」（參頁 206～208），這裡蕭吉提到了八個節氣的名稱，然不見其他節氣的名稱，而讀全書其他章節，亦未見二十四節氣的完整說法以及二十四節氣在全書體例上的地位的進一步說明，所以關於這個部分，有待後續的思考與研究。

裴然,今故博采經緯,搜窮簡牒,略談大義。凡二十四段,別而分之,合四十段。」〔註115〕蕭吉將 6、7、8、9、10 等分別是水、火、木、金、土之成數,五者之成數相加之數 40,將《五行大義》又分爲 40 小段。〔註116〕

在卷一的三個小節當中,蕭吉由〈釋五行名〉與〈論支干名〉切入,開始五行的論述。首先,蕭吉援引各文本,分釋「木、火、土、金、水」之含義,並指出「五行爲萬物之先,形用資造於造化,豈不先立其名,然後明其體用」〔註117〕,在〈論支干名〉一段,更提出「支干別名,大意終從氣解」〔註118〕的關鍵。〔註119〕在卷二當中,蕭吉進一步談論了五行的生剋、相雜、扶抑、沖破、刑德等問題,內容上可以說是前一卷五行內容的衍申解釋。〔註120〕

第三卷的內容,只有〈論雜配〉一節,但是觀察該節的內容,分爲六段,分別談到配五色、配聲音、配五氣、配臟腑、配五帝、配五事等各種「雜配」的面向。蕭吉在此卷當中,將五行體系化,一方面使得五行的意義,不再只是意義上的生成、生剋、扶抑等單純的說法,二方面也將五行的格局擴大,企圖以五行建構出一個論述的體系。而從此卷的〈論配五色〉到〈論配五事〉這一節 6 段的內容,蕭吉旨在說明了顏色、聲音、氣味、臟腑、倫常、行事,

---

〔註115〕《五行大義》,〈序〉,頁 2。

〔註116〕舉例而言,卷一有三小節,第一節「釋名」當中有〈釋五行名〉、〈論支干名〉2 小段:第二節逕以〈辨體性〉爲 1 段;第三節「明數」當中有〈起大衍論易動靜數〉、〈論五行及生成數〉、〈論支干數〉、〈論納音數〉、〈論九宮數〉等 5 小段,故卷一總共有 8 小段。依此類推,卷二有 14 小段,卷三有 6 小段,卷四有 5 小段,卷五有 7 小段,故合計總共有 40 小段。

〔註117〕《五行大義》卷 1,〈釋五行名〉,頁 1。

〔註118〕《五行大義》卷 1,〈釋支干名〉,頁 5。中村璋八認爲十干與十二支,是起源古代黃河流域以農業生活爲主的漢民族,對於四季推宜的動物與植物的生長、變化所做的觀察,所獲得的知識結晶。參中村璋八,〈中國における陰陽五行説〉,收入《陰陽道叢書》(東京,名著出版社,1991 年 9 月出版)(一)古代,頁 8～10。

〔註119〕從〈釋名〉到〈明數〉這三節 8 段,蕭吉分別從字義、體性、數序等三個面向來講節五行的基本意涵,此乃論述五行最爲根本的議題,蕭吉將這部分安排在全書的第一卷來談,其地位上類似五行中的「木」的性質的意義。這可由蕭吉在〈釋名〉中說明了「木」具有「冒地而出,……春產萬物……」的意思看出端倪,參《五行大義》卷 1,〈釋五行名〉,頁 1。

〔註120〕從〈論相生〉到〈論沖破〉這十節 14 段,蕭吉分別論述了關於五行的種種理論,這些理論都是從五行的基本含義的引伸。蕭吉在此將這些節目安排在卷二來說明,推測其用意上,有將這些內容配合「火」之「夏、長」的意涵。

皆可與五行互相配對，將五行之理論應用到實際具體的層面。

　　卷四共有五節，蕭吉在此卷談到音律、七政、八風的問題，又以五行的意義，來論述人的情性與國家的治政的問題。蕭吉這裡有一個中心觀點，亦即他認為不管是天上的七星、地面上的風氣、還是有關人的性情，皆與五行之氣攸關。〔註121〕蕭吉指出：「方土異宜，各隨所感。然風者，天之號令，治政之象。……此天地報應之理也，此皆五行之氣也。」〔註122〕而為政之道，更需「不越五行」〔註123〕。因此，蕭吉此處以天象、方土，談到國家的治政，以金的「從革之性」〔註124〕，指出國家的「武備亦依五氣也」〔註125〕，可見蕭吉在章節體系安排上的寓意。

　　《五行大義》的第五卷，計有五節7段，在此卷當中，蕭吉將主題集中在論述諸神與五帝、諸人與禽蟲的問題。蕭吉皆由神靈與人蟲的生成問題起論，他指出諸神與五帝皆係聚「天地之精氣」以為神也；而人之生則得自於「五行之秀氣」〔註126〕。換言之，從〈論諸神〉到〈論禽蟲〉這五節7段，蕭吉旨在說明，天地間一切有生命之物，皆配五行，莫不蘊藏著五行之理也。

　　此外，若以各章節之偏重分析，根據上表之統計，似乎蕭吉對於卷五付出較多的篇幅來論述。〔註127〕卷五的各節，例如論諸神（節20）、論諸宮（節22）、論諸人（節23）、論禽蟲（節24）等，蕭吉皆花了較多的篇幅來說明。前面的部分，頁數相對佔較多篇幅的是卷一第3節的「論九宮數」、卷三第14節的「論配臟腑」、卷四第15、16節的「論律呂」與「論七政」。一方面這可以說明蕭吉的術業，對於天文、音律、養生有一定程度的認識，〈本傳〉中也提到他曾寫過這部分的專著，因而有能力將這些知識予以統整論述。而觀察

---

〔註121〕請參考後面部分關於八風、七星、人體的說明。

〔註122〕《五行大義》卷4〈論八卦八風〉，頁103～104。

〔註123〕《五行大義》卷4〈論治政〉，頁114。

〔註124〕《五行大義》卷1〈辨體性〉，頁7。

〔註125〕《五行大義》卷4〈論治政〉，頁113。

〔註126〕《五行大義》卷5〈論諸神〉、〈論五帝〉、〈論諸人〉，頁119～142。

〔註127〕參照前面的統計表，有一點比較有趣的統計結果，亦即若稍微計算各卷所用篇幅，則卷一用了大約25頁（4+3+8=25）篇幅，卷二用了大約24頁（6+3+4+3+2+1+1+2+1+1=24）篇幅，卷三用了25頁篇幅，卷四用了28頁（7+9+3+3+6=28）篇幅，卷五則大約用了41頁（7+5+7+11+11=41）篇幅來寫。若蕭吉認為五行具有均衡發展的性質，則他寫五行，是否也會依憑此裡才是。此項統計數字可能含有湊巧，然而可以看出卷五的篇幅，的確明顯大於其他的前面四卷。

蕭吉將五行論述的層面，由先秦兩漢的五德終始的王朝擅代的解釋，擴展成凡「造化之根源」皆稟五行的中心思想。因此，在《五行大義》的章節構造上，蕭吉提出「凡五行均布，遍在萬有，不可定守一途。但其氣周流，隨事而用。」〔註128〕任何事物皆有陰陽的成份，亦皆含有五行的因子，五行是變動的、遍布的，所以五行可以由各種面向來論述，運用五行的原則必須因時、地的不同，而有不同的解讀與適用。

## 二、陰陽五行與「大地」思想——五行之「體性」與「方位觀念」之展開

拙文接著擬由蕭吉對於陰陽五行的名稱與意義的討論切入，進而探討《五行大義》中所論述的方位、空間、生命、社會、國家、宇宙的觀念與大地思想之間的關係。

### （一）五行之「體性」

關於「木」的論述，蕭吉引《春秋元命苞》、《尸子》、《禮記》，分別從木的本意及季節上的春季兩方面，來解釋五行中的「木」的意義。以四時配五行，因為春天的時候萬物生機最盛，故春季屬木；進一步而言，以四方配五行，則東方屬木，故把東方視作「動」字的意思，也就是把「東」字解釋為「動」〔註129〕，這也是取其生機振發而蠢蠢欲動之意。〔註130〕如此說來，五行中的木，它的實際意涵便是指「萬物生機興發」的意思。

關於「火」的論述，蕭吉引《白虎通》、《尚書大傳》、《釋名》等，認為五行中的火，具有「變化」的旨意。這可能是由於火能使物體焚化所致。就具體的火而言，夏天炎熱，意義上與火相近，故夏屬火。蕭吉進一步引用《釋

---

〔註128〕《五行大義》卷2，〈論相雜‧論五行體雜〉，頁39。

〔註129〕蕭吉在此將五行的「木」與方位的「東方」互相配對，並指出「動」的意義。根據〔漢〕班固《白虎通》曰：「木在東方，東方者，陽氣始動，萬物始生」參吳則虞點校，《白虎通疏證》（北京，中華書局，1997年10月出版）卷4〈五行〉，頁167。

〔註130〕參《五行大義》卷1〈釋名‧釋五行名〉引《春秋元命苞》曰：「木者，觸也。觸地而生」；又引《尸子》云：「東者，動也」；再引《禮記》曰：「春之為言蠢也，產萬物者也」，頁1。又根據班固《白虎通》曰：「木之為言觸也，陽氣動躍觸地而出也」（參《白虎通疏證》，頁167）；《禮記‧月令》云：「仲春之月，……蟄蟲咸動，啟戶始出」，參吳樹平點校，《十三經全文標點本》（北京，北京燕山出版社，1991年12月出版），頁734。因此歸納起來，春屬木、東，也含有動的意思。

名》與《尚書大傳》曰：「夏，假也，假者，方呼萬物而養之。……夏，假者，寬假萬物，使生長也。」接著，蕭吉引《尚書大傳》云：「南，任也。」蕭吉認為夏天的「夏」，是「假」的意思，假意指「寬假」〔註131〕，這就與「物之方任」在意義上相通。〔註132〕

　　順著這個意義，那麼，五行中的火便是指「萬物活動變化」之意。

　　關於五行中的「土」，為何稱之為「土」？蕭吉引《元命苞》認為土是「吐」的諧音，而吐字又是指「含吐精氣，以生於物」之意。〔註133〕其重點在於「孕育萬物」。就孕育萬物一義來說，「大地」也有這種功能，因而吐就是「地」。許慎從文字學的角度，來說明土乃是「孕育」之意。土字在筆畫上，表示土之下與土之中，而以一直畫象徵植物初出於地的意思。因此，五行中的土是表示「含吐精氣孕育萬物」之意。

　　關於五行中的「金」，蕭吉取「禁」字的諧音，所以五行中的金，原意是「禁」的意思。〔註134〕禁是「禁止」之意，而禁止又是指活動力受到約束，不能自由發揮其性能。以四時中的秋配金，因為秋天蕭瑟，可比憂愁之情，而秋天也取名於愁。〔註135〕一言以蔽之，五行中的金是指「活動力受到約束禁固」之意。

　　蕭吉在論釋五行之名時，最後談到「水」。然而，蕭吉對於五行中「水」的解說比較曖昧。他列出了《釋名》、《廣雅》、《白虎通》等書，把水解釋為「平準」的說法；又列出《元命苞》把水解釋為「演化」〔註136〕的說法；

---

〔註131〕依拙見，中國的地理位置南熱北寒，之所以將夏天配屬南方，乃因為南是「任」字的諧音。南方氣候溫和炎熱，使人們能放任地自由活動，這與北方的寒冷氣候使人畏縮不前，活動上因而受到限制，差別很大。

〔註132〕參《五行大義》卷1〈釋名・釋五行名〉引《白虎通》云：「火之為言化也，陽氣用事，萬物變化也」；又引《尚書大傳》云：「火者，炎上也，……其時夏。夏，假也。假者，方呼萬物而養之。……南，任也。物之方任也」；再引《釋名》曰：「夏，假者，寬假萬物，使生長也」，頁2。因此可知，南有「任」的意思，意指夏季，陽氣盛行，萬物可自由生長之意。

〔註133〕參《五行大義》卷1〈釋名・釋五行名〉引《元命苞》云：「土之為言吐也。含吐氣精，以生於物」，頁2；又根據《白虎通》曰：「土在中央，中央者土，土主吐含萬物，土之為言吐也」（參《白虎通疏證》，頁168）；又《漢書・五行志》云：「土，中央，生萬物者也」參《漢書》卷27上〈五行志・上〉，頁1338。

〔註134〕根據《白虎通》曰：「金在西方，西方者，陰始起，萬物禁止」參吳則虞點校，《白虎通疏證》，卷4〈五行〉，頁168。

〔註135〕根據《南齊書》：「金者，西方，萬物既成，殺氣之始也」參《南齊書》（臺北，鼎文書局，1993年5月出版）卷19〈五行志〉，頁380；。

〔註136〕《五行大義》卷1，第1〈釋名・釋五行名〉引《釋名》、《廣雅》、《白虎通》

最後，列出《管子》一書，把水看成類似「地之血氣，筋脈之通流」的意思。
〔註137〕這樣，五行的「水」就有著三層意義。此外，蕭吉把四時的「冬」
比之於「水」與方位的「北方」，並依《尸子》把冬解釋爲「終藏」〔註138〕，
這些解釋在意義上不盡相同。可見蕭吉對於五行中的水之解釋立場上並不一
貫。如果我們以「北」及「冬」二字爲準則，北是「伏」的意思，而冬是「終
藏」之意，那麼，既然北與冬皆屬水，這樣五行中的水便蘊含「終藏」的意
思。綜上所言，則木火土金水的意義分別爲：木──生機興發；火──活動
變化；土──孕育培植；金──禁制；水──終藏。

　　接著，談到「五行」的「體性」問題。蕭吉一開始就對於「體」、「性」
二字做一解釋。他認爲「體者，以形質爲名；性者，以功用爲義。以五行體、
性，資益萬物，故合而辨之。」〔註139〕關於五行的「體性」的論述，蕭吉
主要是依循《尚書‧洪範》的文本，所謂「木曰曲直，火曰炎上，土爰稼穡，
金曰從革，水曰潤下」〔註140〕的意義而來。他又說：

　　木居少陽之位，春氣和煦溫柔，弱火伏其中，故木以溫柔爲體、曲
　　直爲性。火居大陽之位，炎熾赫烈，故火以明熱爲體、炎上爲性。
　　土在四時之中，處季夏之末，陽衰陰長，居位之中，總於四時，積

<hr>

皆曰：「水，準也。平準萬物」；又引《元命苞》曰：「水之爲言演也。陰化淖
濡，流施潛行也」；又引《管子》云：「水者，地之血氣，筋脈之通流者，故
曰水」，頁2。

〔註137〕《管子》第39篇，題爲〈水地〉，原文曰：「水者，地之血氣，如筋脈之通流
者也」，〈水地篇〉指出了水在大地的地位與作用，作者提出水之於大地，是
「血氣」，有如「筋脈」之於身軀。接著分析水有「五德」──仁、精、正、
義、卑，並讚揚水是「具材」，勘稱是一則「水德頌」。〈水地篇〉認爲水是萬
物生長之依據，是一切生命的核心，也是所有是非得失的準據；作者並讚美
水就是大地，就是萬物的本源，也是生命的血脈，更是善美與醜惡、賢明與
不肖、愚魯與聰慧的成因。參湯孝純注譯，李振興校閱，《新譯管子讀本》（臺
北，三民書局，1995年7月出版）下冊，頁710。

〔註138〕根據〔漢〕董仲舒，《春秋繁露》曰：「春主生，夏主長，季夏主養，秋主收，
冬主藏」，參董仲舒，《董仲舒集》（北京，學苑出版社，2003年7月出版），
〈五行對〉，頁240；又根據《禮記‧樂記》曰：「春作夏長，……秋斂冬藏……」，
參《十三經全文標點本》，頁829。

〔註139〕《五行大義》卷1，〈辨體性〉，頁5。

〔註140〕關於五行體性，《尚書‧洪範》曰：「五行，依約水，二曰火，三曰木，四曰
金，五曰土。水曰潤下，火曰炎上，木曰曲直，金曰從革，土爰稼穡」，參《十
三經全文標點本》，頁155；又《白虎通疏證》亦曰：「水曰潤下，火曰炎上，
木曰曲直，金曰從革，土爰稼穡」，參《白虎通疏證》，頁170，這裡可以看
出，雖然五行體性文字記載相同，但是五行順序排列不同的地方。

塵成實，積則有間，有間故含容，成實故能持，故土以含散持實爲體、稼穡爲性。金居少陰之位，西方成物之所，物成則凝強，少陰則清冷，故金以強冷爲體、從革爲性。水以寒虛爲體、潤下爲性。

〔註141〕

因此，〈洪範〉所主張的：「木曰曲直，火曰炎上，土曰爰稼穡，金曰從革、水曰潤下」是五行的「質性」；而「溫柔、明熱、含寒持實、強冷、寒虛」是五行的「質體」。綜合來看，蕭吉歸納五行的體性如下：

木：以溫柔爲體，曲直爲性。

火：以明熱爲體，炎上爲性。

土：以含散持實爲體，稼穡爲性。

金：以強冷爲體，從革爲性。

水：以寒虛爲體，潤下爲性。

進一步的延伸解釋，可以看出蕭吉對於五行之體性的解釋，乃是立足於「氣化」之說。例如，稱木爲「木氣順則如其性，茂盛敷實，以爲民用，直者中繩，曲者中鉤。」；稱火爲「火氣順則如其性，如其性則能成熟。」；稱土爲「順中和之氣則土得其性，得其性則百穀實而稼穡成。」；稱金則「金氣順則如其性，如其性者，工冶鑄作，革形成器。」；稱水爲「水氣順則如其性，如其性則源泉通流，以利民用。」故進而要求人君治國，順應五氣，以使五行如其性，否則就會導致「木不曲直，火不炎上，土不稼穡，金不從革，水不潤下」的結果，從而使得君臣百姓大遭其殃。可見，蕭吉所指的五行，其實就是指現實世界中的「木、火、土、金、水」五種物質所具有之屬力量，而立場上，也隱含著「五行制君」的寓意。〔註142〕

〔註141〕《五行大義》卷1，〈辨體性〉，頁6。

〔註142〕蕭吉在〈序〉中指出：「自羲農以來，迄於周漢，莫不以五行爲政治之本。」又舉商王受命，狎侮五常，殆棄三政爲例，故知體認五行，得知者昌，失之者滅的道理。而若不辨五行，失之毫髮，千里必差，水旱興而不辨其由，妖祥興而莫知其趣。參錢杭點校，《五行大義》，〈序〉，頁2。而在〈辨體性〉一段，蕭吉更是振筆疾呼君王應體察五行之道。他指出，若人君失威儀，酖酒淫縱，重徭厚稅，田獵無度，則木失其性，春不滋長，不爲民用，橋樑不從其繩墨，故曰「木不曲直」；若人君不明，遠賢良，進逸倭，棄法律，疏骨肉，殺忠諫，赦罪人，廢嫡立庶，以妾爲妻，則火失其性，不用則起，隨風斜行，焚宗廟宮室，燎於民居，故曰「火不炎上」；若人君縱意宮室臺榭，雕縷五色，罷盡人力，親疏無別，妻妾過度，則土失其性，則氣亂，稼穡不成，故五穀不登，風霧爲害，故曰「土不稼穡」；若人君樂侵凌，好攻戰，貪色賂，

## （二）五行與「方位觀念」

中國最早在商代已有明顯的五方觀念，「東土受年，南土受年，西土受年，北土受年」，這是卜商與東南西北四方受年之辭。商人又稱自己爲「中商」，以中與東南西北並舉而表現出「五方」的觀念。〔註143〕卜辭中對於東、南、西、北四個方位，各方位有獨立的名字，也有獨立的風名。〔註144〕因此，「方各有名、風各有名」，這乃是一種樸素的觀念，是原始農業生產仰賴自然的反映。〔註145〕所以，以四時配四方，或者是說，以時間觀念和空間觀念結合起來，至少在遠古時期，五行說的萌芽階段，已經爲人們所注意到，農業與生產、時間與空間之間的微妙關係。

蕭吉在《五行大義》一書中，曾多次提到與「方位」（四方、八方）與「節氣風向」（四節、八風）的論題，這也體顯了蕭吉的空間觀念。例如，在〈論五行及生成數〉段中，蕭吉言「行言五者，明萬物雖多，數不過五。」又續引《春秋繁露》云：「天地之氣，列爲五行，夫五行者，行也。」蕭吉又據《易·上繫》曰：「天數五，王曰：謂一、三、五、七、九也；韓曰：五，奇也。地數五，王曰：謂二、四、六、八、十也；韓曰：五，偶也。」〔註146〕進而分析五行之生成數。認爲：

> 北方亥、子，水也，生數一；丑，土也，生數五。一與五相得爲六，
> 故水成數六也。東方寅、卯，木也，生數三；辰，土也，生數五。

---

輕百姓之命，人民騷動，則金失其性，冶鑄不化，凝滯渠堅，不成者眾，……若逆金氣，則萬物不成，故曰「金不從革」；若人君廢祭祀，漫鬼神，逆天時，則水失其性，水暴出，漂溢沒溺，環城邑，爲人之害，故曰「水不潤下。」參《五行大義》卷1〈辨體性〉，頁6～8。

〔註143〕胡厚宣研究甲骨文與《尚書·堯典》，而證實商代已有五方的觀念，參胡厚宣，〈釋殷代求年於四方和四方風的祭祀〉，《復旦學報》（上海，復旦大學，1956年1月出刊），頁49～86；龐樸指出從殷墟出土的占卜辭中，可以發現許多尚五的說法，這些說法，乃是早期的宗教活動的五行說。參龐樸，《穰莠集——中國文化與哲學論集》，頁360～361。

〔註144〕「東方曰析，鳳曰劦。南方曰夾，鳳曰豈。西方曰未，鳳曰彝。北方曰勹，鳳曰阪。」參胡厚宣，〈釋殷代求年於四方和四方風的祭祀〉，頁49。

〔註145〕中國的祖先生活在華北平原，春天多東風，夏天多南風，秋天多西風，冬天多北風——草木復甦的時候在春天，猶如日之東昇；茂盛的時候在夏天，猶如日在正南；收穫的時候在秋天，猶如紅日西垂；窖藏的時候在冬天，猶如黑夜降臨，似乎這時候太陽也隱藏到北方。這是四季、風向的變化，而使得人們注意空間與農業變化的關係。

〔註146〕《五行大義》卷1，〈論數·論五行及生成數〉，頁10。

三與五相得爲八，故木成數八也。南方巳、午，火也，生數二；未，
土也，生數五。二與五相得爲七，故火成數七也。西方申、酉，金
也，生數四；戌，土也，生數五。四與五相得爲九，故金成數九也。
中央戊、己，土也，生數五；又土之位在中，其數本五；兩五相得
爲十，故土成數十也。〔註147〕

蕭吉此段引文來自常從《數義》一書，係將五行（木、火、土、金、水）、
方位（東、南、中、西、北）與支干（寅卯、巳午、戊己、申酉、亥子）相
配，而推演出五行的成數爲——「木」成數八，「火」成數七，「土」成數十，
「金」成數九，「水」成數六也。

## 三、陰陽五行與「空間分割」思想之論述

　　陰陽五行做爲中國文化的重要內涵，當中有一部份涉及了中國古代對於
空間分割的觀念。此種觀念，是中國文化中對於方位與空間的取得與分割的
理解，以至於可以看出中國古代的空間佔有與使用的觀念。以下將以《五行
大義》爲文本，開始來論述中國古代對於環境與空間觀念的認識，及其中所
展現的多元文化現象。

### （一）「八卦」與「八風」

　　關於「八卦」與「八風」的關係，在古代典籍中屢有論述，〔註148〕蕭吉

---

〔註147〕《五行大義》卷1，〈論數・論五行及生成數〉引常從《數義》，頁12。
〔註148〕基本上，中國古代對於風的分類，大體上有三種分類原則：
　　　　第一種從「方位」上分。根據《淮南子》的說法：「何謂八風？東北曰炎風，
　　　　東方曰條風，東南曰景風，南方曰巨風，西南曰涼風，西方曰飂風，西北曰
　　　　麗風，北方曰寒風」參劉文典，《淮南鴻烈集解》（北京，中華書局，1997年
　　　　1月出版）卷4〈墜形訓〉，頁132。
　　　　第二種是按「季節」來分。古人對於季節之風也是有一套名稱。從冬至開始，
　　　　每45天就有一種風。四方配四季——春季與東方相應，春風、東風，也叫明
　　　　庶風；夏季與南方相應，夏風、南風，也叫做景風；秋季與西方相應，秋風、
　　　　西風，就是閶闔風；冬季與北方相應，冬天的風和北方的風，都叫做廣莫風。
　　　　根據《淮南子》的說法：「何謂八風？距日冬至四十五日條風，……明庶風，……
　　　　清明風，……景風，……涼風，……閶闔風，……不周風，……廣莫風」參
　　　　《淮南鴻烈集解》，卷3〈天文訓〉，頁92。
　　　　第三種是根據「性質」區分。這主要是從風的速度上做區分。根據李淳風的
　　　　說法，可以利用樹的動態做標準，來判斷風的速度和遠近的狀況。他認爲：「凡
　　　　風動，初遲後，其來遠；初疾後緩，其發近。凡風動葉十里，鳴條百里，搖
　　　　枝二百里，墜葉三百里，折小枝四百里，折大枝五百里；一云折木飛砂石千

在此引論各書，並提出自己的論點。

首先，蕭吉在卷三〈論配五色〉當中，認為八卦各有其色，亦即八卦（震、離、兌、坎、乾、艮、巽、坤）與五色（青、赤、白、黑、黃）之相配有程度上的區別——也就是雖然同樣是紅色，或同樣的黃色，也有色彩鮮豔或黯淡上的區別。文中蕭吉云：「青如翠羽，黑如烏羽，赤如雞冠，黃如蟹腹，白如豕膏，此五色為生氣見。青如草滋，黑如水苔，黃如枳實，赤如衃血，白如枯骨。此五色為死氣見。」〔註149〕又在同卷〈論配聲音〉中云：「春氣和則角聲調，夏氣和則徵聲調，季夏氣和則宮聲調，秋氣和則商聲調，冬氣和則羽聲調。」〔註150〕這裡也是把五聲（角、徵、宮、商、羽）與五季（春、夏、季夏、秋、冬），以各「節氣」的調和來說明五聲的調和。

接著，在論述〈論八卦八風〉這一段，蕭吉認為「古者庖羲氏之王天下也，仰則觀象於天，俯則觀法於地，觀鳥獸之文與地之宜，近取諸身，遠取諸物，於是始作八卦，以通神明之德，以類萬物之情。兼三才而兩之，故六畫而成卦。因八方之通八風，成八節之氣，故卦有八。」〔註151〕而八卦又是如何與五行相配呢？蕭吉主張：「其配五行者，乾、兌為金，坎為水，震、巽為木，離為火，坤、艮為土。」〔註152〕蕭吉且指出，八卦與八風變異的關鍵就在於「方土異宜，各隨所感。而風者，天之號令，治政之象。若君有德令，則風不搖條，清和調暢；若〔政〕令失，則氣怒凶暴，飛沙折木，此天地報應之理也。此皆五行之氣也。」〔註153〕由於八卦配屬八方，八方風氣不同，故政治之應報，會由八方之氣所顯現出來。

至於八卦與八風的配對組合，《五行大義》有一套說法。首先，《五行大義》指出八卦與《周易》之間的肇作關係，而八卦的取象與比類也有一定的關係。所以《五行大義》認為：「始作八卦，以通神明之德，以類萬物之情，

---

里，或云伐木施千里，又云折木千里；拔木樹及根五千里」；另外，他還提到可以聽風聲，配五音，來視察風之遠近：「宮風：近十里，中百里，遠千里；羽風：近六里，中六十里，遠六百里；徵風：近七里，中七十里，遠七百里；角風：近八里，中八十里，遠八百里；商風：近九里，中九十里，遠九百里。」參〔唐〕李淳風《乙巳占》，收入《中國方術概觀・占星卷》（北京，人民中國出版社，1993年12月出版），第69〈占風遠近法〉，頁147～148。

〔註149〕《五行大義》卷3，〈論雜配・論配五色〉引《甲乙經》，頁59。

〔註150〕《五行大義》卷3，〈論雜配・論配聲音〉引《樂緯》，頁60。

〔註151〕《五行大義》卷4，〈論八卦八風〉引《周易》，頁102。

〔註152〕《五行大義》卷4，〈論八卦八風〉，頁102。

〔註153〕《五行大義》卷4，〈論八卦八風〉，頁105～106。

兼三才而兩之。」〔註154〕又說：

> 因八方之通八風，成八節之氣，故卦有八。其配五行者，乾、兌爲
> 金，坎爲水，震、巽木，離爲火，坤、艮爲土，各以方位言之。……
> 艮，東北，主立春；震，東方，主春分；巽，東南，主立夏；離，
> 南方，主夏至；坤，西南，主立秋；兌，西方，主秋分；乾，西北，
> 主立冬；坎，北方，主冬至。〔註155〕

蕭吉將八卦與八方位、二至（夏至、冬至）、二分（春分、秋分）相互配對，
使成爲立論八卦八風的基礎。接著，蕭吉進一步以陰陽二氣，來說明「氣」
對於八卦與節氣的生成與質性的關係。他認爲以八卦配當方位，各在當方之
辰，四維四卦，則丑寅屬艮，辰巳屬巽，未申屬坤，戌亥屬乾。因此，而生
出八風，其關係如下：

> 八卦既通八風、八方，以調八節之氣。故坎生廣莫風，四十五日至
> 艮，生條風；四十五日至震，生明庶風；四十五日至巽，生清明風；
> 四十五日至離，生景風；四十五日至坤，生涼風；四十五日至兌，
> 生閶闔風；四十五日至乾，生不周風；四十五日又至坎。陽氣生五
> 極九，五九四十五，故左行四十五日而一變也。〔註156〕

關於八風的屬性，蕭吉在此做了進一步的說明。〔註157〕現將蕭吉的說法歸納
列之於下：

---

〔註154〕《五行大義》卷 4，〈論八卦八風〉引《周易》，頁 102。
〔註155〕《五行大義》卷 4，〈論八卦八風〉引《易通卦驗》，頁 102。
〔註156〕《五行大義》卷 4，〈論八卦八風〉，頁 104。
〔註157〕關於八風的屬性，日本學者賴惟勤曾提出一些看法。首先，他主張「不周風、
　　　　閶闔風、涼風」這三種風爲「崑崙系」之風名，將崑崙山視爲溝通天地媒介
　　　　的靈山，是源自於《淮南子·墜形訓》的說法；再者，八風的性格也與古代
　　　　神話「八神」的性格相類似，根據他的說法，整理如下：

表 4-4：八風、八神配對表

| 八風 | 八神 | 八風 | 八神 |
|---|---|---|---|
| 條風 | 諸稽攝提 | 明庶風 | 通視 |
| 清明風 | 赤奮若 | 景風 | 共工 |
| 涼風 | 諸比 | 閶闔風 | 皋稽 |
| 不周風 | 隅強 | 廣莫風 | 窮奇 |

　　　　此外，賴教授認爲八卦與八風的關係，係源起於《左傳》所說的「服虔說」。
　　　　見賴惟勤，〈史記の律書について〉，收入《賴惟勤著作集Ⅱ》（東京，汲古書
　　　　院，1989 年 8 月出版），頁 83～90。

廣莫風：廣，大也，莫，沙漠也，……此時陽氣在下，陰莫之廣大
也。

條　　風：條，達也，此時達生萬物也。

明庶風：庶，眾也，此時陽以施惠之德，眾物皆明出也。

清明風：天氣明淨清涼也，此時清風吹萬物，使盛大明淨可觀也。

景　　風：景，高也，萬物至此太高也，亦言景，竟也，陽道至此終
竟也。

涼　　風：秋風涼也，此時陰氣淒涼，收成萬物也。

閶闔風：昌，盛也，此時萬物盛而收藏之也。

不周風：周，遍也，不周者，閉不通也，言此時純陰無陽，閉塞不
通也。

除了以上的說法，《五行大義》還舉出了其他的八風的說法（參表 4-9：「八
方、八節、八卦、八風對照表」），例如，蕭吉引《淮南子》的說法來說明八
風。曰：

東北方曰蒼門，生條風；東方曰開明門，生明庶風；東南方曰陽門，
生清明風；南方曰暑門，生景風；西南方曰白門，生涼風；西方曰
閶闔門，生閶闔風；西北方曰幽都門，生不周風；北方曰寒門，生
廣莫風。〔註158〕

接著，蕭吉又引《呂氏春秋》云：「東方滔風，東南動風，南方巨風，西南
淒風，西方飄風，西北厲風，北方寒風，東北炎風。」〔註159〕蕭吉所引述
的第三種關於八風的說法，為：「坎名大剛風，乾名折風，兌名小剛風，艮
名凶風，坤名謀風，巽名小弱風，震名嬰兒風，離名大弱風。」〔註160〕此
外，楊泉對於節氣之風，有另外的說法，云：「春氣臑，其風溫以和，喜風
也；夏氣盛，其風陽以貞，樂風也；秋氣勁，其風飆以清，怒風也；冬氣冷，
其風凝以厲，哀風也。」〔註161〕蕭吉在此對於各家風名的說法，似乎並沒
有提出一些批評性與歸納式的討論，然而對於風氣與天時、人事之關連，則
做了一些論述。蕭吉認為：

四維之風，隨生成之氣，方土異宜，各隨所感。而風者，天之號令，

---

〔註158〕《五行大義》卷4，〈論八卦八風〉，頁104～105。

〔註159〕《五行大義》卷4，〈論八卦八風〉引《呂氏春秋》，頁105。

〔註160〕《五行大義》卷4，〈論八卦八風〉引《太公兵書》，頁105。

〔註161〕《五行大義》卷4，〈論八卦八風〉，頁105。

治政之象。若君有德令，則風不搖條，清和調暢；若〔政〕令失，則氣怒凶暴，飛沙折木，此天地報應之理也。此皆五行之氣，故並釋焉。〔註162〕

因此，蕭吉對於風與五行的關係，其解釋上關鍵性的說法，則是歸納於「氣」〔註163〕。關於「氣」，在《五行大義》文本當中，蕭吉也時刻提到的有關於「氣」的說法，因此，推論蕭吉對於氣的感受當有一定程度的重視與理解。例如卷一〈論五行及生成數〉當中，蕭吉引用《春秋繁露》提到「天地之氣，列爲五行，夫五行者，行也。」的說法，藉以說明五行乃是「天地之氣」所形成；同卷中又提到「陰陽各有合，然後氣性相得，施化行也。故四時之運，成於五行」〔註164〕的說法，也是將陰陽之合德化成，歸因於四時氣性之相得所致。而此處，蕭吉在分析探討八風之屬性，也是以「氣」立論，認爲四維八風，是隨生成之氣而起的，中原各地風氣不同，因此民情風土亦異。

### 表4-5：八方、八節、八卦、八風配對表〔註165〕

| 八方 | 八節 | 八卦 | 八 風 | | | | | |
|------|------|------|--------|--------|--------|--------|--------|--------|
| | | | 五行大義 | 太公兵書 | 呂氏春秋 | 淮南子 | 說文 | 物理論 |
| 東北 | 立春 | 艮 | 條風 | 凶風 | 炎風 | 條風 | 融風 | 明庶風 |
| 東 | 春分 | 震 | 明庶風 | 嬰兒風 | 滔風 | 明庶風 | 明庶風 | 喜風 |

---

〔註162〕《五行大義》卷4，〈論八卦八風〉，頁105～106。

〔註163〕日本學者坂出祥伸認爲「感應」的觀念，是探討「氣」這個代表中國的世界觀的重要模式。「感應」在先秦兩漢的典籍中屢被提及，代表了一種「同聲相應」、「同氣相求」、「同類相感」的過程與狀態。萬物生存的歷程中，自有其「氣」以賴生。天有天氣、地有地氣，古人多謂天地間的事物，各從其氣類以共相感應。從《呂氏春秋》與《春秋繁露》等談及同類相動的文本當中，可知古代所認爲的共感，其實是當時人所認爲共通的日常經驗的常識。參坂出祥伸：《中國思想研究》（京都，關西大學出版部，1999年9月出版），第二章〈「氣」の感應と修煉〉，頁316～320；韓德森（J.B.Henderson）亦指出陰陽、五行皆由「氣」所組成，而透過「氣」之振動，可以產生共鳴（This qi, moreover, might differentiate into distinctive varieties, such as yin and yang or one of the five phases. Thus action at a distance between two resonating entities might be facilitated not only by vibrations emitted through the medium of the qi connecting them, but also because they are composed of the same general type of qi.），參 J.B.Henderson,「*Cosmology*」, manuscript, pp.11.

〔註164〕《五行大義》卷1，〈論五行及生成數〉，頁12。

〔註165〕參《五行大義》卷4，〈論八卦八風〉，頁102～106綜合整理。

| 東南 | 立夏 | 巽 | 清明風 | 小弱風 | 動風 | 清明風 | 清明風 | 融風 |
| 南 | 夏至 | 離 | 景風 | 大弱風 | 巨風 | 景風 | 景風 | 樂風 |
| 西南 | 立秋 | 坤 | 涼風 | 謀風 | 淒風 | 涼風 | 涼風 | 清和風 |
| 西 | 秋分 | 兌 | 閶闔風 | 小剛風 | 飄風 | 閶闔風 | 閶闔風 | 怒風 |
| 西北 | 立冬 | 乾 | 不周風 | 折風 | 厲風 | 不周風 | 不周風 | 不周風 |
| 北 | 冬至 | 坎 | 廣莫風 | 大剛風 | 寒風 | 廣莫風 | 廣莫風 | 哀風 |

## （二）「九宮」與「九州」

《五行大義》在討論「九宮」、「九州」與空間分割思想的關係時，曾對於「九宮」與「九州」提出一些看法。首先，蕭吉稱九宮為「九宮者，上分於天，下別於地，各以九位。天則二十八宿，北斗九星；地則四方、四維及中央。分配九有，謂之宮者，皆神所遊處，故以名宮也。」〔註166〕九宮有九個方位，九個方位是與五行、八卦相配屬的。蕭吉援引《黃帝九宮經》以對於九個方位所配之數加以論述，曰：「坎一、坤二、震三、巽四、中宮五、乾六、兌七、艮八、離九」〔註167〕又曰：「上配九天、九星、二十八宿，下配五岳、四瀆、九州也。」〔註168〕接著，蕭吉說明五岳與四瀆：「一主恒山，二主三江，三主太山，四主淮，五主嵩高，六主河，七主華山，八主濟，九主霍山。」〔註169〕所以蕭吉所稱的「五岳」是指「恆山、太山、嵩山、華山、霍山」五座山；「四瀆」是指「江、淮、河、濟」四條大河。

而蕭吉所認為的「九州」，則是指冀州、荊州、青州、徐州、豫州、雍州、梁州、兗州、揚州。其所依據的是「九州之名互有改變，《禹貢》九州即此。」〔註170〕文句中似乎隱含著所謂的九州之名，雖歷代有所因革，但是論述九州，應以《禹貢》的九州為準。接著，蕭吉又對於九州的沿革與變遷，做了一些摘要性的說明，〔註171〕唯其所謂的九州，雖然大致上仍以《禹貢》所說的九州為標準，然而在描述九州始末時，通常是以「氣」來論斷九

〔註166〕《五行大義》卷1，〈論數·論九宮數〉，頁18～19。
〔註167〕《五行大義》卷1，〈論數·論九宮數〉引《黃帝九宮經》，頁19。
〔註168〕《五行大義》卷1，〈論數·論九宮數〉引《九宮經》，頁23。
〔註169〕《五行大義》卷1，〈論數·論九宮數〉，頁23～24。
〔註170〕《五行大義》卷1，〈論數·論九宮數〉，頁24。
〔註171〕蕭吉云：「周、虞有十二州，加幽、并、營。舜以青州越海，分齊為營州；冀州南北太遠，分衛為并州，燕以北分置幽州。殷時九州有幽、營，無青、梁。《周官》九州有幽、并，無徐、梁。漢立十二州，增交、益焉。」參《五行大義》卷1，〈明數·論九宮數〉，頁173。

州的。試觀他對於九州的說法：〔註172〕

　　論冀州，引《太康地記》曰：「冀，近，其氣相近也。」；

　　論荊州，引《釋名》曰：「荊，警也，南蠻數爲寇逆，州道先強，當
　　　　　　警備之也。」；

　　論青州，引《太康地記》曰：「少陽色青，歲始事首，即以爲名。」；

　　論徐州，引《釋名》曰：「徐，舒也，土氣舒緩也。」；

　　論豫州，引《太康地記》曰：「稟中和之氣，性理安舒。」；

　　論雍州，引《太康地記》曰：「雍居西北之位，陽所不至，陰氣壅
　　　　　　閼，取以爲名。」；

　　論梁州，引《太康地記》曰：「梁者，剛也，取西方金剛之氣，剛強
　　　　　　以爲名也。」；

　　論兗州，引《太康地記》曰：「辨其履信，稟貞正之氣也。」；

　　論揚州，引《釋名》曰：「揚州多水，水波揚也。」

接著，蕭吉將「九宮」與「九州」做一個配對。他說：「今依九宮之位，冀
州正北，在坎宮；荊州西南，在坤宮；青州正東，在震宮；徐州東南，在巽
宮；豫州中央，在中宮；雍州西北，在乾宮；梁州正西，在兌宮；兗州東北，
在艮宮；揚州正南，在離宮。」〔註173〕又說「太一以兗州在正北坎位，青
州在東北艮位，徐州在正東震位，揚州在東南巽位，荊州在正南離位，梁州
在西南坤位，雍州在正西兌位，冀州在西北乾位。此並從五行本始之氣。」
〔註174〕而如此配對的原因，仍是根據古代經典的文字，「此并依《周禮》職
方之始位，雖宮位微移，五行氣一。」〔註175〕所做出的解釋。因此可知，蕭
吉是依據《周禮》職方之始位，將五行、八方、八卦加以配對論述。〔註176〕
這也似乎顯示了，蕭吉對於「氣」之於「九州」的理解，中原各州有各州的
「氣」，各州不同的氣形成了各地區特有的情況。

───────────────

〔註172〕蕭吉並沒有專節專段討論九州的問題，此處資料係根據《五行大義》卷1，〈明
　　　　數・論九宮數〉，頁173～174整理。

〔註173〕《五行大義》卷1，〈論數・論九宮數〉，頁25。

〔註174〕《五行大義》卷1，〈論數・論九宮數〉，頁25。

〔註175〕《五行大義》卷1，〈論數・論九宮數〉，頁25。

〔註176〕蕭吉並依據《周禮》職方之始位，進一步說明，曰：「西北亥地，故坎水居之；
　　　　東北寅地，故震木居之；東南巳地，故離火居之；西南申地，故兌金居之。
　　　　乾爲金，故從本金位；巽爲木，故從本木位；坤艮俱土，故取地之經，居正
　　　　南正北。」參《五行大義》卷1，〈論數・論九宮數〉，頁25。

### （三）「七政」與「七星」

《五行大義》的另一段，提到七政、七星、二十八宿與古州之間的配對，這也可看出陰陽五行與空間分割思想之間的關係。

關於七政，《五行大義》首先指出七政的含意：「夫七政者，乃是玄象之端、正天之度，王者仰之以爲治政，故謂之政。七者，數有七也，凡有三解：一云，日、月、五星合爲七政；二云北斗七星爲七政；三云二十八宿，布在四方，方別七宿，共爲七政。此三種七政，皆配五行。」〔註177〕而七政、北斗、與地面上的州國，又有如何的關係？蕭吉在此引《尙書緯》加以說明，並主張：

> 璇、璣、斗、魁四星，玉衡、拘、橫三星，合七。齊四時、五威。
> 五威者，五行也。五威在人爲五命，七星在人爲七端。北斗居天之中，當崑崙之上，運轉所指，隨二十四氣，正十二辰，建十二月。
> 又州國、分野、年命，莫不政之，故爲七政。〔註178〕

因此，蕭吉認爲七政的意義不僅在於北斗七星，也是人命、州國、治政的依據，然而，七星則有四種說法。列表如下：

**表4-6：七星、古州配對表**〔註179〕

| 古州名 | 《合誠圖》 | 《黃帝斗圖》 | 《孔子元辰經》 | 《遁甲經》 |
|---|---|---|---|---|
| 雍州 | 樞星 | 貪狼 | 陽明星 | 魁眞星 |
| 冀州 | 璇星 | 巨門 | 陰精星 | 魁元星 |
| 青、兗州 | 璣星 | 祿存 | 眞人星 | 權九極星 |
| 徐、揚州 | 權星 | 文曲 | 玄冥星 | 魁細星 |
| 荊州 | 衡星 | 廉貞 | 丹元星 | 鱷剛星 |
| 梁州 | 開陽星 | 武曲 | 北極星 | 魑紀星 |
| 豫州 | 標光星 | 破軍 | 天開星 | 飄玄陽星 |

而這七星與州國的對應，蕭吉引《合誠圖》加以說明：「樞星爲雍州，璇星爲冀州，璣星爲青、兗州，權星爲徐、揚州，衡星爲荊州，開陽星爲梁州，標光星爲豫州。」〔註180〕此外，蕭吉又引《漢書・天文志》以說明二十八宿與

---

〔註177〕《五行大義》卷4，〈論七政〉，頁93。
〔註178〕《五行大義》卷4，〈論七政〉，頁97。
〔註179〕根據《五行大義》卷4，〈論七政〉，頁97～98整理。
〔註180〕《五行大義》卷4，〈論七政〉，頁98。

古州國的配屬關係。說明如下：〔註 181〕

| 古　州　名 | 《合誠圖》 | 《黃帝斗圖》 |
|---|---|---|
| 二十八宿 | 古國 | 古州 |
| 角、亢、氐 | 韓、鄭 | 兗州之分 |
| 房、心 | 宋 | 豫州之分 |
| 尾、箕 | 燕 | 幽州之分 |
| 井、鬼 | 秦 | 雍州之分 |
| 柳、七星、張 |  | 三河之分 |
| 翼、軫 | 楚 | 荊州之分 |
| 奎、婁、胃 | 魯 | 徐州之分 |
| 昴、畢 | 越 | 冀州之分 |
| 觜、參 | 魏 | 梁州之分 |
| 斗 |  | 江湖之分 |
| 牽牛、須女 | 吳 | 揚州之分 |
| 虛、危 | 齊 | 青州之分 |
| 室、壁 | 衛 | 并州之分 |

這是蕭吉將二十八宿與古州國配對的關係。

## 四、陰陽五行與「對應思想」——人、體、命：五靈與卅六禽

　　人體與宇宙對應的概念並非漢文化所獨有，而是世界各民族文化相當普遍的概念，李約瑟稱此概念為「大宇宙」（Macrocosm）與「小宇宙」（Microcosm），是指設想人體、國家、宇宙整體之間具有對應的關係。〔註 182〕這種概念在古代的巴比倫、希臘、印度、中國都有，一直到近世依然非常流行。〔註 183〕但是，個別文化都以其獨特的認知方式，建構其獨得的宇宙圖式；

〔註 181〕《五行大義》卷 4，〈論七政〉引《漢書・天文志》，頁 100。
〔註 182〕李約瑟把涉及宇宙整體的類比，稱為「宇宙類比」；把涉及國家社會的類比，稱為「國家類比」。見李約瑟，《中國之科學與文明》（臺北，臺灣商務印書館，1985 年 8 月出版），第二冊，頁 489～490。
〔註 183〕韓德森（J.B.Henderson）稱此為「對應思考」（correlative thought），他並認為：「Indeed, correlative modes of thought seem to have dominated intellectual life in traditional China more than in most other civilizations. Yet systems of cosmological correspondence were at least as highly developed in ancient, medieval, and Renaissance Europe, as well as in medieval Islamic culture.」指出了對應思考並非

而中國是以「陰陽五行」做爲對應的架構。〔註 184〕在這樣的脈絡之下，人的生成化育與身體結構，都可以與天地互相類比，而由陰陽五行所導演出來的象徵符碼，也可以在天、地、人體與生物之間來運用理解。天人感應的立論於是推展開來，這在《呂氏春秋》、《春秋繁露》、《淮南子》的天、地、人的類比思維中，已經不只是概念性的類比，而是把自然現象作爲類推解釋人體結構與政治社會的對應關係。〔註 185〕

## （一）人體與臟腑

基本上，《五行大義》在論述人體的生命，談到了醫療、人體與臟腑的配對關係時，是以「氣」論來發微，而且將時間（季節）與身體（臟腑）的關係透過病理的宜禁原則，〔註 186〕建構起論述的架構。蕭吉在卷二〈配干支〉這一段，首先將干支與人體、臟腑做成配對。〈論配干支〉曰：「其配人身，甲、乙爲頭，丙、丁爲胸脅，戊、己爲心胸，庚、辛爲股，壬、癸爲手足。則子爲頭，丑、亥爲胸臂，寅、戌爲手，卯、酉爲腰脅，辰、申爲尻肱，巳、未爲脛，午爲足。此皆初爲首，末爲足。」〔註 187〕談到臟腑與五行之相配，〈論配干支〉曰：「配五藏也，干以甲、乙爲肝，丙、丁爲心，戊、己爲脾，庚、辛爲肺，壬、癸爲腎也；支以寅、卯爲肝，巳、午爲心，辰、戌、丑、未爲脾，申、酉爲肺，亥、子爲腎，此皆從五行配之。」〔註 188〕接著，

---

中國文化所獨有，在世界其他文化之中，具有普遍存在的情形。參 J.B.Henderson, *The Development and Decline of Chinese Cosmology,*（Columbia, 1984），pp.54~58.

〔註 184〕關於陰陽五行與宇宙圖式的對應架構，及其與中國文化的關係，學者已有深入研究。例如，龐樸認爲：「陰陽五行之做爲中國文化的骨架，是從戰國後期到西漢中期陸續形成的。在此之前，陰陽自陰陽，五行自五行，各有分吟」參龐樸，《穰莠集——中國文化與哲學論集》，頁 355～395。又根據韓德森（J.B.Henderson）的說法，陰陽五行之於對應思考有四種對應模式，包括人和宇宙的對應；政體和宇宙的對應；以五行爲基礎的術數對應系統；以《易經》與「十翼」發展出來的對應系統。參 J.B.Henderson, *The Development and Decline of Chinese Cosmology*, pp.2-13.

〔註 185〕參安居香山，《緯書と中国神秘思想》（東京，平河出版社，1988 年 9 月出版），〈第四章：陰陽五行思想の形成と展開〉頁 144～153。

〔註 186〕關於季節之氣與身體臟腑的關係，在《素問》中亦有提及。例如，《素問》曰：「五臟各以其時受病，……人與天地相參，故五臟各以治時感於寒則受病，微則爲咳，甚則爲泄爲痛。……」參王洪圖、李雲點校，《黃帝內經素問注證發微》（北京，科學技術文獻出版社，1999 年 1 月出版），卷 5，〈咳論〉頁 248。

〔註 187〕《五行大義》卷 3，〈論配干支〉，頁 38～39。

〔註 188〕《五行大義》卷 3，〈論配干支〉，頁 39。

蕭吉引子產與鄭玄之說，云：「氣為五味……通口者為五味，通鼻者為五臭。」〔註189〕在〈論配藏府〉中，云：「藏府者，由五行六氣而成也。藏則有五，稟自五行，為五性；府則有六，因乎六氣，是曰六情。」〔註190〕接著，蕭吉對於五臟與六腑做了定義，「五藏者：肝、心、脾、肺、腎也；六府者，大腸、小腸、膽、胃、三焦、膀胱也。」而五行、五臟、六腑的配對則為：「肝以配木，心以配火，脾以配土，肺以配金，腎以配水。膀胱為陽，小腸為陰，膽為風，大腸為雨，三焦為晦，胃為明。」〔註191〕此言人之五臟與五行相配之理。可見，此處蕭吉也是把臟腑與氣味的說法歸結於「氣」之因素。

　　在卷三〈論配氣味〉與〈論配藏府〉，與卷五〈論諸人〉，這當中也是以「氣」來貫穿其間。〈論配氣味〉當中，蕭吉引《周禮‧天官》云：「春多酸，夏多苦，秋多辛，冬多鹹」，又云：「宜從時氣，春食須多酸，夏食須多苦。……多者過也，春食過酸，宜減其鹹味；夏食過苦，宜減其酸味。」〔註192〕又從「氣化」之說，認為此乃「酸配木，苦配火，甘配土，辛配金，鹹配火。」之故。

　　關於藥物的相剋與相扶，《五行大義》指出「凡藥，酸養骨，苦養氣，甘養肉，辛養筋，鹹養脉。此並相扶之義。」又引《河圖》云：「人食無極鹹，使腎氣盛、心氣衰，……無極辛，使肺氣盛、肝氣衰，……無極甘，使脾氣盛、腎氣衰，……無極苦，使心氣盛、肺氣衰，……無極酸，使肝氣盛、脾氣衰，……此五藏相制剋之義。」〔註193〕接著，《五行大義》提到五味與疾病

〔註189〕《五行大義》卷3，〈論雜配‧論配氣味〉，頁63。

〔註190〕《五行大義》卷3，〈論雜配‧論配藏府〉，頁68。

〔註191〕《五行大義》卷3，〈論雜配‧論配藏府〉，頁68。

〔註192〕《五行大義》卷3，〈論雜配‧論配氣味〉引《周禮‧春官》，頁66。《素問》除了對於節氣與臟腑的關係，與蕭吉有相同的看法之外，還認為臟腑的罹病、發病、惡化有時間性。《素問》提出：「東風生於春，病在肝；南風生於夏，病在心；西風生於秋，病在肺；北風生於冬，病在腎；中央為土，病在脾。」（參《黃帝內經素問注證發微》卷1〈金匱真言論〉，頁27）；《素問》進一步提出疾病未愈與加劇的過程：「病在肝，愈於夏，夏不愈，甚於秋；……病在心，愈在長夏，長夏不愈，甚於冬；……病在脾，愈在秋，秋不愈，甚於春；……病在肺，愈在冬，冬不愈，甚於夏；……病在腎，愈在春，春不愈，甚於長夏。」，參《黃帝內經素問注證發微》卷3〈臟氣法時論〉頁166～169。

〔註193〕《五行大義》卷3，〈論雜配‧論配氣味〉，頁67。

的禁忌時，引用《黃帝養生經》加以說明：

> 酸入肝，辛入肺，苦入心，甘入脾，醎入腎。病在筋，無食酸；
> 病在氣，無食辛；病在骨，無食醎；病在血，無食苦；病在肉，
> 無食甘。口嗜而飲食之，不可多也，必自賊也，故名「五賊」。……
> 肝病禁辛，心病禁醎，脾病禁酸，肺病禁苦，腎病禁甘。〔註194〕

蕭吉認為人體的臟腑有其本色與本氣，季節也有其本色與本氣，而由穀、菜、菓、畜等可以提供人類生命的食物，也有其本色與本氣，故應以「五行」為中心，依照五行的原則來安排五臟相剋與相生之理。《五行大義》稱這種論點為「五賊」與「五宜食」的原則。「五賊」就是五種病理的食禁原則──病在筋，禁食酸食；病在氣，禁食辛食；病在骨，禁食醎食；病在血，禁食苦食；病在肉，禁食甘食。換句話說──肝病禁辛食，心病禁醎食，脾病禁酸食，肺病禁苦食，腎病禁甘食。蕭吉認為這是因為「口嗜而飲食之，不可多也，必自賊也，故名五賊。」〔註195〕相反地，「五宜食」〔註196〕就是五種病理宜食的食補原則──肺病宜食糯米飯、牛肉、棗、葵；心病宜食麥、羊肉、杏、薤；腎病宜食大豆、黃黍、彘肉、藿；肝病宜食麻、犬肉、李、韭；脾病宜食雞肉、桃、黍、蔥。蕭吉認為這是因為「五宜食者，肝心腎三藏者實，故各以其本味補之。脾肺虛，故以其子母相養者也。」〔註197〕所以整理蕭吉對於五行、季節、氣味、臟腑、穀果、菜畜、蟲石、藥草的配屬關係如下表：

---

〔註194〕 《五行大義》卷3，〈論雜配·論配氣味〉，頁67。

〔註195〕 《五行大義》卷3，〈論雜配·論配氣味〉，頁67。

〔註196〕 《素問》則認為季節食宜的原則，係在於「四時五臟，病隨五味所宜」，目的是可以達到「氣味合而服之，以補經益氣也」。此外，《素問》對於推薦的食補食材，舉例更多：「肝色青，宜食甘，粳米牛肉棗葵皆甘。心色赤，宜食酸，小豆犬肉李韭皆酸。肺色白，宜食苦，麥羊肉杏薤皆苦。脾色黃，宜食醎，大豆豬肉栗藿皆醎。腎色黑，宜食辛，黃黍雞肉桃蔥皆辛。辛散、酸收、甘緩、苦堅、醎軟。……五穀為養、五果為助、五畜為益、五菜為充，氣味合而服之，以補精益氣。此五者，有辛酸甘苦醎，各有所利，或散或收、或緩或急、或堅或軟，四時五臟，病隨五味所宜也。」參《黃帝內經素問注證發微》卷3〈臟氣法時論〉，頁173～174。

〔註197〕 《五行大義》卷3，〈論雜配·論配氣味〉，頁67。

表 4-7：《五行大義》臟腑配對表〔註 198〕

| 五行 | 五季 | 五味 | 五臭 | 五臟 | 五穀 | 五菜 | 五菓 | 五石 | 五草 | 五畜 | 五蟲 |
|------|------|------|------|------|------|------|------|------|------|------|------|
| 木 | 春 | 酸 | 羶 | 肝 | 麻 | 韭 | 李 | 曾青 | 五味子 | 犬 | 伊威 |
| 火 | 夏 | 苦 | 焦 | 心 | 麥 | 薤 | 杏 | 雄黃 | 天門冬 | 羊 | 蚳蛇 |
| 土 | 季夏 | 甘 | 香 | 脾 | 米 | 葵 | 棗 | 玉 | 茯苓 | 牛 | 蜚苓 |
| 金 | 秋 | 腥 | 辛 | 肺 | 黍 | 蔥 | 桃 | 金 | 桂心 | 雞 | 蚭蛔 |
| 水 | 冬 | 醎 | 朽 | 腎 | 大豆 | 藿 | 粟 | 赤石脂 | 玄參 | 彘 | 蜥蜴 |

由此可知，《五行大義》是以五行為中心，將季節、味臭、臟腑，與大自然所生養的畜類、果品、藥材、蟲草加以配對，使形成一個論述的體系。而其所持的論點，仍是以「氣」為中心，認為「藥食之物例多，且舉大略，配五味如此，皆是五行氣所生，氣有偏，故其味則別。」〔註 199〕且認為食物、季節、五行，含涉著互補互生的特色，「五味生五藏者，醎生肝，酸生心，苦生脾，甘生肺，辛生腎。」〔註 200〕又主張，五臟各有其色，藉著五種宜食，可以達到生養其子的功效：

> 肝色青，宜食醎，稻米、牛肉、棗。心色赤，宜食酸，犬肉、李。肺色白，宜食甘，麥、羊肉、杏。脾色黃，宜食苦，大豆、豕肉、粟。腎色黑，宜食辛，黍、雞肉。此五食，皆以所生能養其子也。〔註 201〕

而其陰陽五行補位的理由則在於此「五食」，皆以所生能養其子，所以說五味之入口，各有所走，也各有所病。蕭吉認為「酸走筋，多食之令人癃；醎走血，多食之令人渴；辛走氣，多食之令人洞心；苦走骨，多食之令人〔攣〕；甘走皮，多食之令人惡心。」〔註 202〕所以，「酸、醎、辛、苦、甘」這五種罹患疾病的病氣，會導致「癃、渴、洞心、攣、惡心」等五種病兆的出現；而五行相宜的方法就是要「五穀為養，五菓為助，五畜為益。氣味合而服之，隨四時五藏所宜也。」〔註 203〕大自然的蔬果、畜類、蟲草，皆有其時，若配合時節，使氣味相合，便可使五臟相得益彰。

---

〔註 198〕根據《五行大義》卷 3〈論雜配・論配氣味〉，頁 64～65 整理。
〔註 199〕《五行大義》卷 3，〈論雜配・論配氣味〉，頁 65。
〔註 200〕《五行大義》卷 3，〈論雜配・論配氣味〉引《春秋潛潭巴》，頁 67。
〔註 201〕《五行大義》卷 3，〈論雜配・論配氣味〉引《養生經》，頁 67。
〔註 202〕《五行大義》卷 3，〈論雜配・論配氣味〉，頁 67～68。
〔註 203〕《五行大義》卷 3，〈論雜配・論配氣味〉，頁 68。

　　另一部份，談到人的情性與受氣，蕭吉引《禮記‧禮運》云：「人者，天地之德，陰陽之交，鬼神之會，五行之秀氣也。〔註204〕……人者，天地之心，五行之端，是以稟天地五行之氣而生，爲萬物之主，配二儀以爲三材。」〔註205〕然而人因受氣多少不同，會有不同的情性。蕭吉認爲：

> 受木氣多者，其性勁直而〔懷〕仁；受火氣多者，其性猛烈而尚禮；
> 受土氣多者，其性寬和而有信；受金氣多者，其性剛斷而含義；受
> 水氣多者，其性沈隱而多智。五氣湊合，共成其身。〔註206〕

所以基本上，蕭吉在論述五行與人的配屬關係上，是稟著「氣」論的觀點來立論的。蕭吉進一步引經據典說明其論點，「金人剛強自用，木人多華而雅，水人開通智慧，火人自貴性急，土人忠信而直。」〔註207〕而他把人分爲金、木、水、火、土五種，每種人各有質性的說法，仍是秉持著「氣」論的講法。接著，《五行大義》把人的受胎、生相、成形的過程，與天地五行的關係，最了一系列的申論說明。

　　首先，蕭吉把人的受胎以《易經》來加以說明。他認爲「人感十而生，天五行、地五行合爲十也。天五行爲五常，地五行爲五藏。〔註208〕……天一，地二，人三，三三而九，九九八十一。一主日，日數十，故人十月而生。」〔註209〕他又引《文子》以說明人的受胎與生成的過程：

> 人受天地變化而生，一月而膏，二月而脉，〔三〕月而胞，四月而肌，
> 五月而筋，六月而骨，七月而成形，八月而動，九月而躁，十月而
> 生。形骸已成，五藏乃形，外爲表，中爲裏，頭〔圓〕法天，足方
> 象地。天有四時、五行、九星、三百六十日，〔人〕亦有四肢、五藏、
> 九竅、三百六十節；天有風雨寒暑，人亦有喜怒哀樂。〔註210〕

---

〔註204〕《五行大義》卷5，〈論諸人‧論人配五行〉引《禮記‧禮運篇》，頁135。
〔註205〕《五行大義》卷5，〈論諸人‧論人配五行〉引《文子》，頁135。
〔註206〕《五行大義》卷5，〈論諸人‧論人配五行〉，頁135。
〔註207〕《五行大義》卷5，〈論諸人‧論人配五行〉引《祿命書》，頁135。
〔註208〕《五行大義》卷5，〈論諸人‧論人配五行〉引《周書》，頁135。
〔註209〕《五行大義》卷5，〈論諸人‧論人配五行〉引《家語》，頁135～136。另參
　　　　羊春秋注譯，《新譯孔子家語》（台北：三民書局，1996年7月）卷6〈執轡〉，
　　　　頁371。
〔註210〕《五行大義》卷5，〈論諸人‧論人配五行〉引《文子》，頁135～136。蕭吉
　　　　此處引《文子》的這條史料，說明了古代妊辰醫學的一些理論。在《淮南子》
　　　　中也有類似的說法：「夫精神者，所受於天也；而形體者，所稟於地也。故曰
　　　　一月而膏，二月而胅，三月而胎，四月而肌，五月而筋，六月而骨，七月而

這一段話，很關鍵性的把人的受胎與成形，以五行的方式將天、地、人加以建構起來。蕭吉進一步的擴大對應，就是把人體的臟腑與天象、地貌做成配對。蕭吉在此引經據典把臟腑、天象、地貌做了串聯式的配對：「膽爲雲，肺爲氣，脾爲風，腎爲雨，肝爲電，與天地相類而心爲主。〔註211〕……天氣通於肺，地氣通於咽，風氣通於肝，雷氣通於心，穀氣通於脾，雨氣通於腎。」〔註212〕而關於人體與面相，蕭吉提出「四體」之說，他認爲：

> 人頭〔圓〕以法天，足方以象地，左目爲日，右目爲月，左眉爲青龍，右眉爲白虎，鼻爲勾陳，伏犀爲朱雀，玉枕爲玄武。……前爲朱雀，後爲玄武，左爲青龍，右爲白虎，是曰四體。〔註213〕

所以蕭吉把人體與日月、四靈加以配對，再次闡述了他所主張的「在天成象、在地成形」的看法。關於人的面相，《五行大義》則進一步說明：「左耳後爲太山，右耳後爲華山，額爲衡山，頂後爲恒山，鼻爲嵩高山。〔註214〕……額爲衡山，頤爲恒山，鼻爲嵩高山，眉爲岱山，權爲昆侖山。」〔註215〕因此，人的身體的四肢、臟腑、面相，與天地的四時、九星、山岳、河川均可加以以類比，〔註216〕其原則就在於「在天成象，在地成形」者也。〔註217〕

---

成，八月而動，九月而躁，十月而生。形體以成，五藏乃形」，參《淮南鴻烈集解》卷7，〈精神訓〉，頁219。

〔註211〕《五行大義》卷5，〈論諸人·論人配五行〉引《文子》，頁136。

〔註212〕《五行大義》卷5，〈論諸人·論人配五行〉引《素問》，頁136。

〔註213〕《五行大義》卷5，〈論諸人·論人配五行〉引左慈《相決》，頁136。

〔註214〕《五行大義》卷5，〈論諸人·論人配五行〉引左慈《相決》，頁136。

〔註215〕《五行大義》卷5，〈論諸人·論人配五行〉引《相秘決》，頁136。

〔註216〕在敦煌寫本相書當中，有《面部氣色吉凶法》殘卷，此卷相書當中有〈面部十二月分布圖〉、〈面部九州分布圖〉（參圖4-3：「面部十二月分布圖」、圖4-4：「面部九州分布圖」）的內容，可以與《五行大義》的說法，作一個對照。首先，殘卷的〈面部十二月分布圖〉顯示了從額上天中起，沿著面部中線直下，分別標出了一至十二月的名稱——其中額部至人中爲正月至九月；口部未標；唇下至地閣，標十至十二月。

其次，〈面部九州分布圖〉，圖中以縱橫兩條紅線，將面部劃分爲九個部分，每一部份屬於一個州，九州的排列如下：天中→揚州，鼻→中豫州，下頦→冀州，左額角→徐州，右額角→荊州，左顴頰→青州，右顴頰→涼州，左腮→兗州，右腮→雍州。此幅圖旁有文字說明，說明此圖是根據面部九州的分布，觀看每一部位所發之氣色如何，來判斷前往該地之吉凶、宜與不宜。參鄭炳林、王晶波，《敦煌寫本相書校錄研究》（北京，民族出版社，2004年12月出版），頁181～200。

〔註217〕西方星占學上也有把人體各部位與黃道十二宮加以類比者（參圖4-5：「人體

　　《五行大義》在本節後段，以五行、方位、干支加以融會，整體性地來論述五行與環境的關係。蕭吉首先把人依五行分爲五大類：「木人細長直身，火人小頭豐下短小，土人〔圓〕面大腹，金人方面兌口，水人面薄身偏蛇行。木人青色……；火人赤色……；土人黃色……；金人白色……；水人黑色……。」〔註218〕進一步，以天干地支配人體：

> 甲、乙爲皮毛，丙、丁爲爪筋，戊、己爲肉，庚、辛爲骨，壬、癸爲血脈。配卦則乾爲頭，離爲目，坎爲耳，兌爲口，〔坤〕爲腹，巽爲手，艮爲股膝，震爲足。〔註219〕

圖 4-2：面部十二月分布圖〔註220〕　　圖 4-3：面部九州分布圖〔註221〕

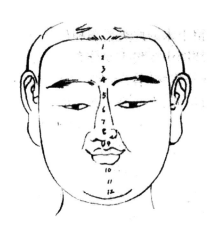 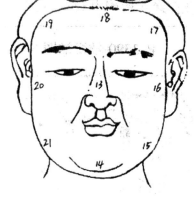

| 1：正月 | 7：七月 | 13：中豫州 | 18：揚州 |
|---|---|---|---|
| 2：二月 | 8：八月 | 14：冀州 | 19：荊州 |
| 3：三月 | 9：九月 | 15：兗州 | 19：荊州 |
| 4：四月 | 10：十月 | 16：青州 | 20：涼州 |
| 5：五月 | 11：十一月 | 17：徐州 | 21：雍州 |
| 6：六月 | 12：十二月 | | |

　　黃道圖」），從頭至足依次爲：白羊宮（頭頂）、金牛宮（頸部）、雙子宮（兩肩）、巨蟹宮（鎖骨）、獅子宮（胸前）、室女宮（腰帶正中）、天秤宮（腰帶兩側）、天蠍宮（右腹）、人馬宮（左腹）、摩羯宮（右膝）、寶瓶宮（小腿）、雙魚宮（雙腳）。參江曉原，《12宮與28宿：世界歷史上的星占學》，頁129。

〔註218〕《五行大義》卷5，〈論諸人‧論人配五行〉引《相書》，頁140～141。

〔註219〕《五行大義》卷5，〈論諸人‧論人配五行〉，頁141。

〔註220〕根據鄭炳林、王晶波，《敦煌寫本相書校錄研究》（北京，民族出版社，2004年12月出版），頁186。

〔註221〕根據鄭炳林、王晶波，《敦煌寫本相書校錄研究》，頁187。

人因五行分爲五型，分別爲木人、火人、土人、金人、水人，又分別與青、赤、黃、白、黑等五色配對。蕭吉所持的理由是「人居天地之內，在山川之中，各隨方位，形性不等。」〔註222〕所以產生了不同的形質、情性、骨肉、臟腑。中土遼闊，各地風氣不同，也因此產生了不同的人族。〔註223〕蕭吉將五方之人論述如下：

> 東夷之人，其形細長，修眉長目，衣冠亦尚狹長，……目主肝，肝，木也。
>
> 南蠻之人，短小輕趫，高口小發，衣服亦尚短輕，……口主心，心，火也。
>
> 西戎之人，深目高鼻，衣而無冠者，……鼻主肺，肺，金也。
>
> 北狄之人，高權被髮，衣長者，……權主腎，腎，水也。
>
> 中夏之人，容貌平整者，象土地和平也；其衣冠、車服備五色者，象土包含四行也。〔註224〕

〔註222〕古代認爲，不同的地理環境與自然條件對於各地人種的生理、疾病、壽命、性情、智商等，都有極大的影響，這可由先前的《管子》看出這種說法。根據《管子》：「夫齊之水遒躁而復，故其民貪戾而好勇。楚之水淖弱而清，故其民輕果而敢。越之水濁重而洎，故其民愚疾而垢。秦之水泔冣而稽，淤滯而雜，故其民貪戾罔而好事。齊、晉之水，枯旱而運，淤滯而雜，故其民諂諛葆詐，巧佞而好利。燕之水萃下而弱，沉滯而雜，故其民愚戇而好貞，輕疾而易死。宋之水輕勁而清，故其民簡易而好正。」《管子》在此處提到當時各地方的水文與民性的關係，盛讚水德，以水爲萬物之根源，萬物莫不倚靠水以維生，所以人的美惡、賢不肖、愚俊等特質，都是由水所產生的，參湯孝純注譯，《新譯管子讀本》卷14〈水地篇〉，頁720～721；又漢代也有這種說法，根據《漢書》：「凡民函五常之性，而其剛柔緩急，音聲不同，繫水土之風氣，故謂之風。」參《漢書》卷28下〈地理志·下〉，頁1640。

〔註223〕《淮南子》亦依據各地不同的地形、風氣，而推演出不同的人種與物種的論點。《淮南子》曰：「東方川谷之所注，日月之所出，其人兌形小頭，隆鼻大口，鳶肩企行，竅通於目，筋氣屬焉，蒼色主肝，長大早知而不壽；其地宜麥，多虎豹。南方陽氣之所積，暑濕居之，其人修形兌上，大口決眦，竅通於耳，血脈屬焉，赤色主心，早壯而夭；其地宜稻，多兕象。西方高土，川谷出焉，日月入焉，其人面末僂，脩頸卬行，竅通於鼻，皮革屬焉，白色主肺，勇敢不仁；其地宜黍，多旄犀。北方幽晦不明，天之所閉也，寒水之所積也，蟄蟲之所伏也，其人翕形，短頸，大肩下尻，竅通於陰，骨幹屬焉，黑色主腎，其人蠢愚，禽獸而壽；其地宜菽，多犬馬。中央四達，風氣之所通，雨露之所會也，其人大面短頤，美須惡肥，竅通於口，膚肉屬焉，黃色主胃，慧聖而好治；其地宜禾，多牛羊及六畜。」參《淮南子》（北京，中華書局，1989年5月出版）卷4，〈墜形訓〉，頁145～146

〔註224〕《五行大義》卷5，〈論諸人·論人配五行〉，頁141。

這裡，蕭吉將五行、五方、五色，與五方之人的容貌、臟腑、衣冠做了配對。接著蕭吉更進一步引《孔子家語》之言，來支持其論點：「東僻之人曰夷，精以僥；南僻之人曰蠻，信以樸；西僻之人曰戎，頑以剛；北僻之人曰狄，肥以戾；中國之人，安居和味。」〔註225〕蕭吉又進一步分析，並提出「氣隨人形」的觀點，以說明人種與環境之間的關係：

> 南方至溫，其人大口，氣象〔緩舒〕也；北方至寒，其人短頸，氣
> 象急縮也；東方川谷所徑，其人小頭兌〔形〕，象木小上也；西方高
> 土，日月所入，其人面多毛，象山多草木也；中央四通，雨露所施，
> 其人面大，象土平廣也。〔註226〕

接著，蕭吉又引經據典將這種四方土氣所生，對於人所產生的影響，引用加以說明。「堅土之人剛，弱土之人柔，墟土之人大，沙土之人細，息土之人美，耗土之人醜。」〔註227〕這說明了蕭吉在五行與環境的看法上，有其著重「五行之氣」的見解。〔註228〕

---

〔註225〕《五行大義》卷5，〈論諸人・論人配五行〉，頁141。
〔註226〕《五行大義》卷5，〈論諸人・論人配五行〉引《春秋文耀鉤》，頁141。
〔註227〕《五行大義》卷5，〈論諸人・論人配五行〉引《家語》，頁142。關於民性論，
　　　　《孔子家語》還進一提出說明，曰：「食水者善遊而耐寒，食土者無心而不息，
　　　　食木者多力而不治，食草者善走而愚，食桑者有緒而蛾，食肉者勇毅而悍，
　　　　食氣者神明而壽，食穀者智惠而巧，不食者不死而神。」參《孔子家語》卷
　　　　6〈執轡〉，頁374。
〔註228〕《淮南子》在論述各地不同的氣與人的關係時，提出「皆象其氣，皆應其
　　　　類」的說法，可與《五行大義》作個參照：「土地各以其類生，是故山氣多
　　　　男，澤氣多女，障氣多暗，風氣多聾，林氣多癃，木氣多嘔，岸下氣多腫，
　　　　石氣多力，險阻氣多癭，暑氣多夭，寒氣多壽，谷氣多痹，丘氣多狂，衍
　　　　氣多仁，陵氣多貪，輕土多利，重土多遲，清水音小，濁水音大，湍水人
　　　　輕，遲水人重，中土多聖人。皆象其氣，皆應其類。」參《淮南鴻烈集解》
　　　　卷4〈墜形訓〉，頁140～141；又日本學者丸山敏秋則把《淮南子》的將各
　　　　地不同的氣與人的關係的說法，稱爲「氣的人文地理學」：「……人文地理
　　　　學的認識のもとに地の氣が語られている。同じく『淮南子』墜形訓には
　　　　「土地はそれぞれその地に類したものを生む」として……住む所の自然
　　　　環境から受ける影響は大きいものだ。それは土地の氣のしからしめるま
　　　　の。墜形訓のこの環境地理說は、しかし經驗的事實というより觀念的な
　　　　產物に近いが、〝氣の人文地理學〟ともいうべきその發想はおもしろい。」
　　　　參丸山敏秋，《氣──論語からニューサイエンスまで》（東京，東京美術，
　　　　1989年7月出版），頁61。

圖 4-4：人體黃道圖〔註 229〕

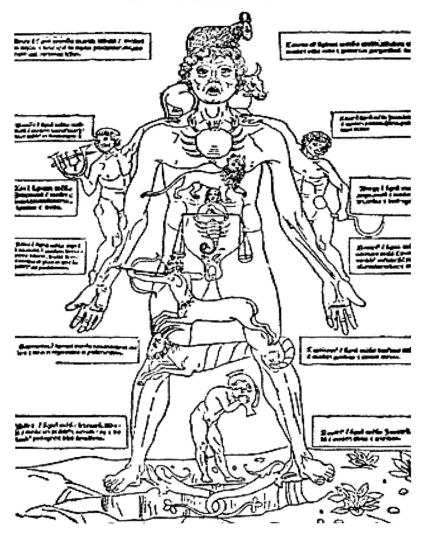

## （二）五靈與卅六禽

在《五行大義》卷五〈論禽蟲〉部分，蕭吉對於禽與蟲的問題做了不少討論。〔註 230〕蕭吉首先對於禽蟲以「陰陽」之氣來加以二分。他認爲：

〔註 229〕根據江曉原，《12 宮與 28 宿：世界歷史上的星占學》（瀋陽，遼寧教育出版社，2005 年 5 月出版），頁 129。

〔註 230〕關於卅六「禽」，爲何不稱爲「獸」或「畜」，學界有一些論點。劉樂賢以《白虎通義》、《論衡》的文本與李學勤的研究，指出古代習慣將禽獸逕稱爲「禽」。根據《百虎通疏證・田獵》：「禽者何？鳥獸之總名。」卷 12，頁 591；《論衡・物勢篇》：「寅，木也，其禽虎也。戌，土也，其禽犬也。丑未，亦土也，丑

　　凡含生蠢動，有知之數，莫不藉五氣而成性，資陰陽以立形。故其

　　陸處水居，潛見道別；游翔飛走，駑駿不同，皆由氣之清濁，稟性

　　深淺。〔註231〕

他認爲生物之分別爲陰陽之屬，乃由於稟天地間之「氣」的清濁與深淺所致。
〔註232〕生物大別分爲陰、陽兩性，且可略分爲三大類：「一曰禽，二曰獸，
三曰蟲。有羽飛者爲禽，有四足走者爲獸，無羽足者爲蟲。」〔註233〕而他
所根據的分類關鍵仍是「凡是蠢動之物，並爲蟲類，今略分三種。……至陰
者牝，至陽者牡，皆氣使然也。」〔註234〕然而，何謂「五靈」？蕭吉是這
樣論述的：

　　毛蟲之精曰麒麟，羽蟲之精曰鳳，介蟲之精曰龜，麟蟲之精曰龍，

　　倮蟲之精曰聖人。〔註235〕

所以蕭吉的「五靈」是指五種蟲類的精華——麒麟、鳳、龜、龍、聖人，蕭

禽牛，未禽羊也。……亥，水也，其禽豕也。巳，火也，其禽蚖也。子亦水
也，其禽鼠也。午亦火也，其禽馬也。」卷3，頁148。依拙見，這僅是古代
對於生物分類的諸多稱謂，特別是在談到十二禽的說法時的一種慣例而已。
首先，在《爾雅》的生物分類體系中，已見「蟲、魚、鳥、獸、畜」五種分
類，參《十三經全文標點本·爾雅》，〈釋蟲〉、〈釋魚〉、〈釋鳥〉、〈釋獸〉、〈釋
畜〉，頁2142～2150，可見至少在《爾雅》的時代，已有這種生物分類的思
想。其次，在晉張華《博物志》中亦提到「異獸」、「異鳥」、「異蟲」、「異魚」
的說法，參〔晉〕張華，范寧校證，《博物志》，（台北：明文書局，1984年7
月），頁35～38；在唐代的《酉陽雜俎》中，亦提出「羽篇」、「毛篇」、「麟
介篇」、「蟲篇」等分類，參〔唐〕段成式，《酉陽雜俎》（台北：漢京文化事
業，1983年10月），頁153～171。而蕭吉在這節裡面，則有他自己的看法，
他認爲所有的「蠢動之物，并爲蟲類」，而細分爲三種禽、獸、蟲，其次，他
又主張「麟蟲、羽蟲、倮蟲、毛蟲、介重」爲「五靈」之說法，參《五行大
義》卷5〈論禽蟲〉，頁144～145。

〔註231〕《五行大義》卷5，〈論禽蟲·論五靈〉，頁144。

〔註232〕蕭吉引《考異郵》加以進一步說明生物稟陰陽之氣的情形：「含牙戴角，著距
垂芒，皆爲陰也。陰有殺氣，故備有爪牙之毒，螫蠆之屬也。飛翔、羽翮、
柔善之獸，皆爲陽也。陽有仁氣，無殺性也。」見《五行大義》卷5，〈論禽
蟲·論五靈〉，頁144。

〔註233〕《五行大義》卷5，〈論禽蟲·論五靈〉，頁144。

〔註234〕見《五行大義》卷5，〈論禽蟲·論五靈〉，頁144。又對於他的分類系統，沒
有魚類與鳥類，且統以禽、蟲概括，蕭吉有他自己的說法。他主張「鳥、魚
二名，於此二者，其號雖別，鳥則飛翔，即是禽也；魚則潛游，蟲之屬也。」
因此，他認爲在生物的三大分類系統之下，鳥包含於禽類；魚包含於蟲類。

〔註235〕《五行大義》卷5，〈論禽蟲·論五靈〉，頁145。

吉認為「五靈總為諸蟲之首」，而且「靈者，神靈之義，五禽於蟲獸之中最靈，故曰五靈。」〔註236〕蕭吉接著引經據典把五靈與季節、方位、星辰、五行配對如下：

《家語》：「毛蟲西方，羽蟲南方，甲蟲北方，麟蟲東方，倮蟲中央。」

《禮記·月令》：「春，其蟲麟，龍蛇之屬；夏，其蟲羽，飛鳥之屬；中央，其蟲倮，虎豹淺毛之屬；秋，其蟲毛，狐貉之屬；冬，其蟲介，龜鱉之屬。」

《尚書刑德放》：「東方春，蒼龍，其智仁；南方夏，朱鳥，好禮；西方秋，白虎，執義；北方冬，玄龜，主信；會中央，土之精。」

《月令章句》：「天官五獸，左蒼龍，大辰之貌；右白虎，大梁之文；前朱雀，鶉火之體；後玄武，龜蛇之質；中有大角軒轅，麒麟之信。」

史蘇《龜經》：「木神蒼龍，歲星之精；火神朱雀，熒惑之精；灰土之神，名曰騰蛇，土神勾陳，鎮星之精；金神白虎，太白之精；水神玄武，辰星之精。蒼龍主頭，朱雀主脣頸，騰蛇主胸脇，勾〔陳〕主腰腹，白虎主股膝，玄武主腳脛。」〔註237〕

現在將這些論述配對製表如下：

表4-8：《五行大義》五靈配對表〔註238〕

| 五靈 | 五行 | 方位 | 季節 | 屬蟲 | 五獸 | 五德 | 天官 | 五星 | 身體 |
|---|---|---|---|---|---|---|---|---|---|
| 麟蟲 | 木 | 東 | 春 | 龍蛇 | 蒼龍 | 智仁 | 大辰 | 歲星 | 頭 |
| 羽蟲 | 火 | 南 | 夏 | 飛鳥 | 朱雀 | 好禮 | 大梁 | 熒惑 | 脣頸 |
| 倮蟲 | 土 | 中 | 中央 | 虎豹 | 人 | － | 軒轅 | 鎮星 | 胸脇 |
| 毛蟲 | 金 | 西 | 秋 | 狐貉 | 白虎 | 執義 | 鶉火 | 太白 | 股膝 |
| 介蟲 | 水 | 北 | 冬 | 魚鱉 | 玄武 | 主信 | － | 辰星 | 腳脛 |

蕭吉的〈論禽蟲〉這一節，接著論述的重點轉到三十六禽的討論。關於三十六禽的由來，蕭吉指出：

禽蟲之類，名數甚多，今解卅六者，蓋取六甲之數。《式經》所用者

〔註236〕《五行大義》卷5，〈論禽蟲·論五靈〉，頁145。
〔註237〕《五行大義》卷5，〈論禽蟲·論五靈〉，頁145～147。
〔註238〕根據《五行大義》卷5〈論禽蟲·論五靈〉，頁145～147整理。

也。其十二屬配十二支，支有三禽，故卅有六禽。所以支有三者，分一日為三時，旦及晝、暮也。……今依《式經》法，以氣而取。孟則在暮，仲則在中，季則在旦。是十二屬當十二辰也。餘二十四，既是配禽，以不當支位。〔註239〕

所以蕭吉的原則乃是得自於《式經》的說法，〔註240〕「以氣取之」，並將三十六禽依照「孟、仲、季」將每一禽各分為「朝、晝、暮」三組，他認為「孟」是一時之首，取其氣盛，故在朝也；「仲」則在晝者，以其氣盛在中；「季」為一時之末，以其氣已衰，故在暮也。而且，三十六禽有主、從之分，當中有十二主禽配十二辰，其他的廿四禽屬於配禽。因此，三十六禽即是在十二生肖的基礎上，〔註241〕每一個生肖再配上兩種動物而形成。〔註242〕

　　從中國的傳世文獻來看，最早對於十二生肖的系統論述見於王充的《論衡》的〈物勢篇〉與〈言毒篇〉中。〔註243〕可見，至少在東漢時期，十二生肖已經成為一個完整的體系。〔註244〕然而，在更早的睡虎地秦簡《日書》甲

---

〔註239〕《五行大義》卷5，〈論禽蟲‧論卅六禽〉，頁148。

〔註240〕根據蕭吉所述，三十六禽「蓋取六甲之數，《式經》所用也。」因此，在蕭吉的想法，他認為三十六禽可能與式盤的運用有關。不過，迄今所見的最早的實物式盤，是六朝時期的銅式式盤（今藏於上海博物館），當中有三十六禽的內容。所以客觀的說法，至少在六朝時期，已有三十六禽的出現。

〔註241〕趙伯陶曾列舉中國各民族關於十二生肖的各種說法，例如，廣西彝族為「龍、鳳、馬、蟻、人、雞、狗、豬、雀、牛、虎、蛇」（以龍起首）；海南島黎族為「雞、狗、豬、鼠、牛、虫、兔、龍、蛇、馬、羊、猴」（以雞起首）；新疆柯爾克孜族為「鼠、牛、虎、兔、魚、蛇、馬、羊、狐狸、雞、狗、豬」（以鼠起首）等。可以發現，一方面生肖起首不同，內容也不太一致，但是均為12獸。他認為十二生肖在東亞可以說是一個普遍的信仰，不僅漢族有這樣的傳統，蒙古族、彝族、藏族、維族等民族也可見類似的信仰，甚至於朝鮮、日本、越南、泰國、印度等也都存在類似的文化，惟內容大同小異，可見十二生肖信仰普遍的程度。參趙伯陶，《十二生肖面面觀》（濟南：齊魯書社，2001年5月），頁19～21；另參劉國忠，《五行大義研究》，頁112，關於十二生肖的說明，結論與趙伯陶的說法類似。

〔註242〕劉國忠，《五行大義研究》，頁112。

〔註243〕《論衡》曰：「寅，木也，其禽虎也；戌，土也，其禽犬也；……午，馬也；子，鼠也；酉，雞也；卯兔也；亥，豕也；未，羊也；丑，牛也；巳，蛇也；申，猴也……」（參〈物勢篇〉，頁148～150）；又曰：「辰為龍。」（參〈言毒篇〉，頁957）。

〔註244〕從中國文本史料與考古發掘所得資料，可以發現，十二生肖的順序以鼠起首，依牛、虎、兔等之順序，末獸為豬。關於這種特定的排序，趙伯陶曾加以說明，並指出三種學說。其一是根據動物之「爪」或「舌」的奇偶分陰陽與地

種提到以十二支配合十二禽的文字；而時代稍晚的放馬灘秦簡《日書》甲種中，也記載了十二禽的名稱，現將這三者列表如下：

表 4-9：《日書》、《論衡》十二禽與後世十二生肖比較表

| 十二禽／十二生肖 | 睡虎地《日書》 | 放馬灘《日書》 | 《論衡》 | 後世十二生肖 |
|---|---|---|---|---|
| 子 | 鼠 | 鼠 | 鼠 | 鼠 |
| 丑 | 牛 | 牛 | 牛 | 牛 |
| 寅 | 虎 | 虎 | 虎 | 虎 |
| 卯 | 兔 | 兔 | 兔 | 兔 |
| 辰 | 一 | 蟲 | 龍 | 龍 |
| 巳 | 蟲 | 雞 | 虵 | 蛇 |
| 午 | 鹿 | 馬 | 馬 | 馬 |
| 未 | 馬 | 羊 | 羊 | 羊 |
| 申 | 環 | 猴 | 猴 | 猴 |
| 酉 | 水 | 雞 | 雞 | 雞 |
| 戌 | 老羊 | 犬 | 犬 | 狗 |
| 亥 | 豕 | 豕 | 豕 | 豬 |

比較這兩種《日書》與後代的十二生肖，可知記載上並不完全一致。其一，分析放馬灘十二禽與後世的十二生肖，差別較小，可以推論，放馬灘的十二禽與後世的十二生肖是比較接近的系統。其次，睡虎地《日書》當中有「環」、「水」兩目，根據劉樂賢的說法，他主張「環」就是「猨」，而猨即是猿；而「水」就是「雉」，是古代對野雞的稱呼。次外，放馬灘《日書》中可以發現「雞」重複，這可能係出於錯簡或抄寫錯誤所致，考簡文雞同時與巳、酉相配，殊不合理，又可能巳雞應為巳虫或巳蛇。最後，劉教授也提出睡虎地《日書》的十二禽的說法，與後代不同的原因，是由於此為楚地的分類法。〔註245〕

支為配對——偶數者配地支雙數者（陰），奇數者配地支單數者（陽），因此，「鼠、虎、龍、馬、猴、狗」皆五爪，屬陽；「牛、羊、雞、豬」四爪、兔二爪、蛇二舌，皆屬陰。其二乃依動物活動規律而定順序。例如，鼠為子、乃因鼠在夜 11 時至翌日凌晨 1 時活動最烈；牛為丑、乃因牛在丑時反芻；虎為寅、乃因虎在清晨 3 至 5 時最凶猛等等。第三種說法認為「馬牛羊雞狗豬」是已為人類馴服的六畜，屬陽；「鼠虎兔龍猴」是活動於野外的六獸。屬陰。參趙伯陶，《十二生肖面面觀》，頁 15～18。

〔註245〕參劉樂賢，《簡帛數術文獻探論》（武漢：湖北教育出版社，2004 年 5 月），頁 322～330。

六朝時期，除了《五行大義》提到十二生肖與卅六禽的說法之外，隋代智顗於開皇十四年荊州玉泉寺講〈摩訶止觀〉，亦提到十二時、三十六獸、108獸之間的配對關係：

> 明十二獸，在寶山中，修法緣慈。……今欲分別時獸者，當察十二時，何時數來；隨其時來，即此獸也：若寅，是虎；乃至丑，是牛。又，一時爲三，十二時即有三十六獸。寅有三：初是狸，次是豹，次是虎。卯有三：狐、兔、貉。辰有三：龍、蛟、魚。此九屬東方，木也。九物依孟、仲、季，傳作前後。巳有三：蟬、鯉、蛇。午有三：鹿、馬、麞。未有三：羊、鵰、鷹。此九屬南方，火也。申有三：狖、猿、猴。酉有三：烏、雞、雉。戌有三：狗、狼、豺。此九屬西方，金也。亥有三：豕、貐、豬。子有三：貓、鼠、伏翼。丑有三：牛、蟹、鱉。此九屬北方，水也。中央土，王四季；若四方行用，即是用土也。即是魚、鷹、豺、鱉。三轉〔既周〕，即有三十六。更於一中開三，即有一百八時獸。〔註246〕

此說由三時轉爲三十六時，並演衍爲 108 獸，且加入了五行與方位，其三十六獸之名，〔註247〕與蕭吉大體相同。〔註248〕關於三十六禽的史料，除了《五

---

〔註246〕〔隋〕天台智凱講述，《摩訶止觀輔行傳弘決》（臺北，中華佛教文獻編撰社，1981 年 11 月出版）下卷，〈觀摩事境〉，頁 1804～1806。

〔註247〕此外，《法苑珠林》對於三十六禽，也有類似的說法：「山中寅日有稱虞吏者，虎也；稱當路
居者，狼也；稱令長者，老狸也。卯日稱丈夫者，兔也；稱東父者，麋也；稱西王母者，鹿也。
辰日稱雨師者，龍也；稱河伯者，魚也；稱無腸公子者，蟹也。巳日稱寡人者，社中蛇也；稱時
君者，龜也。午日稱三公者，馬也；稱三人者，老樹也。未日稱主人者，羊也；稱吏者，麞也。
申日稱人君者，猴也；稱九卿者，猿也。酉日稱將軍者，老雞也；稱賊捕者，雉也。戌也稱人姓
字者，犬也；稱城陽公仲者，狐也。亥日稱人君者，豬也；稱婦人者，金玉也。子日稱社君者，
鼠也；稱神人者，伏翼也。丑日稱書生者，牛也。知其物則不能爲害。」參〔唐〕釋道世著，周
叔迦、蘇晉仁校注，《法苑珠林校注》（北京：中華書局，2003 年）卷 45，〈感應緣〉，頁 1390。

〔註248〕李零認爲《抱樸子‧登涉篇》中所見到的是三十六禽早期的雛形，而〈六朝銅式〉、《五行大義》、《太白陰經》等史料所見的三十六禽的論述是比較成熟

行大義》以外，在《抱朴子・登涉篇》〔註249〕及〈六朝銅式〉都有提到，現列表整理如下：

表4-10：三十六禽配對表〔註250〕

| 十二支 | 《五行大義》 | 《抱朴子》 | 〈磨訶止觀〉 | 〈六朝銅式〉 | 《太白陰經》 |
|---|---|---|---|---|---|
| 子 | 燕－鼠－伏翼 | 鼠－伏翼－－ | 猫－鼠－伏翼 | 蝠－鼠－燕 | 燕－鼠－蝠 |
| 丑 | 牛－蟹－鱉 | 牛－－－－－ | 牛－蟹－鱉 | 牛－蟹－鱉 | 蟹－牛－鱉 |
| 寅 | 狸－豹－虎 | 虎－狼－老狸 | 狸－豹－虎 | 豹－狸－虎 | 狸－虎－豹 |
| 卯 | 猬－兔－貉 | 兔－麇－鹿 | 狐－兔－貉 | 猬－兔－貉 | 兔－貉－蛟 |
| 辰 | 龍－蛟－魚 | 龍－魚－蟹 | 龍－蛟－魚 | 龍－鯨－魚 | 龍－魚－虾 |
| 巳 | 蟺－蚯蚓－魚蛇 | 蛇－龜－－ | 蟬－鯉－蛇 | 蚓－蟬－蛇 | 蚓－蛇－狙 |
| 午 | 鹿－馬－獐 | 馬－老樹－ | 鹿－馬－獐 | 鹿－馬－獐 | －－鹿－獐 |
| 未 | 羊－鷹－雁 | 羊－麐－－ | 羊－雁－鷹 | 羊－雁 | 雁－羊－鷔 |
| 申 | 軸－猿－猴 | 猴－猿－－ | －－猿－猴 | 狙－猿－猴 | 猿－－－猴 |
| 酉 | 雉－雞－鳥 | 雞－雉－ | 鳥－雞－雉 | 雉－雞－鳥 | 鳥－雞－犬 |
| 戌 | 狗－狼－豺 | 犬－狐－－ | 狗－狼－豺 | 狗－豺－狼 | 豕－豺－狼 |
| 亥 | 豕－玃－豬 | 豬－金玉－ | －－豬－象 | 象－豕－豬 | 熊－豬－羆 |

《五行大義》指出三十六禽的相配方法必須以陰陽五行理論才可以解釋得清楚。對於此，蕭吉提出許多篇幅以解釋並論述相配之理。例如，子為鼠、燕、伏翼的原因，乃在於其色皆黑，而且鼠之為性，晝伏夜遊，象「陰氣」也；燕之尾分，陰數二也；伏翼者，鼠老為之，為之仙鼠，故三者皆是陰蟲，並居子位。又如丑為牛、蟹、鱉的原因在於，牛於立春始牽耦耜耕，而蟹於腹中藏黃，鱉為土之精氣所生，此三者象土含陰陽，皆土精也。關於寅位的虎、豹、狸三者，蕭吉認為寅為木，木主叢林，寅又屬艮，艮為山，山為此三獸之所處。卯為兔、猬、貉，兔居月中，陰懷陽也，有坎之氣，坎在子位，子刑在卯，故兔屬卯，老兔為猬，貉亦兔類。辰為龍、鮫、魚，此三者皆水蟲，

　　時期的體系，參李零，《中國方術正考》（北京，中華書局，2006年5月出版），頁172～183。
〔註249〕王明點校，《抱朴子內篇校釋》（北京，中華書局，1988年7月出版）卷17〈登涉篇〉，頁304。
〔註250〕根據劉國忠，《五行大義研究》，頁116～117。

辰爲水之末，故並在辰。巳爲蛇、鱔、蚯蚓，黃帝有大螾如蚓，以應土德，巳爲蛇、鱔、蚯蚓相類。午爲鹿、馬、麕者，午爲大陽，馬有圓蹄，象於陽也。未爲羊、鷹、鴈者，未爲小吉，主婚姻禮聘，禮有羊、鴈之用。申爲猴、猿、貓者，秋爲殺氣，萬物衰老，猴、猿之貌，並似老人。酉爲雞、雉、鳥者，酉爲金，雞爲積陽，故陽出則雞鳴，以類感也。戌爲狗、狼、豺，戌爲黃昏，以警備也。亥爲豬、豕，亥爲雜水、穢濁、廁溷之象，豬之所居，而豕同也。

綜觀《五行大義》文本，可知全書環繞著「氣」的命題而展開。不論是四時的節氣、方位的風氣、州郡的地氣、朝代的命氣、人命的相氣、臟腑的象氣、生靈的稟氣，均以「氣」來統攝其論點。在中國古代的思維系統當中，人與自然分別爲大、小宇宙，彼此有一相對應的結構、組成部分及運作的功能。而自然條件，如水土、風氣等對於人的健康、性情、智力、壽命均有極大的影響，而蕭吉即是以陰陽五行展開，秉持著這種體象之學的陰陽五行學說來推演，以建構其空間分割的思想。而他的總結論點就在於「方士異宜，各隨所感。而風者，天之號令，治政之象。若君有德令，則風不搖條，清和調暢。若政令失，則氣怒凶暴，飛沙折木，此天地報應之理也。此皆五行之氣也。」

## 本章小結

在本章中，主要由兩個方向來探討六朝的「大地」思想，分別由宇宙論與陰陽五行的角度，來理解六朝時期關於宇宙、陰陽、五行與「大地」之間的關係。

這個面向側重在屬於比較是思想信仰層面的議題，透過宇宙論上的星占與分野、地中與地方思想，以及陰陽五行與對應思考，風土觀念與九州地氣，進一步來分析六朝「大地」思想的另一層意義。

首先在分野學說方面，可以知道，分野來源久遠，在《漢書・地理志》、《漢書・天文志》、與《淮南子・天文訓》當中皆有關於分野的論述，可見分野學說在「大地」思想當中的地位。而分野學說的建立，又需與疆域沿革、山川地理、星占方術扣合在一起，這也使得分野作爲一種天文與地理論述上的雙重特性。此外，分野說詞當中，牽涉到的人事、星象、吉凶、預測的解

釋，似乎又可以成爲後代風水學說的理論依據。

　　其次，在陰陽五行的論述與配對方面，可以看到六朝「大地」思想將人、
獸、禽、臟腑、壽命、生肖等配對的方式，這種方式將諸多的項目分門歸類
於五行的整體架構之內。另外，關於方位、卦氣、命數、節候、州國、星宿
等皆可配對，進一步得出祥瑞吉凶的預測。因此，這種多元預測的方式，又
與後代的風水預測攸關。

# 第五章　六朝的風水學說與「大地」思想

　　風水古稱「堪輿」，乃是藉由考察評估地質、水文、日照、風向、植被、氣場、景觀等因素，作出客觀的選擇判斷，並據此採取相應的規劃措施，使人造建築能和諧地融入自然之中，使人類的生存空間能夠配合當地的環境條件做適當的調整，從而使居民得以安養生息。〔註1〕風水不只影響千百年來中國人的生活方式，也左右著所有空間的形態。風水理論本身並非獨立的體系，而係包含了龐雜互異的各類學說，由歷朝歷代的地理家、思想家、術數家等補充累積而成的系統的文化產物。大體上以中國傳統的天人合一觀、中道思想以及陰陽五行學說爲思想基礎，輔以考察實際山水與自然界的變化及其特性，而歸納出營建規劃所需的景觀評鑒的一門學問。〔註2〕風水其實就是中國

---

〔註1〕 Steven J. Bennett, "Patterns of the Sky and Earth: A Chinese Science of Applied Cosmology" *Chinese Science*, 3（1978）, pp.1~26.；日本學者渡邊欣雄認爲所謂的「風水」，可以說是感知大地當中產生的有效力的「氣」的作用，並使其對人類的生活和祖先產生好的影響，是從環境到營造物都進行調整的東亞獨特的方法論。渡邊教授進一步說明風水的意義，認爲「風水」就是通過對「風」和「水」等所謂的地表上的可視性現象的觀察，去尋找不可視的天然、自然原理的方法論。風水學說也就是根據山形、地形、方位、風向等進行家相、地相、墓相的凶吉判斷，是產生於中國古代的一種原始的地理學。參渡邊欣雄，《風水——気の景觀地理學》（京都，人文書院，1995 年 3 月出版），頁46~48；渡邊欣雄，《風水思想と東アジア》（京都，人文書院，1990 年 3 月出版），頁 31~32。

〔註2〕 十九世紀英國伊特爾（Ernest J. Eitel）認爲中國風水是一種神聖的景觀科學，他認爲風水是有機整體的自然觀，並把風水理論的理、數、氣、形歸納爲自然的法則（the law of nature）、自然的數值（the numerical proportions of nature）、自然的氣息（the breath of nature）、自然的外形（the forms and outlines of nature）四個命題。參 Emest J. Eitel, *Feng-Shui: The Science of Sacred Landscape in Old China*（Tucson： Synergetic Press）, pp.1~49.

古代用於擇地定居的學問，〔註3〕只不過是以古代的遣詞用字來解釋一套綜合的系統，包括地形、水文、氣候、植被與景觀等的選擇標準，憑以判斷是否適宜人類居住的法則。〔註4〕風水中所說的天人合一、中道思想、陰陽五行及從其中衍生出來的各種理論與實踐，其實乃人類為了適應生存環境所開創出來的原則。〔註5〕

「風水」一詞見於晉代郭璞《葬書》，代表了風水與葬術之間的關係。〔註6〕

〔註3〕 伯格（Kenneth J. E. Berger）教授認為風水與生態學的理論有異曲同工之妙："「Finally, it is interesting to note that if one examines the definition of ecology——"the science dealing with the interrelationship among living things and their environment", it could almost be said that it is a definition of feng shui. The relationships between feng shui and the principles of the environment have not yet begun to be realized and perhaps it is time that they are.」參 Kenneth J.E. Berger, 「Is Feng Shui an Early Form of Ecology？」 *Asian Culture,* Vol.XXII, No.3 （Autumn, 1994），pp.3~12.

〔註4〕 俞孔堅，《生物與文化基因上的圖式——風水與理想景觀的深層意義》（臺北，田園城市，1998 年 2 月出版），頁 75~98；謝敏聰教授則認為「風水」對於中國古代的建築藝術影響甚大，風水是在建築擇選基址時，凡是相關的樹、水、岩石、土地等的位置，都必須被詳細的分析，它反映在精神與物質需要上的雙元特性——即感情與理智的均衡發展。參謝敏聰，《中國古代的城市與建築》（臺北，大立出版社，1985 年 1 月出版），頁 42。

〔註5〕 布希門（Ernst Börschmann）認為風水的深層意義在於理解環境自然（「This well known word feng-shui means wind-water, but in its wider sense stands for the relations to the surrounding nature.」）；斯堅雅（Stephen Skinner）則認為風水是一種與土地和平相處的藝術，也是使生人與死人都能夠與宇宙氣息互相協調與平衡（「The art of living in harmony with the land, and deriving the greatest benefit, peace and prosperity from being in the right place at the right time is called feng-shui. Traditional definition of the living and the dead so as to cooperate and harmonize with the local currents of the cosmic breath. 」）參 Ernest J. Eitel, Feng-shui: The Science of Sacred Landscape in Old China, 『Foreword』。

〔註6〕 風水術還有「青囊」與「青烏」之稱呼，此二者都與相地擇葬有關。以「青囊」為名的術書主要講「方位術數」占法。例如《九天玄女青囊海角經》、楊筠松《青囊奧旨》等書，是地理術方位術數占法的代表；「青烏術」則是指「葬術」，早期有《青烏子相冢書》，現存有《青烏先生葬經》等。故以「青烏」為名的術書主要講「地理形勢」占法，是地理術中的形法分支。何曉昕曾推測青烏與青鳥為中國古代的太陽神崇拜傳說的二個體系，其一謂太陽本身就是鳥；其二謂日中有鳥，因此青鳥或是青烏的稱謂，皆是源於太陽神崇拜而來的兩類傳說（何曉昕，《風水探源》，臺北，博遠出版公司，1995 年 8 月出版，頁 17~19）。又「青烏子」在古代是掌管地理的官名；「青鳥子」則是掌管計時曆法的官名。地域、天候是古代中國人所關心的二大主題。這兩大主題，此後在《易經‧繫辭》裡便演繹成為二句名言：「仰視天文」與「俯察地理」。

何曉昕主張凡有關於卜宅、相宅、青烏、青鳥的稱謂描述，都屬於風水的萌

從現存的郭璞古本《葬書》看來，這是一本以形法爲主的地理術書，所以風水與地理術、葬術以及形法相關。風水原本是地理術中形法理論中的核心概念，後來被作爲這種理論的簡稱。因此，風水理論是把山、水的關係透過「氣」來解釋，以「氣」作爲居處吉凶的依據。〔註7〕這是一種地理環境模式的理論，其用途在於擇葬。因此，風水從一個具體的概念演變成爲擇居術的總稱。〔註8〕

　　在不同的歷史時期、不同的環境條件之下，擇居的原因並不相同，影響擇居的某些個別因素（例如洪氾或戰爭）會成爲主要的擇居關鍵。但是，無論出於什麼原因而擇居，在選定居址時所要考慮的條件固然不能忽略，對於基本條件中的自然環境的利弊因素也不能不作判斷分析。因此，擇居是一個「綜合考慮」的過程，擇居所提供的是一個積累的綜合擇居經驗的「機會」和「過程」。〔註9〕從遠古先民的擇居活動中，這些經驗被繼承甚至視爲準則。〔註10〕例如，中國風水對於四周環境的形勢，常用專有名詞代表，叫

芽初期。而這幾項之間的共同之處，也反映了萌芽時期風水的基本特徵（羅儁、何曉昕《風水史》，臺北，華成圖書公司，2004年12月出版，頁34～35），說明如下：
（1）早期掌握風水技術的人，是一種集合巫術與神性於一身的一種地位較高的官。例如太保、土方氏、青鳥子、青鳥子。
（2）早期風水帶有明顯的巫術特徵，其活動大多離不開占卜、而且以「吉」、「凶」爲準則。
（3）開始滋生科學的萌芽，並且以考察地形、地質與天候爲兩大主幹，即善相地理與辨方正位計時曆法。
〔註7〕Daiwie Fu, "An Early Geomantic Theory and its Relation to Compass Deviation", pp.1~2. 原文爲：According to one famous geomancy classic Zang Shu（Burial Book）written by the legendary Guo Pu in the late 3rd century A.D., we should bury our ancestors in the place where there are vital qi（「energy」）, so that the grave can 「ride」 on the vital qi（zang cheng shengqi）and thus pass the vital qi onto the descendants and make them prosperous.
〔註8〕劉沛林，《風水——中國人的環境觀》（上海，三聯書店，1995年12月出版），〈第五章　藏風、得水與乘生氣：風水的環境學解釋〉，頁135～170。
〔註9〕俞孔堅曾提出中國原始人類滿意的棲息地模式，也就是理想風水的原型：（1）圍合與尺度效應，（2）邊緣效應，（3）隔離效應，（4）豁口與走廊效應，參俞孔堅，《理想景觀探源——風水的文化意義》（台北：田園城市，1998年2月），頁83～91；又漢寶德認爲《葬書》爲「擇地法」，自擇地而講求形勢，所強調的是一個「擇」字，參漢寶德，《風水與環境》（臺北，聯經出版公司，1998年12月出版），頁51。因此，擇居術是可以說是一種對於環境的綜合選擇的機會和過程。
〔註10〕西周時期，最典型的例子就是《詩經》中的三首「擇居詩」：〈公劉〉、〈緜〉、〈文王有聲〉。參高亨，《詩經今注》（臺北，里仁書局，1981年10月出版），

做「四獸」。它是以四種動物，來稱呼擇居處「前後左右」的形勢——左邊稱「青龍」，右邊稱「白虎」，後面叫「玄武」，前面爲「朱雀」，合稱爲四獸。〔註11〕其中，又以「左青龍」、「右白虎」的法則，影響中國風水最爲深遠。簡單的說，風水認爲居處要能夠平安興旺，一定左右二邊，有山巒、小丘或河流、樹林圍繞，呈現「環抱狀」。這個原則《葬書》中已提示：

> 龍虎抱衛，主客相迎。……夫葬以左爲青龍、右爲白虎、前爲朱雀，後爲玄武。……夫以支爲龍虎者，來止跡乎岡阜，要如肘臂，謂之環抱。〔註12〕

「青龍白虎」在字面上，即有「警戒」、「守衛」之意；同樣的，在風水上的功用，則是要借助房屋左右的地勢，以達到「藏風聚氣」之效。其次，以術數文化史來分析，風水術透過對於住屋方位、居址環境、住屋規模和形式以及營造時日等的選擇來預測居住者的吉凶，所以風水實質上是一門「方術」。古代有各種方術：占天的有星占術，占人的有算命術、相面術、相骨術、相手術等；居所的問題抽象地說，就是空間的選擇與居宅形象的方術。古代對於時空有各種專門的占術——占時日的有擇日術，占空間的有堪輿術及風水術，但是無論是時間和空間的占斷都是聯繫在一起的。由此可知，風水術的起源與古代的擇日以及天文占術有密切相關，天文占術所用的天干、地支、二十八宿等的手段，也是風水術的主要占斷的手段。

# 第一節　六朝的歷史環境與風水學說

自古以來，儒家並不反對占卜。孔子治《易》，研究「天道變易」的道理，也有延續古代喪葬禮儀傳統的意思。〔註13〕先秦時期，《管子‧水地篇》

---

〈緜〉、〈文王有聲〉、〈公劉〉，頁 376、397、413。這些詩歌詳盡而生動地描述了上古擇居的過程、內容和方法。本章第一節第一目〈六朝的歷史發展與風水〉中，將針對《詩經》的擇居與風水再做進一步的討論。

〔註11〕例如《白虎通義》曰：「左青龍、右白虎、前朱雀、後玄武」，即在形容此種環境；又《禮記》亦曰：「前朱雀而後玄武，左青龍而右白虎，……進退有度，左右有局，各司其局。」也指出青龍、白虎、朱雀、玄武，各司其職，代表四方，參吳樹平點校，《十三經全文標點本》（北京，北京燕山出版社，1991年12月出版）《禮記‧曲禮上》頁 681。

〔註12〕王振復，《風水聖經：宅經‧葬書》（臺北，恩楷公司，2003年12月出版），頁 142、167～173。

〔註13〕根據《易‧繫辭》：「古之葬者，厚衣之以薪，葬之中野，不封不樹，葬期无

提出了大地爲生氣之源的說法，且在觀念上使用「氣」來解釋，與後來的風水理論是相當接近的；李約瑟談風水，引了《管子・水地篇》，似乎在點出了風水理論的肇始；〔註14〕漢代儒家接納了陰陽家的理論，在觀念上已經接觸到風水的說法；董仲舒《春秋繁露》〈同類相動篇〉，曾經談到有關「氣」的論題，這與六朝的《葬書》中所提出的「氣」的原則也有幾分的關聯性；這些都可以看出中國風水學說的淵源久遠。

## 一、六朝的歷史發展與風水

《詩經》中記述了周人的祖先，尋水草、卜龜兆、相陰陽的一連串擇居卜宅的史詩。這些詩歌的語句生動地描述了上古時期人們擇居時對於自然環境的觀察、測量、計算、紀錄、占卜的重視和依賴。〔註15〕初始，有公劉率領各族長遷居於豳（今陝西栒邑縣）的經過：

> 篤公劉，于胥斯原，既庶既繁。……陟則在巘，復降在原。……逝彼百泉，瞻彼溥原；迺陟南岡，乃覯于京。……既溥既長，既景迺岡，相其陰陽，觀其流泉。……度其隰原，徹田爲糧，度其夕陽，豳居允荒。……于豳斯館，涉渭爲亂。……夾其皇澗，遡其過澗，止旅迺密，芮鞫之即。〔註16〕

---

數，後世聖人易之以棺槨，蓋取諸大過。」（參《周易注疏》，臺北，藝文印書館，1970年出版，卷8，頁7～8）但根據《禮記》記載，孔子葬其母於防，稱爲了將來容易辨識之故，修築了四尺高的墳丘。蒲慕州教授認爲，孔子若真的爲其母墓築墳丘，顯然並非此制度之創始者，且《禮記》中另有孔子與子夏談到各種墳冢的形狀，據此，孔子時在墓上加封土造墳塚並非罕見之事。參蒲慕州，《墓葬死生死——中國古代宗教之省思》（臺北，聯經出版公司，1993年6月出版），頁16～17。

〔註14〕李約瑟主張風水之說眞正自成體系，似始於三國時代。他所舉出的例子，一是三世紀管輅的《管氏地理指蒙》，二是四世紀郭璞的《葬書》，第三種文本是五世紀王微的《黃帝宅經》。不過他對於這些文本的著作身份仍然存疑。參李約瑟，《中國之科學與文明》（台北：臺灣商務印書館，1985年2月），頁26～27。

〔註15〕謝敏聰教授曾根據《詩經》文本的敘述，以及他實地履勘的經歷，對於周人的遷徙，有詳細的討論。他主張周人的先祖經過多次徙都的過程，除了農耕的因素以外，還包括了當時對於木材的需求，必須到秦嶺山區始可取用有關。而當時周人最後到達岐山下的周原定居，並未再往東進，也與當時關中東部是殷商統治力量強大區域有關，而周原地處關中西陲，又可以岐山作爲屏障，也是周人選擇定都的原因。參謝敏聰，《中國歷史旅遊文集——建築・城市・考古・地理訪查17年》（臺北，臺灣學生書局，2005年10月出版），頁244～245。

〔註16〕高亨，《詩經今注》，〈大雅・公劉〉，頁413～415。

〈公劉〉之記載，證明了在公劉時期周人已有了擇居活動，且詩歌描述了公劉時代擇居時的過程——「于胥斯原、既庶既繁」，指出了豳地的水草豐美、適宜定居；「陟則在巘、復降在原」、「逝彼百泉，瞻彼溥原；迺陟南岡，乃觀于京」指出了勘查附近的地形、觀察水脈、又登上臨水的小高地；「既景迺岡，相其陰陽，觀其流泉」、「度其隰原，徹田爲糧」則指出了察看山丘南北的地勢，又丈量低濕原野、整治水田以爲耕種的準備；而「度其夕陽，豳居允荒」指出了豳地的西山地區是營造宮室之處；最後，「夾其皇澗，遡其過澗，止旅迺密，芮鞫之即」則說明了周人習慣於濱水定居的情形。接著，周人遷居到周原（今陝西岐山縣），周原的土地肥沃、水土甘美，周人有詳細的描述：「周原膴膴，菫荼如飴。爰始爰謀，爰契我龜。曰止曰時，築室于茲。迺慰迺止，迺左迺右。」〔註17〕繼之，有武王宅京的事，武王宅鎬在《詩經》中寫道：「考卜維王，宅是鎬京。維龜正之，武王成之。」〔註18〕證明周人的擇居過程乃漸趨成熟而周延，之後的召公、周公卜洛更是反復多次在伊、洛、瀍水一帶卜選基地，這也顯示了卜宅擇居活動的技術逐漸的成熟。

漢初，《史記‧日者列傳》記載了「堪輿家」一派，《漢書‧藝文志‧數術略》中記錄了「形法家」及其著作，稱「形法者，大舉九州之勢以立城郭室舍形。」到了東漢，《後漢書》的〈郭鎮傳〉及〈袁安傳〉當中記錄了一些風水活動。文中有：「葬此地當世爲上公」的措辭，這可以看做是「葬地興旺」風水觀念的肇始。〔註19〕又《後漢書‧仲長統傳》所載仲長統對於居住環境的要求是：「使居有良田廣宅，背山臨流，溝池環匝，竹木周布，場

---

〔註17〕高亨，《詩經今注》，〈大雅‧縣〉，頁376～377。周人從豳地遷居到周原，除了選擇水草豐美、水源豐沛之地爲原則外，在選擇居址的操作上，還透過「卜宅」的儀式來決定。這由〈公劉〉詩的純粹的地形與水脈的視察，到了居周原，產生了龜甲占卜。還要「迺慰迺止」，將此占卜的結果與眾人的意見對照，以增加定居的安心。

〔註18〕高亨，《詩經今注》，〈大雅‧文王有聲〉，頁397～398。周王在此亦是以龜甲占卜遷鎬一事，得了吉兆，因而確定遷鎬。

〔註19〕關於「葬地興旺」的說法，目前一般認爲最先見於樗里子。據《史記》記載，樗里子死後，葬於渭南章臺之東。他生前曾預測自己的墓地兩側將來會有天子的宮殿，後果應驗。到了漢朝，長樂宮在其東，未央宮在其西，武庫正值其墓。然而，仔細分析起來，樗里子的應驗說法並未直接涉及興旺子孫的說法，從秦到漢亦無類似的葬地興旺之說，因此，這種說法可能興起於漢代以後。

圍築前，果園樹後」〔註20〕，表明了人類親近山水的情懷，其居住之處所應
與自然山水保持緊密聯繫，與自然環境相適應。〔註21〕所謂「人之居處，宜
以大地山河爲主」〔註22〕，傳統六朝的村落的選址就從許多方面表現出這種
面貌。

　　魏晉南北朝時期，中國歷史上又一次的大變動，助長了士大夫嘉遁隱
逸、清議玄談、遊仙服食之風，文人對於山水詩、山水畫的愛好以及佛、道
寺觀占據山林勝景等一系列現象，無疑對風水觀的感染起了催化作用。郭璞
曾作「遊仙詩」十四首，其中云：「青溪千餘仞，中有一道士。雲生棟樑間，
風出窗戶裡。借問此何誰？云是鬼谷子。」詩句中以鬼谷子自喻，可見郭璞
思想上與道家的關連性。

　　此外，山水詩人謝靈運作〈山居賦〉，提出山居環境及景觀的理想模式：
「其居也，左湖右江，往渚還汀；面山背阜，東阻西傾。抱含吸吐，款跨紆
縈。」〔註23〕這與《葬書》所說的「地勢原脈，山勢原骨，委蛇東西，或爲
南北。……委婉自復，回環重復。……勢止形昂，前澗後岡，龍首之藏。」
〔註24〕的風水模式也頗相符合。

　　又以風水典籍的流傳史分析，關於漢代風水理論的著作，均已散失，但
從《漢書・藝文志》的目錄來看，在術數的「五行類」和「形法類」，分別列
有《堪輿金匱》十四卷和《宮宅地形》二十卷兩部書。《漢書・藝文志》曰：

　　　形法者，大舉九州之勢以立城郭室舍形，人及六畜骨法之度數、器
　　　物之形容以求其聲音貴賤吉凶。……然形與氣相首尾，亦有有其形

---

〔註20〕《後漢書》（臺北，鼎文書局，1999 年 4 月出版）卷 49〈仲長統傳〉，頁 1644。
〔註21〕六朝時期，民居之選擇多選擇有山有水、山環水繞的環境，這主要是透過山
　　　　和水的關係來體現。例如，《管氏地理指蒙》曰：「有山無水枯也，而氣散焉，
　　　　爲其無山以止之也；有水無山瀉也，而氣洞焉，爲其無以凝之也。故有山而
　　　　遇水之平，則氣停；有水而遇山之阜，則氣結。……水要環城，反背則不鍾
　　　　內氣；山尋住腳，連延則不續他情。」可見，山水相爲依存，環境的選擇應
　　　　與自然山水保持聯繫的關係。參《管氏地理指蒙》〈夷險同異第 75〉〈盛衰證
　　　　應第 77〉，收入《堪輿集成・冊一》（重慶，重慶出版社，1994 年 5 月出版），
　　　　頁 282、284。
〔註22〕《陽宅十書》：「人之居處，宜以大地山河爲主。其來脈氣勢，最大關係人禍
　　　　福，最爲切要。……故論宅外形第一。」收入《堪輿集成・冊二》，頁 191。
〔註23〕參顧紹柏校注，《謝靈運集校注》（臺北，里仁書局，2004 年 4 月出版）〈山居
　　　　賦〉，頁 459。
〔註24〕王振復，《風水聖經：宅經・葬書》，頁 107、110、158。

而無其氣，有其氣而無其形，此精微之獨異也。〔註25〕

由此可見，漢代的形法類堪輿的特點是：相地、相人、相物、相畜之法兼而有之。而相九州之勢以立城郭、宮室、屋舍，則顯示了漢人修建城郭都邑以及房舍，已考慮其周圍的地理形勢和自然環境，因此推測，《宮宅地形》一書很可能就是先秦至漢代，人們考察山川、選擇環境、營建宮室等經驗的總結之書。漢以後，開始有以形法相地選擇葬地的風氣，三國時期魏人管輅可算是開創這一風氣的人物。《三國志》中記載管輅對於選擇葬地的原則：

> 林木雖茂，無形可久；碑誄雖美，無後可守。玄武藏頭，蒼龍無足，
>
> 白虎銜尸，朱雀悲哭，四危以備，法當滅族。〔註26〕

這是管輅對於墓地環境的評斷，其中「蒼龍、白虎、玄武、朱雀」之類的四象在這裡表示四方，四正方位的地形是占斷墓地的依據，四方地形要符合某種審美特質，四象有神獸，神獸有形象，四方地形於是與四神獸形象對應而相驗。東方蒼龍無足、西方白虎銜屍、南方朱雀悲哭、北方玄武無頭，這些都是凶相，所以稱爲「四危以備」。〔註27〕繼管輅之後，晉朝的郭璞又是一位占墓地的名家。《晉書・郭璞傳》記載：「（郭）璞好經術，博學有高才。……有郭公者，客居河東，精於卜筮，（郭）璞從之受業。……由是遂洞五行、天文、卜筮之術，攘災轉禍，通致無方，雖京房、管輅不能過也。」〔註28〕從這裡不僅可以看出郭璞受業的情況，而且可以看出他不只擅長於風水葬術，還是一位占術大家（詳本章第三節）。

---

〔註25〕《漢書》卷 30〈藝文志〉，頁 1775。

〔註26〕《三國志・魏書・管輅傳》卷 29，頁 825。管輅對於形法相地的理論，提出了蒼龍、白虎、朱雀、玄武「四象」以則葬地的原則，一方面將活生生的動物形象與山脈地理形勢加以比附，二方面也進一步點出，選擇葬地的好壞與家族興滅之間的關係。

〔註27〕郭璞《葬書》亦曾提出「四危以備」的說法，《葬書》曰：「夫葬以左爲青龍、右爲白虎、前爲朱雀、後爲玄武。玄武垂頭、朱雀翔舞、青龍蜿蜒、白虎馴頫。形勢反此，法當破死。故虎蹲謂之銜屍，龍踞謂之嫉王，玄武不垂者，拒屍，朱雀不舞者，騰去。」參王振復，《風水聖經：宅經、葬書》《葬書・外篇》，頁 167～173。首先，左側的青山山體應起伏玲瓏、植被麗淨、山勢柔順；右側的白虎山勢應柔善俯伏、圓轉臥和；朱雀所在的南方山勢應端莊秀麗、充滿生氣；龍脈所在的玄武應逐漸向南降落。反之，若是左側的山形飛騰、不肯坐鎮；右側的白虎山成蹲坐、虎視眈眈、狀欲噬屍；朱雀不舞、氣漫飛散；北方玄武高拱不垂、拒屍凶相，這些都是管輅與郭璞所稱的「四危」。

〔註28〕《晉書》（臺北，鼎文書局，1995 年 6 月出版）卷 72〈郭璞傳〉，頁 1809～1910。郭璞傳中載有郭璞擇葬的故事，可以管窺魏晉葬術理論的特點。

　　《漢書·藝文志》另一部術數類典籍爲《堪輿金匱》。從意義上來看，此書被歸於五行類，這一點，從《史記·日者列傳》將五行家與堪輿家分別當作兩個占家流派並列記載，可以得到佐證。「孝武帝時，聚會占家問之，某日可取婦乎？五行家曰可，堪輿家曰不可，建除家曰不吉。」其中的諸占家即有五行家、堪輿家、建儲家。《堪輿金匱》雖已散佚，但是或許可以根據五世紀北魏殷紹《四序堪輿》來做些推想。殷紹曾於北魏孝文帝太安四年（455）上奏〈四序堪輿表〉：

> 法穆時共影爲臣開述《九章》數家雜要，復以先師和公所注黃帝《四序經》文三十六卷，合有三百二十四章，專說天地陰陽之本。其第一孟序，九卷八十一章，說陰陽配合之原；第二仲序，九卷八十一章，解四時氣王，休殺吉凶；第三叔序，九卷八十一章，明日月辰宿，交會相生爲表裏；第四季序，九卷八十一章，具釋六甲，刊禍福德。以此經文，傳授於臣。……臣前在東宮，以狀奏聞。奉被景穆皇帝聖詔，敕臣撰錄，集其要最。仰奉明旨，謹審先所見《四序經》文，抄撮要略，當世所須吉凶舉動，集成一卷。上至天子，下及庶人，貴賤等級，尊卑差別，吉凶所用，罔不畢備。未及內呈，先帝晏駕。依先撰錄，謹以上聞。〔註29〕

然而與《堪輿金匱》相同，殷紹的《四序堪輿》今亦亡佚。不過殷紹聲稱該書是在「謹審先所見《四序經》文的基礎上，抄撮要略。」而成的，那麼兩書的內容架構推想應當類似。據此，似乎可以推斷《四序堪輿》也是一部專說「天地陰陽之本」、「吉凶所用、罔不畢備」的陰陽學研究之書。

　　一般而言，六朝時期的堪輿術士可能不只專於風水，也會多種方術。東漢王充在《論衡·詰術》篇曾提到過「圖宅術」：

> 《圖宅術》曰：「宅有八術，以六甲之名，數而第之，第定名立，宮商殊別。宅有五音，姓有五聲，宅不宜其姓，姓與宅相賊，則疾病死亡，犯罪遇過。」……《圖宅術》曰：「商家門不宜南向，徵家門不宜北向。」則商金，南方火也；徵火，北方水也。水勝火，火賊金，五行之氣不相得，故五姓之宅，門有宜嚮，嚮得其宜，富貴吉昌；嚮失其宜，貧賤衰耗。〔註30〕

---

〔註29〕《北史·藝術傳》（臺北，鼎文書局，1980 年 3 月出版）卷 89〈藝術上·殷紹傳〉，頁 2925。

〔註30〕〔漢〕王充著，黃暉校釋，《論衡校釋》（北京，中華書局，1996 年 11 月出版）

這段引文不僅指出了漢時風水活動的特點是「五音圖宅」，並且指出了此術「以六甲之名數而第之，第定名立。」這與殷紹《四序堪輿表》中所提到的黃帝《四序經》季序的主要內容是「具釋六甲，刑禍福德」頗為吻合。而《圖宅術》以五音姓利，五行生克，宅位門向等原則論風水，可以說是後代理氣派的先聲。因此，《堪輿金匱》一書雖亡，但從文獻考據中可知其和《圖宅術》頗相類似，故而推測《圖宅術》、《堪輿金匱》與《四序堪輿》當中，關於五音論風水的內容有相似與傳承之處。〔註31〕

## 二、六朝的墓葬與風水

漢代已有成熟的堪輿理論和形法理論，但是這些術法理論主要應用於住宅，用於玟墓的記載極少。魏晉時期葬術盛行主要反映在兩個方面：一是葬術書籍的出現，二是則葬法術士的出現。後世風水書中的幾部重要的經典都與魏晉人物或術書有關。魏晉葬術的主要依據是形法相地理論，這種理論實質上就是風水理論。葬術主要是擇葬地，擇葬地其實就是相地，所以，葬術就是地理術。魏晉時代一般不專門稱擇葬者為葬家、葬術家或陰宅家，而是統稱為地理家、風水家。風水理論是專門的地理術理論，這個理論一開始就與葬術結合在一起，所以，可以說地理術的主要功用在於葬術。

一般而言，中原地區在先秦以前的喪葬比較素樸，大體上是「不封不樹」或「墓而不墳」。〔註32〕春秋戰國時期，南北文化交流，中原的喪葬習俗受到

卷 25，〈詰術篇〉，頁 1027～1038。

〔註31〕何曉昕曾在《風水探源》，一書中列舉了二點推測「圖宅術」為《堪虞金匱》的內容之一：一是「圖宅術」原理與《堪虞金匱》原理一致，同屬於五行類；二是「圖宅術」所用的六甲之神與六壬的作法頗相呼應。從王充的《論衡》來看，「圖宅術」在漢代時已經十分流行，由此可進一步推測「圖宅術」的活動當為堪輿術的主流。而「圖宅術」的核心又是「五音姓利之說」，這種五音姓利之說的盛行顯然與漢代的陰陽五行說互為表裡，由此也證明了風水與中國文化的歷史軌跡十分一致。

〔註32〕楊寬教授在《中國古代陵寢制度史研究》（上海，上海人民出版社，2003 年 6 月出版，頁 7～9）一書中，以原典與考古資料，指出中原古俗，墓而不墳的事實。首先，他引《周易・繫辭下》：「古之葬者，厚衣之以薪，葬之中野，不封不樹，喪期无數。」（參《十三經全文標點本・周易・繫辭下》，頁 82）；劉向曰：「殷湯無葬處，文、武、周公葬於畢，秦穆公葬於雍橐泉宮祈年館下，樗里子葬於武庫，皆無丘隴之處。」（參《漢書》卷 36〈劉向傳〉，頁 1952）；接著，他從考古發掘和調查的結果來看，中原地區出現玟丘式墓葬，開始於春秋晚期。

南方文化的衝擊，產生了明顯的轉變。〔註33〕到了秦漢時代，這種轉變加劇，由秦始皇拉開序幕，導致了一次厚葬的高潮。厚葬的目的在於對死者陰世生活的關懷與祝福，聯繫到鬼能影響人的理念，加上生氣、天人感應等思想，陰宅風水的觀念便逐漸在卜宅、相地、堪輿、圖宅、形法的基礎上起了微妙的變化。六朝以前，風水術偏重於陽宅方面，相士嘗水土主要目的是為了建城、造宅，尋找一個優良的地形和環境；漢末佛道並起，神仙鬼怪、算命看相的興起使人們聯想到死去的祖先對後世子孫的影響，逐步在風水為郭璞《葬書》打造風水重「葬」的契機。

三國初期，魏武帝曹操以天下凋敝，明令禁止在墓前立碑。〔註34〕且自魏文帝起，改為依山築陵，葬埋從簡，無為封樹，無立寢殿。洛陽附近的西晉皇陵和南京的東晉帝陵，基本上沿襲魏制，或「因山為體」，或「平葬，不起墳」，陵墓位置不易確定。〔註35〕其確切葬點和墓葬結構，古代文獻雖有記載，卻多屬於秘而不宣、略而不詳；有的純屬故老傳聞，尤難考證。之後，西晉建國，亦依循曹魏的舊規，並進而「詔子弟及百官不得謁陵」〔註36〕，取消了東漢創立的上陵禮。

西晉沿襲魏制，廢除陵寢，取消了上陵禮儀的做法。到了東晉，雖然恢復了上陵禮，但陵寢規模仍不能與前朝相比。由於南渡偏安，尚企望日後收

---

〔註33〕南方眾多少數民族對於喪葬則風俗較為奇異，巫鬼信仰在南方各民族間，是很普遍的，尤其是仿居宅形的棺槨，象徵陰宅與陽宅同型，將鬼世界與人世界聯繫起來，相信鬼能影響人的吉凶命運，這和中原儒家文化不語怪力亂神是有差別的。

〔註34〕楊寬教授認為曹操以「古不墓祭」為理由提倡葬不起墳，只不過是一種藉口，他之所以廢棄陵寢制度，主要的原因還是怕將來政權交替之後陵墓被發掘。參楊寬，《中國古代陵寢制度史研究》，頁45。此外，關於曹操的陵墓，根據《三國志》與《資治通鑑》的記載，均曰：「二月丁卯，葬武王（按：曹操）於高陵。」（參《三國志》卷1〈魏書・武帝〉頁53；《資治通鑑》卷69〈魏紀一〉，頁2175），然而任常泰在《中國陵寢史》中，認為曹操奸詐，怕死後有人挖掘墳墓，因此遺命設72座疑塚，使後人不知其真墓的所在，以逃避屍骨遭誅，參任常泰，《中國陵寢史》（臺北，文津出版社，1995年6月出版），頁122。

〔註35〕《晉書》卷20〈禮志中〉（頁631）記載：「魏武以禮宋終之制，襲稱之數，繁而無益，俗又過之，……春秋冬夏，日有不諱，隨時以斂，金珥珠玉銅鐵之物，一不得送。……壽陵因山為體，無封樹、無立寢殿、造園邑、通神道，……夫葬者藏也，欲人之不得見也。」，說明了曹操關於陵寢制度的規定。

〔註36〕《晉書》記載了司馬懿的遺詔，亦規定後代子孫不得謁陵：「及宣帝（司馬懿），遺詔『子弟群官皆不得謁陵』，於是景（景帝司馬師）、文（文帝司馬昭）遵旨。……不敢謁高原陵（宣帝陵）。」參《晉書》卷20〈禮志中〉，頁634。

復失地，歸葬北方祖陵，因而規制草創，大多是「平葬、不起墳」；地面上不設寢殿，葬埋從簡；葬點的文獻記載亦籠而統之，故陵墓位置不易確定。〔註37〕例如，西晉武帝司馬炎的峻陽陵，墓址在首陽山南麓（今河南偃師縣南蔡莊），座北朝南，由墓道、墓室組成。此陵乃晉武帝與楊皇后的合葬墓，陵墓以西爲陪葬墓群，均座北朝南，列爲四排，形製統一，排列有序，主次分明。墓陵位於南蔡莊北的山坡上，背依北邙鏊子山，面對廣闊的伊洛平原，巍峨的伏牛山觀瞻於前，邙山主峰屏障其後，地理形勢蔚爲壯觀。〔註38〕

　　東晉共有十一位皇帝，他們的陵墓、葬點，除了廢帝司馬奕葬於江蘇吳縣以外，穆帝葬於南京幕府山之陽，其餘九帝集中葬在兩處：元帝、明帝、成帝、哀帝葬於雞籠山之陽，稱爲「東晉四陵」，在今南京市鼓樓崗南麓；康帝、簡文帝、孝武帝、安帝、恭帝葬於鍾山之陽，稱爲「東晉五陵」，在今南京市太平門內富貴山南麓。〔註39〕東晉諸帝的陵墓，大多數在半山腰的南麓鑿挖墓坑築成，亦不起墳。〔註40〕

　　南朝的陵墓大體上沿襲東晉的制度，依靠山麓、山腰築成；有的起墳，有的不起墳，起墳的要比東晉多些。由於南朝諸帝的陵墓，大多依山麓、山腰築成，不很顯著，而爲人矚目注意的就是陵園的方向都按山川的形勢決定，在陵前平地上開設神道，布置有一對石獸麒麟或辟邪，以及一對石柱和石碑。〔註41〕例如，南齊的帝王陵墓，已發現和發掘清理的，共有七座：泰安陵、永安陵、景安陵、修安陵、興安陵、恭安陵及蕭寶卷墓。其中，齊高帝蕭道成的泰安陵，在今丹陽市陵口鎮吳家村，當地俗稱「皇玟山」，陵地周圍丘陵

〔註37〕王重光、陳愛娣，《中國帝陵》（上海：上海古籍出版社，1996年8月），頁124。
〔註38〕任常泰根據大陸近年的考古挖掘，指出晉武帝司馬炎的峻陽陵，爲西晉在洛陽地區的大型墓葬群。該地位於山坡，背靠鏊子山，面對伊洛平原，墓地成三面環抱形式。該墓葬群共發掘出23座墓塚，墓向一律「座北朝南」，形制統一，墓葬的佈局有一定的規劃，主次分明、排列有序。參任常泰，《中國陵寢史》（臺北，文津出版社，1995年6月出版），頁130～131。
〔註39〕王重光、陳愛娣，《中國帝陵》，頁124。
〔註40〕根據《建康實錄》記載，東晉諸帝的墓葬大多不起墳，只有晉穆帝的永平陵起墳，唯平均而言，比起漢諸陵要低。利用山腰鑿穴建築墓坑，向來是一種防止盜掘的辦法，到了魏晉時期，爲了把墓葬隱蔽起來，就進一步推廣這種「因山爲體」的築墓方法。這種築墓方法，直到南北朝、隋唐五代，還是很流行，爲許多帝王所採用。魏晉時代，由於廢棄陵寢制度，採用「因山爲體」的築墓方法，因而這個時期的大墓發現較少，同時由於經濟的衰退，各種類型墓葬的結構遠較東漢爲簡單，厚葬之風也大爲減退。
〔註41〕楊寬，《中國古代陵寢制度史》，頁46～47。

起伏，山巒層疊，風景殊佳。〔註42〕一般而言，六朝帝王陵墓體制規模較小，遠不及秦漢隋唐諸帝陵那樣宏偉壯觀，不過，總結東晉南朝的帝王陵墓，仍可看出具有以下幾個特點：

首先，就是選擇埋葬之地，講究「風水」和「望氣」。墓地環境選擇「背倚山峰，面臨平原」的山麓或山腰構築，即通常所說的「山衝」之地，按當時的風水要求，有的起墳丘，有的不起，陵園方向依山川形勢而定。〔註43〕其次，六朝陵墓，還保持著「聚族而葬」的習俗，多聚葬於一處。〔註44〕其三，經考古發掘證實，南朝陵墓皆爲磚室結構，石砌墓門，地宮單室，甬道設兩道門槽，門額半圓形，浮雕人字拱。其四，因爲南方氣候潮濕，爲了防止墓室積水，墓前均有很長的排水溝。〔註45〕其五，又因佛教流行，陵墓建築上明顯可見佛教藝術影響的痕跡。〔註46〕

---

〔註42〕泰安陵墓塚座北朝南，陵前有石雕天祿、麒麟。墓室構築雕飾華麗。最特殊的是陵墓石刻壁畫，所表現的獸類，均雕飾繪畫翅翼，這是南朝帝王崇信佛教，企望飛昇「羽化登仙」思想的反映。參王重光、陳愛娣，《中國帝陵》，頁 137～139。

〔註43〕羅宗眞認爲六朝墓葬的風水原則係指，「背倚山峰、面臨平原」的情形，亦即玟墓宜葬在兩山環抱的山腰上，面臨開闊的平原；換言之，也就是通常所說的0「山衝」之地。現已發掘的六朝陵墓，觀其地形無不符合這項規律，實質上都是選擇恰當的地形的葬地。參羅宗眞，《六朝考古》（南京，南京大學出版社，1994 年 12 月出版），頁 80～81。

〔註44〕「聚族而葬」是六朝墓葬的特點，與六朝時期的士族觀念有關，從今天的考古挖掘，可以發現，帝王陵寢與世家大族均依聚族而葬的原則。而族葬區各陵塚之間，以及各墓主之間的位置，並非雜亂無章布列，而是按生前尊卑長幼有規律地分佈，一般而言，以長者、尊者居右，幼者、卑者葬左，主次分明、排列有序。參羅宗眞、王志高，《六朝文物》（南京，南京出版社，2004 年 7 月出版），頁 80～82。

〔註45〕以東晉末帝司馬德文的沖平陵爲例，墓室砌造在兩山峽谷間的凹地，營建時，先掘墓坑，再砌墓室。墓室、甬道及封門牆竣工以後，即行填土，使之與兩側山梁齊平，這顯然是一種防止盜掘的辦法。

〔註46〕六朝陵墓壁砌磚印壁畫，內容爲「竹林七賢」、「羽人戲龍」、「騎馬侍從」、「執戟侍衛」、「執扇侍從」，呈現出六朝陵寢的墓壁裝飾受到佛教影響的現象。朱偰指出六朝陵墓藝術中的麒麟、天祿、辟邪，皆具雙翼，此種風格，係由小亞細亞美索不達米亞傳來。原因可能是六朝與南洋交通漸繁，希臘、波斯藝術，由海道傳來的關係。參朱偰，《建康蘭陵六朝陵墓圖考》（北京，中華書局，2006 年 8 月出版），頁 4；又參〔美〕巫鴻著，柳揚岑河譯，《武梁祠——中國古代畫像藝術的思想性》（北京，三聯書店，2006 年出版），頁 38。

　　北方在十六國時期，入居中原的少數部族，爲了防止盜掘墓葬，沿用他們原來的風俗，多數採用「潛埋」的方式而不起墳，潛葬山谷，竟不知屍首之所在。這種「潛埋」的墓葬方式，不僅少數民族的君主採用，而且成爲少數民族中流行的習俗。《宋書・索虜傳》指出，當時北方少數部族，「死則潛埋，無墳壠處所，至於葬送，皆虛設棺柩，立冢塬。」〔註47〕正因十六國時期流行「潛埋」的墓葬方式，這時的大墓甚少被發現。〔註48〕

　　北方墳丘式墓葬再度興起，是從北魏開始的。這是鮮卑文化和漢族文化進一步融合的結果。北魏統一北方以後，經濟逐漸恢復，政局開始穩定，於是進行漢化的改革，因而出現一套鮮卑文化和漢族文化相結合的陵墓制度。〔註49〕北魏原來沿用鮮卑風俗，「鑿石爲祖宗之廟」，稱爲「石廟」或「石室」，而把帝王的陵園稱爲「金陵」。北魏建造大規模的陵園，是從文成帝之妻文明皇后馮氏開始的；北魏的一套鮮卑文化和漢族文化相結合的陵寢制度，也是從她開始的。〔註50〕馮太后親自和孝文帝一起選定山西大同方山營建壽陵，稱爲永固陵，同時在陵南「詔有司營建壽陵於方山，又起永固石室，將終爲清廟焉」〔註51〕，接著孝文帝爲了表示孝順，在永固陵東北營建壽陵。後來孝文帝遷都洛陽，選定洛陽以北的北邙山區作爲「山園」之所，築在這裡的壽陵就成爲「虛宮」，號稱「萬年堂」。因此可知，北魏整個祠廟的建築，一方面採用鮮卑「鑿石爲祖宗之廟」的遺風，另一方面又採用東漢以來在陵前建築石殿、石闕、石獸、石碑的方式，再一方面又結合佛教的信仰，使佛堂、齋堂和祠廟相結合；在思想上一方面採用儒家的傳統思想，強調「忠孝」、「貞順」，另一方面又講究佛教信仰，這是北魏統治集團強烈信奉佛教的一種表現。〔註52〕

---

〔註47〕《宋書》卷95〈索虜傳〉，頁2322。
〔註48〕任常泰，《中國陵寢史》，頁133～134。
〔註49〕楊寬，《中國古代陵寢制度史研究》，頁47。
〔註50〕楊寬，《中國古代陵寢制度史研究》，頁48～49。
〔註51〕《魏書》（臺北，鼎文書局，1990年7月出版）卷13〈皇后列傳〉，頁329。
〔註52〕永固陵在今山西大同方山南部之山頂上，有高大的墳丘，基底方形，上部圓形，象徵天圓地方。宗廟前陳列有石獸和石碑，廟院以外的西側建築有「思遠靈圖（浮屠）」，爲一種佛堂建築，佛堂之西有齋堂，在廟的南面還樹立有兩座石闕。參楊寬，《中國古代陵寢制度史研究》，頁49～51，關於北魏永固陵的考古發掘。

## 第二節　六朝的都城選址與風水

　　中國自古以來，即非常重視都城的選址，早在西周初期，就已經產生了都城選址的思想。例如，《詩經·大雅·公劉》記載了周的祖先公劉遷居到豳（陝西彬縣）的情形，在當時就已經注意到都城選址，應選擇水源充足的肥美平原，適宜建築的向陽高地，可供駐屯軍隊的營地，還要努力開墾適合生產糧食的農田。根據〈公劉〉的記載，西周先祖在都城選址的決定過程當中，是經歷了一連串的探勘、觀察、嚐水、墾荒、徹田的過程。首先：

　　　　篤公劉，逝彼百泉，瞻彼溥原；迺陟南岡，乃覲于京。京師之野，

　　　　　于時處處，于時廬旅，于時言言，于時語語。〔註53〕

楊寬認為「京」在此是指大塊的向陽高地，是頗為適宜修建宮室之處；〔註54〕「師」則是指軍隊的駐屯處，故「京師」連稱，意指即將於此處屯駐重兵之意。〔註55〕〈公劉〉又接著描述：

　　　　篤公劉，既溥既長，既景迺岡。相其陰陽，觀其流泉，其軍三單。

　　　　度其隰原，徹田為糧。度其夕陽，豳居允荒。篤公劉，于豳斯館。

　　　　涉渭為亂，取厲取鍛。止基迺理，爰眾爰有。夾其皇澗，遡其過澗，

　　　　止旅迺密，芮鞫之即。〔註56〕

從上文「既景迺岡」、「相其陰陽」、「觀其流泉」來看，都城的營地是經過一番選擇的。首先，選在郊外高崗和有流泉的地方，既為了適宜駐屯防衛，又為了適合起居生活；接著，開始「度其隰原，徹田為糧」，說明了丈量低濕和平原之地，以開墾田地，用來生產糧食；最後，「度其夕陽，豳居允荒」一句，「夕陽」代表了夕陽所照的西部地區，「荒」則是指寬敞之意。這說明了丈量了豳的西部地區，發現可供建築居處的面積尚很寬敞。〔註57〕文中也

---

〔註53〕高亨，《詩經今注》（臺北，里仁書局，1981 年 10 月出版），〈大雅·公劉〉，頁 413～417。

〔註54〕根據杜正勝教授的研究，從新石器時代開始，先民在聚落的選址過程中，總是選擇最有利的環境來定居，故村落遺址多分佈在大河支流的台地與丘陵地。無論是北方的仰韶文化、龍山文化，或是南方的河姆渡文化、良渚文化等，先民的聚落都有一個共同現象，即均位於「近水的高地」。參杜正勝，《古代國家與社會》（臺北，允晨文化，1992 年 10 月出版），〈從村落到國家〉，頁 103～105。

〔註55〕楊寬，《中國古代都城制度史研究》（上海，上海人民出版社，2003 年 6 月出版），頁 40～42。

〔註56〕高亨，《詩經今注》，〈大雅·公劉〉頁 413～417。

〔註57〕楊寬，《中國古代都城制度史研究》，頁 41。

多次提到河流與居住的關係。〔註58〕由「逝彼百泉」、「觀其流泉」、「涉渭爲
亂」、「夾其皇澗」、「遡其過澗」等句,可知公劉率族勘查水脈、品嚐水土、
整治河道、最後擇定在芮水河濱定居的過程。〔註59〕因此在西周時期,都城
選址的方法就已經具備一些科學性的原則。

春秋戰國時期百家爭鳴,諸子百家對於都城選址多有理論性的提出。其
中尤以《管子》的論述較多。例如,關於都城選址的問題,《管子》提出了一
些原則性的看法:

> 凡立國都,非於大山之下,必於廣川之上。高毋近旱而水用足,下
> 毋近水而溝防省。因天材,就地利,故城郭不必中規矩,道路不必
> 中準繩。〔註60〕

這裡,齊國的稷下學官認爲,營建都城,地點上必先選擇大山或大河之傍,
地勢上更需尋找水源充足且可避免洪泛的河階高地,還要可憑藉天然資源的
地利所在。然而,城牆的建造,不必完全符合方方圓圓的規定,道路也不必
處處合乎絕對平直的要求。在論述堪測都城的地形條件時,《管子・度地篇》
提出了:

> 聖人之處國者,必於不傾之地,而擇地形之肥饒者,鄉山,左右經
> 水若澤,內爲落渠之寫,因大川而注焉。乃以其天材、地之所生利,
> 養其人以育六畜。〔註61〕

---

〔註58〕 史念海教授與謝敏聰教授認爲,古代都城的所在地都離不開高山、大川、平
原,這不僅可以便於防禦外來的侵擾,而且河流還可以有利於農業灌漑和其
他各地的交通,此亦爲研究都城史的學者們的共識性意見。參謝敏聰,《盛世
皇都旅遊——隋唐長安與明清北京對比探奇》(臺北,臺灣學生書局,2006
年9月出版),頁280。

〔註59〕 水是萬物生機的源泉,沒有水,生物就無法生存,因此,如何選擇靠近水源
之處,是選擇居址的重要考量因素。尤其都城選所在地,由於政治、經濟、
社會的需要,水源的供應與水利的穩定與否,更成爲重要關鍵。這裡由公劉
對於水質的檢查、與河川水利的規劃,可見一斑。史念海教授認爲中國都城
附近的河流雖有不同的格局,但是都起著很大的作用。例如長安有多條河流
匯聚,共稱「長安八水」(渭、涇、灞、滻、滈、澇、灃、潏);洛陽有伊、
洛、瀍、澗四水;北京有永定、潮白、溫榆諸水;鄴城有漳水等,參史念海,
《中國古都和文化》(北京,中華書局,1998年7月出版),〈中國古都形成的
因素〉,頁180～212。

〔註60〕 湯孝純注譯,《新譯管子讀本》(臺北,三民書局,1995年7月出版)卷1〈乘
馬篇〉,頁68。

〔註61〕 湯孝純注譯,《新譯管子讀本》卷18〈度地篇〉,頁926。

也就是說，古代都城的選址要選在土地肥沃富饒的地方——後面有靠山；左右有江河或湖澤，城內建設排水的渠道網絡，隨著河道而注入江河。這樣便可以利用天然的資源和耕地的財富，供養百姓而繁育六畜。除了《管子》以外，《尉繚子》對於都城選址與城市規模，提出了「三相稱」的理論：「量土地肥墝而立邑，建城稱地，以城稱人，以人稱粟。三相稱，則內可以固守，外可以戰勝。」〔註 62〕這就是說，城市的規模應與居住的人口、城市四周的田地、及可耕地所生產的糧食產量互相匹配，這三者（城市、人口數、糧食產量）必須保持恰當的比例關係，以求達到「三相稱」的原則。如此，則進可以取勝，退亦可以固守。

近代以來，許多學者都對於中國古代的都城選址原則發表過精闢的見解。薩孟武教授將中國古代都城選址歸納為三個理由：一是經濟上的因素；二是形勢上的因素；三是國防上的因素。〔註 63〕史念海教授將中國古代都城選址的因素歸納為自然環境、經濟因素、軍事因素、社會基礎四大要素。〔註 64〕譚其驤教授則指出：「歷代統治者選擇都城主要的是從經濟、軍事、地理位置三方面的條件來考慮的。」〔註 65〕以下將由風水與地理等自然條件為切入點，來探討六朝時期，建康的都城選址的問題。

---

〔註62〕 劉仲平註釋，《尉繚子今註今譯》（臺北，臺灣商務印書館，1975 年 12 月出版），〈兵談第二〉，頁 11。

〔註63〕 薩孟武教授認為古代選都除了形勢險固、土地肥沃不失為一個重要原因外，在國基未固之時，定都於富裕之地，使中央政府財政上不受地方的拘束，經濟上反有控制地方之力，實屬要圖。他在文中並歸納了歷史上都城選擇的三個理由。參薩孟武，〈中國歷史上的國都〉，《大陸雜誌》（臺北，1952 年 10 月出刊），5：7，頁 24～31。

〔註64〕 史念海，《中國古都和文化》（北京，中華書局，1998 年 7 月出版），〈中國古都形成的因素〉，頁 180～212。史教授所稱的自然環境係指地勢、山川、土壤、氣候、物產等方面，而且自然環境應是形成都城的首要因素；而經濟因素、軍事因素、社會基礎三者，就是統稱的社會因素而言。

〔註65〕 譚其驤，〈中國歷史上的七大古都〉，《歷史教學問題》，1982 年 7 月出刊。譚教授在此文中指出，經濟條件要求都城附近必須是一片富饒地區，足以在較大程度上解決統治集團的物質需要，無需或只需少量仰給於遠外；軍事條件要求都城所在地區既便於控制內部，又利於防禦外來侵略；地理位置要求都城大致上位於王朝全境的中心地區，或有便捷的交通線，便於同全國各地的聯繫，但並不完全要求是地理上的幾何中心，只要是通達全國的交通比較方便的地方，便於統治就行。

## 一、南方的都城選址與風水——以建康爲例

回顧六朝建康都城的歷史，自從孫權定都建業，六朝 330 餘年間，除了吳大帝孫權有 5 個月左右的時間（黃龍元年四月到同年九月，229）是以武昌爲都；吳末帝孫皓有 15 個月時間（甘露元年九月到寶鼎元年十一月，265～266）曾經短暫定都武昌；梁朝侯景之亂後，梁元帝蕭繹有 2 年時間（承聖元年十一月到三年十一月，552～554）定都江陵之外，其他統治者都是以建康爲都城。

### （一）南方的都城選址

建康成爲都城的過程，也就是孫吳政權崛起的過程。從孫吳興起的軌跡來看，最初是以會稽爲根據地，拓地江東，曾經一度以「吳」（江蘇蘇州，200～207）爲治所；東漢末年，群雄爭霸，孫吳以吳爲國都，位置顯得偏僻，無論對於征戰或防守，均處劣勢。〔註66〕在這種情形之下，孫權移鎮「京口」（江蘇鎮江，208～210），「因山爲壘，緣江爲境」，修築京口城。〔註67〕赤壁戰後，三國鼎立局面形成，孫權順勢將治所從京口遷到「秣陵」（江蘇南京，211～219）。次年（212），孫權在楚國金陵邑舊址上修築石頭城，以資守御，並改秣陵爲「建業」，取「建帝王之大業」的意思。〔註68〕之後，關羽失荊州，孫權奪回荊州，並將治所遷往「公安」（湖北公安，219～221 年）；

〔註66〕關於孫吳早期的擇都過程，日本學者岡崎文夫曾做過討論，岡崎認爲孫權不以吳爲都城，乃因孫權欲以江南爲根據地，得到三吳望族的支持，而拓展勢力，但日後襄助孫氏建立帝業者卻多半爲南奔之北方豪族。爲了使南、北豪族攜手合作，效力扶持孫氏政權，因此在擇都決策時，便有意避開三吳豪強之地，參〔日〕岡崎文夫，《魏晉南北朝史》（東京，弘文堂，1933 年 7 月出版），頁 555。另外，劉淑芬教授則認爲，其實孫權在逐步拓展之過程，根本未曾考慮以吳爲都城，因孫吳的國策，一向認爲荊州爲其固守之地，參劉淑芬，〈建康與六朝歷史的發展〉，收入《六朝的城市與社會》（臺北，臺灣學生書局，1992 年 10 月出版），頁 8。

〔註67〕〔唐〕杜佑，《通典》（長沙，岳麓書社，1995 年 11 月出版）卷 182〈州郡典12〉，頁 2525。

〔註68〕孫權將秣陵改稱爲建業，決策上頗值得玩味。根據《三國志》卷 53〈張紘傳〉（頁 1245～1247）的記載，孫權是聽取了謀士張紘的建議才做的決定。然而〈張紘傳〉注引《江表傳》曰：「（張）紘謂權曰：『秣陵，楚武王所置，名爲金陵。地勢岡阜連石頭，訪問故老，云昔秦始皇東巡會稽經此縣，望氣者云金陵地形有王者都邑之氣，故掘斷連岡，改名秣陵。今處所具存，地有其氣，天之所命，宜爲都邑。』權善其議。」因此，金陵之定都，繫於其地形有天子氣；還有，孫權與張紘也都不認爲金陵之吉氣已遭秦始皇所破壞。

同年，曹丕、劉備相繼稱帝，孫權又徙鎮於鄂，築城守衛，並改名爲「武昌」（湖北鄂州，221～229）。可是由於武昌地處長江中游，遠離立國根本，且荊州爲四戰之地，故孫權於黃龍元年（229）在武昌稱帝後，不久旋即放棄已經經營長達八年之久的武昌，遷回尚無城郭宮室的「建業」。由此可見，孫吳統治中心經歷了由東向西（吳→京口→秣陵→公安），然後又由西向東（公安→武昌→建業）的過程。孫權放棄了曾經作爲都城治所的吳、京口、公安、武昌等地，最後選擇了建業作爲永久的都城。

回顧吳國的歷史，始發跡於吳。吳地雖處漁米富庶之鄉，且爲「三吳」（吳、吳興、會稽）豪族的桑梓故里，歷史上，又曾爲春秋時期故吳的都城，且爲兩漢以來江南最爲發達的都會。但是，吳的一個根本弱點在於脱離長江、位置偏遠，同時與上游的軍事聯絡也不方便。從大局上來看，僅適守成。孫吳時期，另一個曾爲國都的城市是武昌。武昌在戰略方面，瀕臨長江，因此有「戰可攻、退可守」的優點，但是當時社會民間對於武昌頗有一些微詞。首先就是對於武昌地形的貶斥。據《三國志》的記載：

> 武昌土地，實危險而墝确，非王都安國養民之處，船泊則沈漂，陵
> 居則峻危。〔註69〕

這句話道出了武昌天然地形上的缺陷；其次，武昌遠離江東根據地，經濟上需要仰賴三吳地區的供給，政治上也得不到三吳士族的支持，所以孫權在稱帝當年便隨即放棄武昌，遷都建業。孫吳歷史上，另一個以武昌爲首都的時期是在孫皓在位時，當時，民間更有童謠盛傳：「寧飲建業水，不食武昌魚！寧還建業死，不止武昌居！」〔註70〕孫吳時期，另外的二個曾經爲首都的城市——京口、公安，均以瀕臨長江而聞名，比較適合作爲交通上的要津，或作爲軍事上的要塞，軍事與交通上的意義與功用較大，若作爲都城，只能視爲權宜之所。

西晉滅吳以後，建業被更名爲建鄴，降格爲江東地區一座地方性的城市。〔註71〕西晉末年永嘉之亂後，洛京殘破，琅邪王司馬睿以安東將軍之身分坐

---

〔註69〕《三國志》（臺北，宏業書局，1993年8月出版）卷61〈吳書‧陸凱傳〉，頁1401。

〔註70〕參《三國志》卷61〈吳書‧陸凱傳〉，頁1401。此外，《宋書》（臺北，鼎文書局，1993年10出版月）卷31〈五行志二〉，頁905、913；以及〔唐〕許嵩，《建康實錄》卷2〈吳中‧太祖下〉，頁27，也有類似的記載。其中，《宋書‧五行志》更道出孫浩寶鼎年間春夏的大旱，乃歸咎於遷都武昌，勞民動眾之應。

〔註71〕西晉滅吳之後，對建業採取了一系列的抑制措施。首先是廢建業舊名，更名

鎮建鄴，並賴王導等士族的支持，才使得東晉政權得以建立起來。東晉蘇峻
之亂平定後，建康都城歷經兵火浩劫，宮闕荒殘，東晉朝臣當中遂產生了遷
都之議。其中，溫嶠主張遷都豫章；另一派以三吳豪族為主，主張遷都會稽，
兩派互相僵持不下。司徒王導力排眾議，並呼籲：

> 建康，古之金陵，舊為帝里，又孫仲謀、劉玄德俱言王者之宅。古
> 之帝王不必以豐儉移都，苟弘衛文大帛之冠，則無不可。若不積其
> 麻，則樂土為墟矣。且北寇游魂，伺我之際，一旦示弱，竄於蠻越，
> 求之望實，懼非良計。今特鎮之以靜，群情自安。〔註72〕

依拙見，王導此段說明的要點有三，首先，王導指出建康定都的「天命」觀
點，建康乃是一個經過前朝帝王所肯定的「王者之宅」；其次，建康為古之「金
陵」，秦始皇當年為斷金陵地氣，不惜勞師動眾，仍無所成，今吾皇有幸居此
帝宅，實乃「天命」之所繫；況且我朝乃華夏正統，衣冠所在，天道繫乎仁
道，北方夷輩，實乃索虜，我朝應積善修德，定可永居此「樂土」矣。因此，
經過王導的分析論辯，溫嶠及三吳士族的建議，終未被採納，東晉王朝的都
城更加確定為建康。自此，建康都城經過重新規劃設計，國都的地位也日益
穩固。史稱：「自晉而下，三百年之基業，（王）導之力也。」〔註73〕由此可
見，南方地方豪族在南方政權中亟欲勝出的策略，以及東晉政權當中存在各
地方的勢力，也可看出史家對於王導在建康定都過程中的關鍵地位的肯定。

　　南朝時期，持續以建康為都城（參圖 5-1：「南朝都城建康總圖」），儘管
其間曾發生過一些小小的曲折，但最終仍以建康為都。然而，建康在北朝人
士的眼中，又具有怎樣的地位呢？以梁末侯景之亂為例，當時建康城池遭到
嚴重破壞，梁元帝做出了移都江陵（承聖元年，552）的決策。次年（553），

---

為「秣陵」，從名義上將建業降格為地方性的區域城市。同時，採取「分而治
之」策略，從實質上削弱建業的力量，並進一步加強對於建業的管控。太康
元年（280），分秣陵設置臨江縣（次年改稱江寧縣）；太康三年（282），又將
秣陵一分為二，「分秦淮水北為建鄴，水南為秣陵縣」（參《建康實錄》卷 5
〈晉上·中宗元皇帝〉，頁 88）。

〔註72〕《晉書》（臺北，鼎文書局，1995 年 6 月出版）卷 65〈王導傳〉，頁 1750。王
導反對首都他遷的理由有三點：第一，建康為三國孫吳都城，有歷史與文化
傳統。第二，中原胡族虎視眈眈，時有南侵野心，若臨時遷都豫章或會稽，
只會示弱於北胡，反更易遭犯境之虞。第三，會稽、豫章乃蠻越雜處地區，
不適合做為都城。所以唯今之計，只有座鎮建康，才是良策。

〔註73〕〔宋〕張敦頤，《六朝事迹編類》（上海，上海古籍出版社，1995 年 1 月出版）
卷 1〈總敘門·六朝建都〉，頁 21。

西魏大軍自長安南侵，散騎常侍庾季才以星象推斷魏人可能來犯，奏請梁元帝退駕建康避禍，以保全社稷；另一方面，西魏朝臣曾推判梁元帝的戰略，可能會有三計：「耀兵漢、沔，席卷渡江，直據丹楊，上策也；移郭內居民退保子城，峻其陴堞，以待援軍，中策也；若難於移動，據守羅郭，下策也。」〔註74〕然而歷史證明，梁元帝昧於情勢，堅守江陵，梁朝也因而亡國。由此可知，連北方敵軍都認爲梁元帝應徙都丹楊（按：指建康）才是上策，足見建康在當時人們心目中不可動搖的國都地位。

### （二）建康的選址與定都

以下依自然與人文條件來探討建康定都的原因——自然因素包括地理與風水的條件，人文因素包括政治、經濟與社會條件。自然因素是都城選址的主要因素之一，包括地形、山川、土壤、氣候、物產等條件，都城的所在地離不開高山大川，因此，自然因素與都城選址有一定的關係。〔註75〕

### 1. 自然因素——地理、風水條件

建康優越的自然條件，體現在其「山環水繞」上。建康西北臨大江，北依覆舟山、雞籠山、玄武湖；東臨鍾山；西有石頭山；南阻秦淮河，周圍的山川構成了一道道天然的防禦屏障（參圖5-2：「建康都城形勢圖」）。根據劉宋山謙之《丹陽記》的記載：「京師南北並有連嶺，而蔣山獨崖窟峻異，其形象龍，實楊都之鎮也。」〔註76〕相傳三國鼎立局面形成前，劉備曾派遣諸葛亮出使孫吳，諸葛亮在途經秣陵，曾讚嘆秣陵山川的壯美。東晉張勃《吳錄》云：「劉備曾使諸葛亮至京，因觀秣陵山阜，曰：『鍾山龍盤，石頭虎踞，此乃帝王之宅也。』」〔註77〕又據南宋張敦頤《六朝事迹編類》卷二〈形勢門〉記載：「諸葛亮論金陵地形云：『鍾阜龍盤，石頭虎踞，眞帝王之宅也。』」〔註78〕其實，就廣義而論，「龍盤虎踞」指的不僅僅是鍾山和石頭山這兩座

---

〔註74〕〔宋〕司馬光，《資治通鑑》（臺北，宏業書局，1993年10月出版）卷165〈梁紀二十一・元帝承聖三年〉，頁5117。

〔註75〕史念海教授與謝敏聰教授認爲自然環境應是形成都城的首要因素，不具備良好的自然環境諸條件，是難以成爲都城的。所謂自然環境，至少應包括地形、山川、土壤、氣候、物產等各項。不同的都城在這些條件中應有各自的特色，而此亦爲學者們的共識性意見。參謝敏聰，《盛世皇都旅遊——隋唐長安與明清北京對比探奇》，頁280。

〔註76〕〔宋〕李昉，《太平御覽》（北京，中華書局，1960年4月出版）卷41〈地部六・蔣山〉，引《丹陽記》，頁197。

〔註77〕《建康實錄》卷2〈吳中・太祖下〉，注引《吳錄》，頁27。

〔註78〕《六朝事迹編類》卷2〈形勢門・鍾阜〉，頁35。

山，而是泛指與此相連的一系列山脈而言。關於這一點，南宋周應合《景定建康志》做了較為詳盡的闡釋，並為以後歷代金陵地方志所引注。根據《景定建康志》卷一七〈山川志序〉的說法：

> 由鍾山而左，自攝山、臨沂、稚亭、衡陽諸山，以達于東；又東為白山、大城、雲穴、武岡諸山，以達于東南；又東南為土山、張山、青龍、石碙、天印、彭城、鴈門、竹堂諸山，以達于南；又南為聚寶山、戚家山、梓潼山、紫巖、夏侯、天闕諸山，以達于西南；又西南綿亙至三山而止於大江；此〔諸葛〕亮所謂龍盤之勢也。由鍾山而右，近之為覆舟山，為雞籠山，皆在宮城之後；又北為直瀆山、大壯觀山、四望山，以達于西北；又西北為幕府、盧龍、馬鞍諸山，以達于西，是為石頭城，亦止于江；此亮所謂虎踞之形也。〔註79〕

因此，根據周應合的解釋，諸葛亮所說的龍盤虎踞，並非指單一的山體，而是一系列龍盤虎踞形勢的山脈（參圖 5-3：「龍盤虎踞圖」）。談到建康在自然條件上的水文因素，則莫過於「長江天塹」這條重要命脈。南宋鄭樵曾指出：

> 建邦設都，皆憑險阻。山川者，天之險阻也；城池者，人之險阻也。城池必依山川以為固。大河自天地之西而極天地之東；大江自中國之西而極中國之東。天地所以設險之大者，莫如大河；其次，莫如大江。故中原依大河以為固，吳越依大江以為固。〔註80〕

六朝三百餘年，除了西晉短暫的統一外，絕大部分時間都處於南北對峙狀態。北方強權虎視眈眈，隨時都想消滅江南政權，一統中國。江南政權基本上都是倚仗長江天塹以自固。東漢獻帝建安十九年（214）秋七月，曹操伐吳，謀臣傅幹指出：「吳有長江之險，蜀有崇山之阻，難以威服，易以德懷。……今舉十萬之眾，頓之長江之濱，若賊負固深藏，則士馬不能逞其能，奇變無所用其權，則大威有屈而敵心未能服矣。」〔註81〕曹操未聽從，結果大軍無功而返。魏文帝黃初二年（224），大舉伐吳，吳人緣江守備。文帝嘆道：「魏雖有武騎千群，無所用之，未可圖也。」〔註82〕黃初六年（228），魏文帝再次

〔註79〕〔宋〕周應合，《景定建康志》（臺北，成文出版社，1983 年 3 月出版）卷 17〈山川志序〉，頁 915～916。

〔註80〕〔宋〕鄭樵，《通志》（北京，中華書局，1995 年 11 月出版），〈都邑略・都邑序〉，頁 561。

〔註81〕《三國志》卷 1〈魏書・武帝紀〉，注引《九州春秋》，頁 43～44。

〔註82〕《資治通鑑》卷 70〈魏紀二・文帝黃初五年〉，頁 2219。

伐吳，行至廣陵，面對波濤洶湧的長江，只能長嘆：「嗟呼！固天所以隔南北也！」〔註83〕結果罷兵而還。北魏陸叡也說過：「愚以長江浩蕩，彼之巨防，可以德招，難以力屈。」〔註84〕南朝人自己也認為：「長江天塹，古來限隔，虜軍豈能飛度？」〔註85〕因此，長江成了南方政權與北方對抗的天然屏障。此外，建康城另一條水脈則非秦淮河莫屬。根據《獻帝春秋》的記載：

> 劉備至京，謂孫權曰：「吳去此數百里，即有警急，赴救為難，將軍
> 無意屯京乎？」
> 權曰：「秣陵有小江百餘里，可以安大船，吾方理水軍，當移據之。」
> 備曰：「蕪湖近濡須，亦佳也。」
> 權曰：「吾欲圖徐州，宜近下也。」〔註86〕

從這段記載來看，似乎孫權之定都建業，其目的是為了便於水軍的操練，以便在適當的時機進攻徐州。對於這段史料的真實性和合理性，裴松之在為《三國志》作注時就曾表示過懷疑。〔註87〕然而，秣陵有「小江（按：指秦淮河）百餘里」既可提供交通輸上的便利，也是建康城的重要軍事屏障。

而建康城的都城選址，是否也含有風水的說法？檢索建康之地理環境，大體上符合風水格局。建康都城西北部和北部有護山——馬鞍山、四望山、盧龍山、幕府山、大壯觀山、直瀆山等；正北有主山——覆舟山、雞籠山；東有青龍——鍾山；西有白虎——石頭山；南有秦淮河水環繞，隔水近處有

---

〔註83〕 《三國志》卷47〈吳書‧吳主傳〉，注引《吳錄》，頁1132。

〔註84〕 《魏書》（臺北，鼎文書局，1990年7月出版）卷40〈陸俟傳附陸叡傳〉，頁912。

〔註85〕 《南史》（臺北：鼎文書局，1990年7月出版），卷77〈恩倖‧孔范傳〉，頁1942。

〔註86〕 《三國志》卷53〈吳書‧張紘傳〉，注引《獻帝春秋》，頁1246。

〔註87〕 裴松之認為：「臣松之以為秣陵之與蕪湖，道里所校無幾，於北侵利便，以有何異？而云欲窺徐州，貪秣陵近下，非其理也。諸書皆云劉備勸都秣陵，而此獨云權自欲都之，又為虛錯。」見《三國志》卷53〈吳書‧張紘傳〉，裴松之注。這裡可以看出，似乎裴松之已經發覺金陵之建都，可能內有隱情。程章燦教授將《三國志》、《吳錄》、《江表記》、《獻帝春秋》綜合分析，將「龍盤虎踞、金陵王氣」的說法，做了細膩的剖析。首先，他認為「金陵王氣」是出於三國孫吳建都金陵的現實的政治需要；其次，「龍盤虎踞」就是金陵王氣說的異變，也可以說是它的形象化、具體化；再者，諸葛亮可能並未實際到過江東，因此也就無考察石頭城的事實；第四，劉備即使到過江東，以三國鼎立局勢而論，劉備不可能自甘屈卑，以建都金陵之美好，而捧孫權歡心。因此「龍盤虎踞」故事的緣由，乃係出於東吳士族自吹自擂、為建立自信心的政治宣傳。參程章燦，《舊時燕——一座城市的傳奇》（南京，鳳凰出版社，2006年4月出版），頁5～25。

案山——石子岡（聚寶山），遠處有朝山——牛首山，而「龍穴」建康都城就
處在這一系列的山水環繞的中央（參圖 5-4：「金陵山水圖」）〔註88〕。南宋周
應合對於建康的風水有這樣的闡釋：

> 石頭在其西，三山在其西南，兩山可望而挹大江之水橫其前；秦淮
> 自東而來，出兩山之端而注于江，此蓋建鄴之門戶也。覆舟山之南、
> 聚寶山之北，中為寬平宏衍之區，包藏王氣，以容眾大，以宅壯麗，
> 此建鄴之堂奧也。自臨沂山以至三山，圍繞於其左；自直瀆山以至
> 石頭，泝江而上，屏蔽其右，此建鄴之城郭也。元武湖注其北，秦
> 淮水遶其南，青溪縈其東，大江環其西，此又建鄴之天然之池也。
> 形勢若此，帝王之宅宜哉！〔註89〕

有了這樣的自然條件，「是以王氣可乘而運動如意」〔註90〕。那麼建康是一個
「王氣」所聚集的風水寶地。關於建康的地理環境與王氣的關係，《景定建康
志》是這樣評價的：

> 疆域，帝王之所定也；山川、天地之所作也。金陵未邑、秣陵未縣、
> 建鄴未都之前，或言地有王氣，或言有天子氣，非山川融結，氣何
> 所指哉？〔註91〕

這裡明確地指出所謂的金陵王氣就是「山川形勝」。關於建康有王氣或有天子
氣的說法始於戰國時期。〔註92〕史稱：

> 金陵何為而名也？考之前史，楚威王時，以其地有王氣，埋金以鎮
> 之，故曰金陵。又曰：地接金檀，其山產金，故名。於是因山立號，
> 置金陵邑。〔註93〕

這裡將楚王埋金與金陵王氣互相附會，而且指出鎮住金陵王氣必須埋黃金於

---

〔註88〕 盧海鳴，《六朝都城》（南京，南京出版社，2004年4月出版），頁，27。
〔註89〕 《景定建康志》卷17〈山川志序〉，頁916。
〔註90〕 《景定建康志》卷17〈山川志序〉，頁916。
〔註91〕 《景定建康志》卷17〈山川志序〉，頁915。
〔註92〕 基本上，此處所稱的王氣、天子氣係指首都所在的山川形勝而言。不過，比
      較不同的是，建康的定都，被特別強調其山川形勝所包裝起來的王氣的說法。
      其實在建康被選定為首都以前，北方已經有長安、洛陽、臨淄、曲阜、安陽、
      邯鄲、新鄭等地被選定為統一或分裂時期的王都，不過，大都強調附近的山
      川險固、易守難攻，鮮少強調王氣之說辭。因此，建康定都的宣傳，與以往
      定都比較不同的是，特別強調王氣、天子氣的層面，這裡也可以看出風水學
      說滲透入都城選址決策的面向。
〔註93〕 《景定建康志》卷5〈建康圖辨附・辨金陵〉，頁48。

地下的手段，也掀開了金陵風水屢遭人爲破壞的命數。之後，秦始皇統一中國，對於當時民間盛傳的「東南有王氣」之說甚感不安。於是多次出巡東南地區，在東南地區展開一系列破壞「天子氣」的活動。〔註 94〕秦始皇一方面透過鑿斷地脈，使金陵的王氣受損；又改金陵爲秣陵，矮化其稱謂；另一方面藉著埋金地下，鎮住金陵的王氣，可謂處心積慮之極。

　　三國時期，這種有關於王氣、天子氣的說法在江東地區展開。早期孫吳的定都建業，就傳與風水有關。根據《三國志》的記載：

　　　（張）紘謂權曰：「秣陵，楚武王所置，名爲金陵。地勢岡阜連石頭，
　　　訪問故老，云昔秦始皇東巡會稽經此縣，望氣者云金陵地形有王者
　　　都邑之形，故掘斷連岡，改爲秣陵。金處所具存，地有其氣，天之
　　　所命，宜爲都邑。」權善其議，未能從也。後劉備之東，宿於秣陵，
　　　周觀地形，亦勸權都之。權曰：「智者意同。」遂都焉。〔註 95〕

之後，東晉元帝司馬睿選在建康定都稱帝，也被附會與風水有關。據史載：「吳亡後，蔣山上常有紫雲，數術者亦云，江東猶有帝王氣。又謠言曰：『五馬游渡江，一馬化爲龍。』」〔註 96〕之後，梁武帝於建康稱帝後，陸倕奉命作〈石闕銘〉云：「惟帝建國，正位辨方，周營洛涘，漢啓岐梁，居因業盛，文以化光。」〔註 97〕盛讚定都建康乃是風水所繫。而梁張纘亦在〈南征賦〉中寫道：「追晉氏之啓戎，覆中州之鼎祚。鞠三川於茂草，霑兩京於朝露。故黃旗紫蓋，運在震方；金陵之兆，允符闓祥。」〔註 98〕梁武帝的定都建

〔註94〕《史記》卷八〈高祖本紀〉記載：「秦始皇嘗曰：『東南有天子氣』，於是因東游以厭之。」首先，秦始皇於三十七年（前 210）東巡，自江乘渡江，望氣者云：「五百年後，金陵有天子氣」，始皇因此鑿鍾阜、斷金陵長隴以鎮王氣，並改金陵爲秣陵，參《建康實錄》卷 1〈吳上・太祖上〉，頁 5。又《宋書》卷 27〈符瑞志上〉亦有類似的記載：「初，秦始皇東巡，濟江。望氣者云：『五百年後，江東有天子氣出於吳，而金陵之地，有王者之勢。』於是秦始皇乃改金陵曰秣陵，鑿北山以絕其勢。」接著，秦始皇採取埋金以鎮王氣的手段，還立了一塊〈埋金碑〉，其文曰：「不在山前，不在山後，不在山南，不在山北，有人獲得，富了一國。」參《景定建康志》卷 5〈建康圖辨附・辨金陵〉，頁 48，及同書卷 17〈山川志〉，頁 915～916。

〔註95〕《三國志》卷 53〈吳書・張紘傳〉，注引《江表傳》，頁 1246。

〔註96〕《宋書》卷 27〈符瑞志上〉，頁 782。

〔註97〕陸倕，〈石闕銘〉，收入《全梁文》（石家莊，河北教育出版社，1997 年 10 月出版）卷 53，頁 526～527。

〔註98〕《梁書》（臺北，鼎文書局，1993 年 1 月出版）卷 34〈張緬傳附張纘傳〉，頁495。

康，可說是建康的鼎盛時期，然而，在侯景爲亂攻陷建康之後，建康時代也由盛轉衰。之後，湘東王蕭鐸進兵擊敗侯景，旋在江陵稱帝，改元承聖（552）。而梁元帝之中興蕭梁，定都江陵，也被傳與風水有關，且還預言了建康王氣的衰盡。次年（553），梁元帝下詔將還都建康，朝中掀起了反對的聲浪。〔註99〕此時，有一派重臣諸如領軍將軍胡僧祐、太府卿黃羅漢、吏部尙書宗懍等人諫道：

> 建業王氣已盡，與虜正隔一江，若有不虞，誨無及也！且古老相承云：「荊州洲數滿百，當出天子。」今枝江生洲，百數已滿，陛下飛龍，是其應也。〔註100〕

梁元帝令朝臣討論，黃門侍郎周弘正、尙書僕射王褒認爲：「今百姓未見輿駕入建康，謂是列國諸王；愿陛下從四海之望。」然而，時群臣多爲荊州人氏，皆曰：「弘正等東人也，志愿東下，恐非良計。」周弘正反駁曰：「東人勸東，謂非良計；西人欲西，豈成長策？」繼而，武昌太守朱實臣亦勸梁元帝返回江東：「建康舊都，山陵所在；荊鎭邊疆，非王者之宅。……臣家在荊州，豈不愿陛下居此。」經過朝臣江東派與荊州派的一番討論，梁元帝仍難定奪，最後的決定還是訴諸於「風水」。根據後來的記載，梁元帝最後命術士杜景豪占卜，結果是以不遷都爲宜。於是，「上以建康凋殘，江陵全盛，意亦安之，卒從僧祐等議。」〔註101〕經過梁元帝時期朝臣對於江東王氣已衰的預測，到了陳朝，這種說法更爲明顯。陳後主時，秘書監傅縡被佞臣誣陷入獄，於獄中上書，指責陳後主的過失「恐東南王氣，自斯而盡！」〔註102〕陳後主閱後，氣憤至極。嗣後，陳朝將亡，太府卿韋鼎賣田宅，大匠卿毛彪不解其故，問

---

〔註99〕 綜觀六朝三百餘年，一直存在著長江下游的揚州與長江中游的荊州，在各方面所呈顯的「荊揚之爭」的角力戰。此一問題，已有傅樂成教授提出此看法，參傅樂成，《漢唐史論集》（臺北：聯經出版公司，1991年12月出版），〈荊州與六朝政局〉，頁93～115。所以，不管是人才、學術、軍事、遷都、家族勢力等，都可見到代表揚州的集團與代表荊州的集團，在各方面的競爭。孫權的首都在荊、揚之間的徘徊游移，梁元帝的定都與移都，都可以看做是荊揚之爭的面向。

〔註100〕《資治通鑑》卷165〈梁紀21‧元帝承聖二年〉，頁5104～5105。

〔註101〕這一段有關梁元帝與朝臣議都的過程，在《南史》卷8〈梁本紀下〉、《周書》卷41〈王褒傳〉中，都有類似的記載。歸納梁元帝的選擇定都江陵、放棄遷都，原因之一是建康已在侯景亂後（551年）殘破殆盡；二者當時中興僚屬多爲楚人，不愿離開江陵故地；此外，江陵也是梁元帝登基前的根據地。

〔註102〕《陳書》（臺北，鼎文書局，1993年5月出版）卷30〈傅縡傳〉，頁406。

其根由。韋鼎對曰：「江東王氣，盡於此矣！吾與爾當葬長安。」〔註103〕似乎在冥冥之中也預測了建康的衰亡。

綜上所述，由於地理與風水的因素，使得建康能以其山川形勝及風水格局，在六朝城市中脫穎而出，成為南方政權定都的首選之地。之後，在南宋偏安江左擇定國都的過程當中，建康的地理形勢又被再度拿出來討論。南宋李綱，對於宋高宗趙構談及天下形勝時，曾分析：「天下形勝，關中為上，建康次之。宜以長安為西都，建康為東都，各命守臣葺城池，治宮室，積糧糧以備。臨幸則天下之勢安矣。」〔註104〕而另一位命臣張浚也向高宗建議：「東南形勢，莫重於建康，實為中興根本。」〔註105〕南宋史家周應合評價道：「龍盤虎踞，帝王之宅，襟江帶湖，形勝之區。自吳以來，英主經營四方，莫不以此為根本。」〔註106〕同時代的學者鄭樵則將建康與洛陽、長安看成是中國最具建都條件的城市。他說：

> 自成周以來，河南之都，惟長安與洛陽，或逾河而居鄴者，非長久計也。自漢、晉以來，江南之都，惟有建業，或據上流而居江陵、武昌者，亦非長久計也。是故，定都之君，為此三都是定；議都之臣，亦惟此三都是議。〔註107〕

因此，似乎當中國歷史上南北政權對峙時，此時以天然形勢居勝的建康，就是其可以與北方的長安、洛陽政權相抗衡的實力。而建康地勢既險且美，北依玄武湖、南有秦淮河、東屏鍾山、西有冶城和石頭城。而歷史上對於建康「鍾山龍蟠、石城虎踞」的讚嘆，也正符合了左青龍、右白虎的格局；六朝時期，建康都城的造山建樓、雕欄玉柱，又引玄武湖水入宮苑，使得一連串的天然山水與人工改造，更為加強了建康的定都，構築合理解釋的環境。因此，建康在整個選都過程的歷史，基本上就被蒙上了中國風水的「尋穴」與「龍脈」理論的色彩。

然而風水家認為，南京山水雖有龍虎之象，但從整個中國宏觀格局來說，頗有缺憾。首先，若以全國地勢鳥瞰，江蘇最為低凹（大部分地勢在海拔 50 公尺以下），蘇北徐州一帶稍高（海拔 100 公尺左右），至連雲港一線雖有丘

---

〔註103〕《資治通鑑》卷177〈隋紀一・文帝開皇九年〉，頁5520。
〔註104〕《景定建康志》卷1〈留都錄一・行宮記載〉，頁693～694。
〔註105〕《景定建康志》卷1〈留都錄一・行宮記載〉，頁694。
〔註106〕《景定建康志》卷5〈地理圖序〉，頁733。
〔註107〕《通志》卷41〈都邑略・都邑序〉，頁561。

陵分佈，但距離太遠又爲長江阻斷，因此不能成爲南京的護山，南京又處於三角洲的上方，則長江水口之氣，又不能回養金陵，亦即南京是處在「靠山不著、靠水又不著」之地。而且，南京的地理形勢也有其不足之處，南京地區的大格局爲山北水南、山西水東格局，是塊「陰地」，地勢亦屬南高北低、東高西地的陰地，因此風水家常稱之爲「王氣不足」。其次，南京附近有不少名山，卻都缺乏生動強勁的龍脈，蓋蘇北較高的丘陵，實爲山東丘陵向南延伸的殘丘。南京與鎮江間雖有寧鎮山脈，南京與西面皖省間雖有茅山丘陵，但都不成氣勢；且南京內外的山勢，秀拔而孤單，脈氣不能連貫。南京南臨秦淮河，秦淮河又向南做根狀散佈，在風水學上，水是財源的象徵，長江之財器，環繞南京西、北，迅速東流、轉入東面的水口，所以南京雖富甲東南，卻來得容易散去也快。〔註108〕

## 2. 人文因素——政治、經濟、社會條件

就建康定都的人文因素方面而言，包括了政治、經濟、社會和軍事的各種條件。以政治因素而言，建康成爲都城的過程，可以說也就是孫吳政權崛起的過程。從孫吳興起的軌跡來看，最初是以會稽爲根據地，拓地江東，曾經一度以吳爲治所；後來爲了取荊州，又徙鎮武昌；最後才將治所遷到秣陵。孫氏是江東地區不以文化見稱、而以軍功出名的次等士族，其代表人物孫權以江南爲根據地，拓展其勢力，得到三吳望族的支持；〔註109〕而日後襄助孫權建立帝業的多半是南遷的北方豪族。可見在孫吳政權當中，南北士人皆有。爲了使南北士族攜手合作，共同扶植新政權，孫權既要避免選擇三吳望族的

---

〔註108〕 王深法教授認爲南京的整體風水格局是塊「陰地」，因爲山勢南高北低、東高西低，且地處山北水南、山西水東。而風水家認爲南京的「王氣不足」，則造成了凡在南京立國的王朝多屬短命國祚，以歷代定都南京的朝代孫吳（52年）、東晉（104年）、劉宋（59年）、蕭齊（23年）、蕭梁（55年）、陳（32年）、南唐（39年）、明（59年）、太平天國（9年）來看，國祚大都不久，其原因有二：一爲「受鎮說」，係指楚威王在鍾山埋金人，破壞南京風水；二爲「受損說」，係指秦始皇東巡，鑿斷方山地脈，引秦淮水進城，沖損王氣。參王深法，《風水與人居環境》（北京，中國環境科學出版社，2003年4月出版），頁131～134。

〔註109〕《三國志》卷61〈吳書·陸凱傳〉云：「先帝外仗顧、陸、朱、張，內近胡綜、薛綜，是以庶績雍熙，邦內清肅。」（頁1406）；又《世說新語校箋》（臺北，文史哲出版社，1989年9月出版）卷中〈賞譽篇〉：「吳四姓舊目云：『張文，朱武，陸忠，顧厚。』」本條注引《吳錄士林》：「吳郡有顧、陸、朱、張爲四姓，三國之間，四姓盛焉。」（頁268）

聚居地吳作爲都城，同時又要考慮到迎合三吳望族的鄉土觀念，在這種情況之下，他決定忍痛放棄經營多年的上游都城武昌，而以從未被作過都城的建業爲都，以便可以團結各方的力量和平共處，與曹魏、蜀漢相抗衡。事實證明，孫權定都建業是明智之舉。

西晉滅吳後，建業被更名爲建鄴，並被貶降爲地方性的城市。然而，當東晉在江東建國，東晉的司馬氏政權與江東望族與北方士族，遂又選定建康爲新政權的首都。這一關鍵因素，史家陳寅恪曾有過討論：

> 按晉之皇室及中州避亂南來之士大夫，大抵爲曹魏末年擁戴司馬氏
> 集團的儒家大族的子孫，他們與顧榮等人雖屬於不同的邦土，然就
> 社會階級來說，實爲同一氣類。〔註110〕

正因爲南北士人屬於同一「氣類」，才使得他們能夠攜手輔助司馬氏建立的東晉政權，建康也因此得以繼續成爲都城。南朝時期，持續以建康爲都城，建康的國都地位已不可動搖，儘管三百年間，曾發生過一些小小的插曲，但最終仍是以建康爲都。

以經濟與社會層面而言，整個六朝境內以三吳地區（吳、吳興、會稽三郡）最爲富庶。六朝時期，人們常常將三吳地區視爲南方的經濟命脈，並與北方的關中與河東地區相提並論。晉元帝曾對會稽太守諸葛恢云：「今之會稽，昔之關中，足食足兵，在於良守。」〔註111〕劉宋范泰在上劉裕的表中稱：「今之吳、會，寧過二漢關、河。」〔註112〕梁代沈約也曾以經濟的角度，評價江南與荊州：

> 江南之爲國盛矣，⋯⋯地廣野豐，民勤本業，一歲或稔，則數郡忘
> 饑。會土帶海傍湖，良疇亦數十萬頃，膏腴土地，畝值一金，鄂、
> 杜之間，不能比也。荊城跨南楚之富，揚部有全吳之沃，魚鹽杞梓
> 之利，充牣八方，絲綿布帛之饒，覆衣天下。〔註113〕

六朝的軍國所需皆仰仗三吳及其鄰近地區的供應，故被視爲根本所在。〔註114〕

---

〔註110〕陳寅恪，〈東晉與江南士族之結合〉，收入萬繩楠編：《陳寅恪魏晉南北朝史演講錄》（中和，雲龍出版社，1995年2月出版），頁171。

〔註111〕《晉書》卷77〈諸葛恢傳〉，頁2042。

〔註112〕《宋書》卷60〈范泰傳〉，頁1619。

〔註113〕《宋書》卷54〈孔季恭等傳論〉，頁1540。

〔註114〕參周一良，《魏晉南北朝使札記》（北京，中華書局，1985年3月出版），「東晉南朝地理形勢與政治」條，頁78。

孫吳初年，建業與三吳地區之間，陸上隔著湯山和茅山，物資的運送必須經由長江，由於長江風浪較大，常常要冒船毀人亡的風險，交通甚爲不便。針對這種不利因素，孫權於赤烏八年（245）下令開鑿人工運河破崗瀆，直接溝通了建業與三吳之間的水路交通，使三吳地區的物資不需再經國長江而能直接運到建業，避免了因長江風浪造成的漕運損失，確保了都城建康的物資供給。破崗瀆由此成爲六朝建康與三吳地區水上交通的生命線。都城建康「蓋舟車便利，則無難阻之虞；田野沃饒，則有轉輸之藉。」〔註115〕經過孫權建設後的建業，成爲荊州軍事區和三吳經濟區的連接點，〔註116〕因而也就成爲南方地區建都最理想的地點。

圖 5-1：南朝都城建康總圖〔註117〕

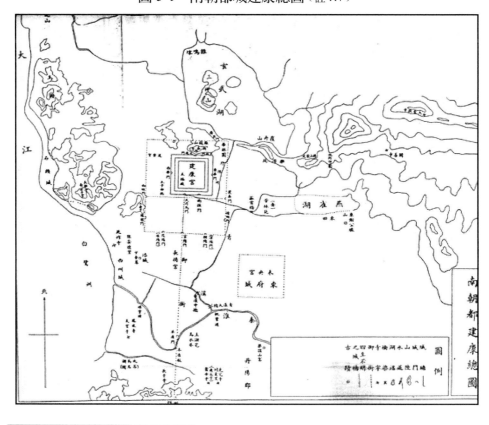

---

〔註115〕〔清〕顧祖禹，賀次君、施金和點校，《讀史方輿紀要》（北京，中華書局，2005 年 3 月出版）卷 20〈應天府〉，頁 921。

〔註116〕盧海鳴，《六朝都城》，頁 15。

〔註117〕根據朱偰，《金陵古蹟圖考》，收入《民國叢書》（上海，上海書店，1992 年12 月出版）第四編，頁 104。

圖 5-2：建康都城形勢圖〔註 118〕

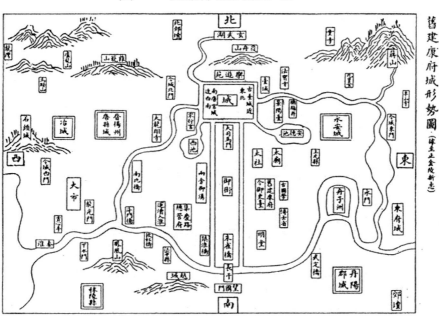

圖 5-3：龍盤虎踞圖〔註 119〕

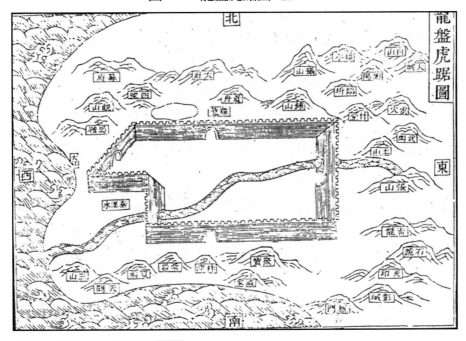

〔註 118〕根據朱偰，《金陵古蹟圖考》，收入《民國叢書》第四編，頁 105。

〔註 119〕根據《景定建康志》（臺北，成文出版社，1983 年 3 月出版），頁 734。

圖 5-4：金陵山水圖〔註 120〕

## 二、北方的都城選址與風水——以洛陽爲例

### （一）北方的都城選址

六朝初期，北方自東漢末年以來，戰事頻繁，特別是中原地區，人煙稀少，民生疲憊。三國時期，曹魏在北方立國，當時洛陽與鄴城、許昌、譙、長安並稱「五都」，實際上除了洛陽與鄴城較爲繁華以外，其他三者，多是出於政治因素而已。〔註 121〕西晉統一以後，洛陽在經濟上得到些許復甦。晉武帝基本上沿用漢魏時代的城池，並擴建了部分臺殿與宮城。西晉之棄長安而選擇定都洛陽，與當時的民族局勢有關。洛陽本處中原，漢魏以來，西北諸部族逐漸內徙，京兆（今陝西西安）、弘農（今河南靈寶）、平陽（今山西臨汾）、上黨（今山西潞城）、魏郡（今河北臨漳）諸郡皆已成爲各部族雜處之地。惟有洛陽，因位置較東，尚未遭外族染指，然其作爲首都，仍令西晉朝野憂心忡忡，〔註 122〕最後因爲西晉朝廷因循苟且、遂引發永嘉之亂。永嘉之

〔註 120〕根據〔明〕王圻，《三才圖會》（臺北，成文出版社，1974 年出版），頁 259。
〔註 121〕例如，許昌是因爲獻帝曾遷都於此；譙（今安徽亳州）是因爲曹魏皇室本籍所在；長安雖在東漢貴爲西京，但屢經戰亂，已有名無實。
〔註 122〕史念海對於西晉之定都洛陽，提出民族問題的觀點，參史念海《中國古都研究》，頁 25。

亂後，匈奴部族劉曜攻陷洛京，宮廟、官府、宅寺悉遭焚燬，經魏晉兩朝經營了近百年的都城，又化爲灰燼。此後北方混戰百年的歷史，社會經濟多遭到嚴重破壞，城市文明也多毀於戰火。

建立北方十六國的政權，多是從事游牧的少數民族，尚未脫離殘暴掠奪的破壞習性，政權的國祚也較爲短促，分析這段期間，幾個曾經被選爲都城者如下：

1. 長安：

長安曾爲前趙（318～329）、前秦（352～357）、西燕（384～394）、後秦（395～417）、夏（418～431）的都城。

2. 鄴城：

鄴城曾爲後趙（319～349）、冉魏（350～352）、前燕（357～370）的都城、

3. 滑臺（河南滑縣）：

滑臺曾爲南燕（400～410）的都城。

4. 龍城（遼寧朝陽）：

龍城曾爲前燕（337～357）、後燕（397～407）、北燕（409～436）的都城。

5. 統萬（陝西橫山）：

統萬曾爲夏（413～418）的都城。

6. 姑臧（甘肅武威）：

姑臧曾爲前涼（324～376）、後涼（386～403）、北涼（412～439）的都城。

自西元 304 年劉淵建國起，到魏滅北涼（439）止，凡經 136 年，這段期間交替混戰頻繁，對城市的破壞很大。十六國後期，魏滅北涼，成爲中國北方的強權，遂形成了南北朝的對峙局面。北魏以鮮卑人在山西北方的代國立國，初以盛樂（386～398）、平城（398～493）爲都城。孝文帝繼位後，認爲平城是用武之地，不是文治之所，爲在政治上加強統治，必須實行與漢族同化，故於 493 年自平城遷都洛陽（493～534）。孝文帝以後，北魏進入內亂時期，後分裂爲東、西魏。東魏以鄴城（534～577）爲都；西魏以長安（534～557）爲都。

### （二）洛陽的選址與定都

#### 1. 自然因素──地理、風水條件

洛陽又稱九朝古都，從周成王「南望三塗，北望岳鄙，顧詹有河，粵詹洛邑」開始，歷代君王將此方土地列為建都的首選區位之一，其風水形勝，明人李思聰在《堪輿雜錄》中曾經做了十分詳細地分析：

> 從嵩山而來，過峽石而北變作岡，龍入首後分一枝結北邙山，北於後山，雖不高，蜿蜒而長，頓起首陽山，遠映下首，至鞏縣而止於黃河之中。嵩山抽中幹起皇陵山，分出一枝至黑石關為水口，中擴為堂局，而四山緊拱，前峰秀峙，伊洛瀍澗匯於前，龍之又界水也。稠桑、弘農、好陽珠澗乃左界水，流入黃河，繞於北邙之後。洛河悠揚，至鞏縣而與黃河合一，大聚會也。〔註123〕

在風水家的眼中，洛陽能夠成為都邑，自有其風水上的意義。唐楊筠松曾對於洛陽的風水格局提出一套合理的說法：

> 洛邑之地，瀍水在東，澗水在西，界洛於中合襟出於大河，東北入海，周公相之，以為洛邑得瀍、澗之合而三叉明矣。來龍血脈本於華、嵩，瀍、澗二水出於其源，嵩、華起而祖宗明也。龍自華山左轉，為陽；水自嵩山右轉，為陰。陰陽相見而順逆明也。〔註124〕

洛陽、洛水、瀍水、澗水以及華山、嵩山都是自然地理景觀，三叉是指河水交匯之處，這裡具體指出瀍、澗兩水相交於洛水之處，三叉是察看來龍蹤跡的關鍵點，從洛、瀍、澗三叉可以看出的就是華、嵩兩山與三水之間的關係。風水家認為，兩山是洛陽地勢和水脈的起源。這裡，龍指山勢，陰陽指左行右行的態勢，所以稱「龍自華山左轉為陽，水自嵩山右轉為陰。」有了形勢的起源蹤跡就可以知道它的順逆，術家以陽龍左行為順，陰龍右行為逆，由此可知洛陽之地山勢來龍和水勢血脈的順逆狀態。經此詮釋，可知洛陽是地理家認為可以產生「生氣」的態勢，既然洛陽是「生氣所乘之地」，那自然就是吉地了。

歸納起來，這段評價有三個層次：第一是三叉，也就是所謂的「水流合襟」之處。水不合襟則居處內氣不能聚合，內氣不聚則不成為「穴」，而穴就

---

〔註123〕〔明〕李思聰，《堪輿雜錄》，收入《堪輿集成》（重慶，重慶出版社，1994年5月出版），第二冊，頁94。
〔註124〕〔唐〕楊筠松，《青囊奧旨》，收入《堪輿集成》，第一冊，頁346。

是居處，所以，瀍澗合流於洛邑是吉地之象。第二是辨起源。三叉是居處地理環境的現況，認三叉是實地考察的擇地方法，辨起源則是分析的結果。第三是分陰陽順逆。有了具體的環境形象，又有了來脈去勢，這就構成了形勢。形勢有陰陽之別，陰陽有得失配合，就來脈去勢而言，就是順逆關係，陰陽配合就有了氣。

其次，嚴格地說，洛陽不能算是三叉之地。就洛邑地理的實況而言，「水自嵩山右轉」則與地理情況不合。洛水與嵩山並無直接的源流關係，它們是因為地理術對於來龍去脈模式解釋上的需要才具有了源流的關係。再者，觀察洛瀍澗三水的關係，洛水是主流，瀍、澗二水是支流，瀍、洛相會於洛水下游；澗、洛交會於洛水上游。瀍、澗二水均在洛水北方，稱二水「界洛於中」，實際上是指它們之間的一段洛水而言。這段洛水與洛陽相鄰。所以，仔細推敲，洛陽似乎並不符合三叉之處的要件。

然而，若無「三叉合襟」的理論，風水術就斷然失去其法則上的依據。因此，這裡是先有「三叉合襟」之說，然後才有洛、瀍、澗這種特殊關係的論述。另一方面，以歷史事實分析，洛邑的建都，風水家是在這種事實基礎上再進行解釋的。假使三叉之說確有客觀必然性，那麼，伊、瀍、洛三水的相交處不是更符合術說，更具有典型性，洛邑不是更應該建立在那裡嗎？

事實上，洛邑的建立並非僅以地理術為依據。周公相洛乃因成王「欲宅洛邑」，而此係遵從王命。成王擇洛也非出於對洛、瀍、澗三河的關係的觀察認識，而是出於政治上的考量，也就是《尚書》所說的「乃欲求土中而營王城」。在土中之處營都可以使得四方朝貢道里相當，以便於掌控全國，因此，也符合「中央」這個概念。總之，洛邑自古被認為是土中之處，所以，成王有宅洛的意圖罷了。

接著，以自然環境史的觀點而論，洛陽附近周圍有山，山上的森林也因都城的建立和人口的增加而受到相當的破壞，早在西漢初期，漢景帝外戚竇少君曾在宜陽山中為人伐木燒炭，同伙共有百餘人之多。漢代的宜陽在今宜陽縣西洛河之北，距離洛陽不遠，洛陽既據宜陽不遠，又是當時的河南郡治所在，人口較多，木炭用量當更廣；宜陽郡都已成為燒炭的地方，則洛陽附近山區的森林當也未能倖免。甚而可以推測洛陽附近的森林已經存留不多，難與供應當地的需要，不得不遠求於鄰區宜陽山區。除了燒炭這種民生需求之外，洛陽城中的建築所需的材木，也是就近取伐於周圍山區的。洛陽在東

漢魏晉時期相繼被選為首都，未聞由遠地運輸材木，當仍是取之於附近山區的，自西晉末年永嘉之亂，洛陽荒殘以後，至於北魏孝文帝的遷都，其間相隔垂二百年，不能不說是相當長久，洛陽附近的山區林木理應得到一定程度的恢復，北魏以洛陽為都，雖是因襲魏晉舊居，實際上是另建新都，其規模的宏大，當時殆無能與之媲美者，可是建設都城所需的材木卻要遠取之於西河之地，也就是現在的呂梁山，不禁令人甚感訝異？筆者的推測是洛陽附近諸山森林雖經恢復，殆未能完全和以前一樣，仍難滿足於當時的需要。

### 2. 人文因素——政治、經濟、社會因素

洛陽位於黃河南岸的伊洛盆地，背靠邙山，南臨伊闕，東有虎牢關、西有函谷關。在北方，這是一個可以與長安相媲美的戰略要地。洛陽境內有四大河流，分別是伊水、洛水、瀍水、澗水。四水蜿蜒於洛陽盆地之間，流灌著此地的肥沃土地，使得洛陽成為適宜建都之地。六朝以前，曾在洛陽建都的有夏、商、東周、東漢、曹魏、西晉、北魏等朝代。洛陽歷史上的古都分佈，基本上是沿著洛河做「東西向」來回移動的方式。若以漢魏洛陽城為中心，那麼夏都二里頭、商都故址偃師位東，隋唐洛陽、東周王城居西。

洛陽最早的城址是周公營建的成周城，位於洛河北岸、澗水與瀍水之間，因為後來成為王都所在，故又稱為王城。洛陽恰好位於洛陽平原的西端，成為控制東西大道的咽喉。地理位置十分優越，被稱為「天下之中」，周平王東遷以後，洛陽就成為東周的首都。由於「東壓江淮，食湖海之利，西馳崤澠，據關河之勝」〔註125〕，迅速發展成為中國著名的大都市。

東漢之所以選擇洛陽建都，一方面是西漢的都城早已破壞，另一方面也與洛陽的地理條件優越有關。洛陽背靠邙山，面對伊闕，形勝甲於天下，是邙山、洛河之間的地形比較開闊的所在，能夠南臨河，北倚山而建城，故漢魏洛陽城就選址於此，而不在東周的城址建都。

漢魏洛陽城是成周城的郊區，稱為下都，位於今天洛陽市東 15 公里處，這座城原先是秦相呂不韋修建的，呂不韋被封為洛陽侯，即為此邑，西漢時宮殿仍在，劉邦曾經「置酒洛陽南宮」，東漢光武帝即位後，正式定都洛陽，後來曹魏、西晉、北魏等均建都於此。北魏是在漢、魏亡國，北方紛擾 150 多年之後，才問鼎中原，並選定洛陽為都。回顧北魏拓跋氏漢化的歷程，選

---

〔註125〕《讀史方輿紀要》卷48〈河南府〉，頁669。

擇遷都洛陽是一次重大的決定。〔註 126〕就北魏當時政治、軍事、經濟的情勢
分析，遷都洛陽與其說是看上洛陽的風水，倒不如說是受到洛陽文化的吸引。
〔註 127〕

　　北魏於太和十九年（495）由平城遷都洛陽，遷都原因除了平城糧荒嚴
重、經濟蕭條之因素以外，很重要的一點是為了入主中原、取得正統地位，
並鞏固統治黃河流域的廣大地區。因此北魏統治者對於洛陽的營建極為重
視，除了於太和十五年（491），命遣李道固、蔣少游出使南朝，密令蔣少游
圖觀建康宮殿形制，並詔徵穆亮、李沖、董爵等輩經始洛京。因此，北魏洛
陽參照建康、平城、姑臧諸城的形制，基本上已經改變了東漢、魏、晉對於
都城營建的舊制。〔註 128〕而洛陽北部屏障邙山，地勢高顯，有利於防衛，
亦是北魏將宮城置於此處的原因之一。〔註 129〕洛陽都城西北隅僅靠邙山，
地勢高亢，成為全城的制高點。一方面顯示出洛陽學習各方都城的成果，一
方面也充分反映了魏晉以來中原地區動亂的考量。

　　因此，以北魏之選定洛陽為都，乃是基於亟欲入主中原，甚至統治江南
的國家政策企圖，而欲南進中原，「定鼎洛陽」就成為一項極為重要的文化宣
傳。因此可以說，北魏之擇定洛陽為都，文化因素似乎比起風水因素要來得

---

〔註 126〕史念海教授認為，北魏之遷都，從盛樂到平城、從平城到洛陽，都是國家政
　　　　　治與經濟發展上，不可避免的局勢。北魏為鮮卑族所建立，盛樂在游牧地區，
　　　　　游牧民族建都於游牧地區，是開國時期的局勢；平城地處半農半牧地區，拓
　　　　　跋氏為了發展國力，往南向農業地區邁進，都城因之南移到平城，然國家仍
　　　　　不能遠離游牧經濟，此為王朝發展中期的首都選擇；北魏後期，企圖經略長
　　　　　淮以南地區，此時北魏社會亦朝向農耕轉化，黃河流域的基本地區，業已得
　　　　　到有效控制，因此，洛陽成為新新都城的首選之地。參中國古都學會編，《中國
　　　　　古都研究》（杭州，浙江人民出版社，1986 年 9 月出版）第二輯，史念海，〈前
　　　　　言〉，頁 16～17。
〔註 127〕陳寅恪認為洛陽傍伊、洛水道，孝文帝遷洛的原因，除漢化與南侵二大計畫
　　　　　外，經濟政策亦為其一。參陳寅恪，《隋唐制度淵源略論稿》（臺北，里仁書
　　　　　局，1994 年 8 月出版）頁 63。又唐長孺認為孝文帝遷都洛陽，主要的原因乃
　　　　　是因為代京的農業發展的侷限性，無法滿足日益增加的人口的糧食需求。參
　　　　　唐長孺，《魏晉南北朝使論叢續編》（臺北，帛書出版社，1985 年 7 月出版），
　　　　　〈拓跋族的漢化過程〉，頁 148～171。
〔註 128〕郭黎安，〈魏晉南北朝都城形制試探〉，收入《中國古都研究》第二輯，頁 52
　　　　　～55。
〔註 129〕曹爾琴，〈洛陽從漢魏至隋唐的變遷〉，收入《中國古都研究》第三輯，頁 218
　　　　　～222。

重要許多，這是與南方建康的定都在層面上比較不同之處。其次，洛陽之建都，也代表了北方向南方學習的過程，這種都城坊制的模仿與參考，使得洛陽成爲六朝晚期，集合南北都城建築各項優點之首都，也使得後來的隋唐宋元，掀起了另一波「建都」與「陪都」的歷史過程。

# 第三節　郭璞《葬書》與「大地」思想──理論與傳承

　　上一節討論六朝時期的都城選址，從南方建康的山川形勢與北方洛陽的定鼎中原，使得六朝時期的都城發展史，具有一定的歷史意義。以建康而言，在多次角逐南方的都城票選當中，建康皆以其「龍盤虎踞」之山川形勝，擊敗武昌的「塉确地形、陵居峻危」〔註130〕，棄守公安的「緣江爲壘、地迫勢窘」〔註131〕，擠掉位於荊州的「四郊無壘、四戰之地」的江陵，〔註132〕足見建康的選都決策，在六朝都城發展史當中，有其令人深信不疑的關鍵因素。東晉王導曾頗爲欣慰地向朝中皇室貴胄宣稱，定都建康乃天命所繫之「樂土」！而這種「王者之宅」的論點，就體現在建康山川形勢的風水觀點之上。自古都城選址注重都邑的脈絡形勢，亦即講究都城附近之山脈的來龍去脈，與附近水脈的運行險阻。建康自然條件的「山環水繞」，正體現出這種風水講求背倚靠山、前臨深水、東有屏障、西有護衛的層層保護。其次，建康也是一個「河水彎曲、龍氣聚會」之地。這有與風水上所認爲的「氣乘風則散，界水則止」的說法，互通聲氣。水能聚氣，江環水抱更能聚王氣，因此建康的山環水抱，正印證了六朝都城選址的精粹要點。

　　其次，以洛陽的地理分析，洛陽附近有嵩山、華山等連綿的高山形勝，又有洛、瀍、澗諸水的交匯，可見以形勢而言，洛陽爲象徵雄偉的山龍之「陽氣」與滔滔不絕的水龍之「陰氣」的交融之地。經此詮釋，可知洛陽亦是六朝風水理論所認同的「乘生氣之地」，洛陽既爲聚氣之宅，自然是北方定都的首選之地。而洛陽的山脈，自西而來，至洛陽融結，也代表了山龍之祖脈源遠流長，這也隱約地暗示了洛陽做爲國都，可以保證王朝國祚之恆久。另一方面，洛陽與建康的定都，在地位上不同的是，洛陽的地理位置符合了《尚

〔註130〕《三國志》卷61〈吳書‧陸凱傳〉，頁1401。
〔註131〕《通典》卷182〈州郡典12〉，頁2525。
〔註132〕《歷代宅經記》卷13〈建康〉，頁202。

書》所要求的「居地中而營王城」的特點。因此，地處國之中央位置，四方朝拱拜衛，也構成了洛陽定都的「王者之宅」的論點。

六朝風水發展史上，最爲重要的關鍵在於《葬書》理論的形成，本節將從都城選址轉到葬地的選址，以檢視六朝時期，《葬書》之於葬術理論的發展之關係。

## 一、郭璞與《葬書》

### （一）郭璞其人

有關於郭璞的史料，主要集中在《晉書·郭璞傳》；還有部分史料則散見於六朝時期的筆記小說。現從郭璞的家世、術業、著作三個方面來探討郭璞個人的歷史。

#### 1. 郭璞的家世

根據《晉書·郭璞傳》可以大略描繪出郭璞的家世，「郭璞字景純，河東聞喜人也。父瑗，尚書都令史。時尚書杜預有所增損，瑗多駁正之，以公方著稱，終於建平太守。……子驁，官至臨賀太守。」〔註133〕這段史料對於郭璞家世的記載顯得頗爲簡略，其父郭瑗、子郭驁，正史並無立傳，爲可知郭璞出自名門；且從史料中可以推測其父性方正不阿，這對於郭璞是有一定影響的。

#### 2. 郭璞的術業

根據《晉書·郭璞傳》的記載，可知郭璞術業的養成得自於郭公，並與從中學習《青囊中書》之術有關：

> 璞好經術，博學有高才，而訥於言論，詞賦爲中興之冠。好古文奇字，妙於陰陽算曆。有郭公者，客居河東，精於卜筮，璞從之受業。公以《青囊中書》九卷與之，由是遂洞五行、天文、卜筮之術，攘災轉禍，通致無方，雖京房、管輅不能過也。璞門人趙載嘗竊《青囊書》，未及讀，而爲火所焚。〔註134〕

既然郭璞成爲占術名家與他學習了《青囊中書》中的術法有關，那麼推測《青囊中書》就是屬於魏晉時代地理術的經典了，可見一方面魏晉時代的葬術或

---

〔註133〕《晉書》（臺北，鼎文書局，1995 年 6 月出版）卷 72〈郭璞傳〉，頁 1899～1910。
〔註134〕《晉書》卷 72〈郭璞傳〉，頁 1899～1910。

地理術已經趨於成熟，另一方面也已經有專門的術數經典問世。而這位所謂的郭公（郭璞的老師），自然也是一位精通術數葬法的專家。《青囊中書》據史料的記載，後來被郭璞的學生所竊，不幸被焚燬。在魏晉時期，葬術或地理術中流傳且影響較大的還有「青烏」這個術派。根據《世說新語‧術解》記載：「青烏子《相冢書》曰：『葬龍之角，暴富貴，後當滅門。』」〔註135〕這是最早記載《相冢書》的史料；北周庾信〈周柱國大將軍紇干弘神道碑〉曰：「《青烏》甲乙之占，《白馬》星辰之變」〔註136〕，這說明了，至少在魏晉南北朝時代，青烏術已經頗為流行，並且確實有《相冢書》的存在。《相冢書》的占法與郭璞的十分接近。無怪乎《四庫全書‧總目提要》指出：「考青烏子名，見《晉書‧郭璞傳》。」而郭璞所用的占法與《相冢書》的占法，乃至於管輅所用的占法有著密切的傳承關係，這種占法可以說正代表了魏晉南北朝時期的葬術特點。依據現存史料，綜合分析郭璞的術業，包括了預知國勢〔註137〕、預測吉凶〔註138〕、預知死亡〔註139〕、王朝受命〔註140〕、救

---

〔註135〕徐震堮，《世說新語校箋》（臺北，文史哲出版社，1989年9月出版）〈術解二十〉，頁382。

〔註136〕〔北周〕庾信，許逸民校點，《庾子山集注》（北京，中華書局，2000年3月出版）卷14〈周柱國大將軍紇干弘神道碑〉，冊3，頁844。

〔註137〕根據〈本傳〉：「惠懷之際，河東先擾。（郭）璞筮之，投策而嘆曰：『嗟乎！黔黎將湮於異類，桑梓其翦為龍荒乎！』於是潛結姻昵及交遊數十家，欲避地東南。……行至廬江，……時江淮清宴，（胡）孟康安之，無心南渡。（郭）璞為占曰：『敗』。康不之信。璞將促裝去之，……後數旬而廬江陷。」，頁1899～1900。

〔註138〕根據〈本傳〉：「王導嘗令作卦，（郭）璞曰：『公有震厄，可命駕西出數十里，得一柏樹，截斷如身長，置常寢處，災當可消矣。』導從其言。數日果震，柏樹粉碎。」，頁1901。

〔註139〕根據〈本傳〉：「初，（郭）璞每言『殺我者山宗』，至是果有姓崇者構璞於敦。（王）敦將舉兵，又使璞筮。璞曰：『無成。』……（王）敦怒，收璞，詣南岡斬之。璞臨出，謂行刑者欲何之。曰：『南岡頭。』璞曰：『必在雙柏樹下。』既至，果然。復云：『此樹應有大鵲巢。』眾索之不得。璞更令尋覓，果於枝間得一大鵲巢，密葉蔽之。初，璞中興初行經越城，間遇一人，呼其姓名，因以裤褶遺之。其人辭不受，璞曰：『但取，後自當知。』其人遂受而去。至是，果此人行刑。」，頁1909～1910。

〔註140〕根據〈本傳〉：「時元帝初鎮建鄴，導令璞筮之，遇咸之井，璞曰：『東北郡縣有「武」名者，當出鐸，以著受命之符。西南郡縣有「陽」名者，井當沸。』其後晉陵武進縣人於田中得銅鐸五枚，歷陽縣中井沸，經日乃止。」，頁1901。

活死馬〔註141〕、巧施法術〔註142〕、筮占測病〔註143〕、占卜擇地〔註144〕、卜立郊壇。〔註145〕由所見史料，分析郭璞的術業，大致上可分爲三個面向——第一種跟預測事件有關，可視爲郭璞「預測術」的能力，像是上述的預知國勢、預測吉凶、預知死亡等均與預測術有關；其次，救活死馬、巧施法術、筮占測病三項，都跟占卦有關，可視爲郭璞「筮法術」的能力；而占卜擇地與卜立東晉南郊壇二條史料，提到占卜擇地的事蹟，明顯和「風水術」相關。

其中，占卜擇地一條，提到葬法與龍角的問題，在此略加以說明。「龍」的含意很廣，在術數方位占斷中，山脈也稱爲龍，「龍角」按《漢書·天文志》有：「杓攜龍角」，孟康注曰：「龍角，東方宿也。」葬龍角即指在東方建玟冢，這與四象擇葬的原理是一樣的，與天子之象有關，普通人用了龍角

〔註141〕根據〈本傳〉：「將軍趙固，所乘良馬死，固惜之，不接賓客。璞至，門吏不爲通。璞曰：『吾能活馬。』吏驚入白固。固趨出，曰：『君能活吾馬乎？』璞曰：『得健夫二三十人，皆持長竿，東行三十里，有丘林社廟者，便以竿打拍，當得一物，宜集持歸。得此，馬活矣。』固如其言，果一物似猴，持歸。此物見死馬，便噓吸其鼻。頃之馬起，奮迅嘶鳴，食如常，不復見向物。」頁1899～1900。

〔註142〕根據〈本傳〉：「（郭）璞乃取小豆三斗，繞主人宅散之。主人晨見赤衣人數千圍其家，就視則滅，甚惡之，請璞爲卦。……璞復爲符投於井中，數千赤衣人皆反縛，一一自投於井，主人大悅。」頁1900。

〔註143〕根據《搜神記》的記載：「揚州別駕顧球姊，生十年便病。至年五十餘，令郭璞筮。得『大過』『升』。其辭曰：『大過卦者義不嘉，冢木枯楊無英華。振動遊魂見龍車，身被重累嬰妖邪。法由斬祀殺靈蛇，非己之咎先人瑕。案卦論之可奈何。』球乃迹訪其家事，先世曾伐大樹，得大蛇殺之，女便病。病後，有群鳥數千，迴翔屋上。人皆怪之，不知何故。」參〔晉〕干寶，《搜神記》，收入（臺北，木鐸《搜神記·搜神後記》，1985年7月出版），頁37～38。

〔註144〕根據〈本傳〉：「璞以母憂去職，卜葬地於暨陽，去水百步許。人以近水爲言，璞曰：『當即爲陸矣。』其後沙漲，去墓數十里皆爲桑田。」頁1908；又如〈本傳〉：「璞嘗爲人葬，帝微服往觀之，因問主人何以葬龍角，此法當滅族。主人曰：『郭璞云此葬龍耳，不出三年當致天子也。』帝曰：『出天子邪？』答曰：『能致天子問耳？』帝甚異之。」頁1909；又如《南史》的記載：「（張）裕曾祖澄當葬父，郭璞爲占墓地，曰：『葬某處，年過百歲，位至三司，而子孫不蕃。某處年幾減半，位裁卿校，而累世貴顯。』澄乃葬其劣處。爲光祿，年六十四而亡，其子孫遂昌云。」參《南史》（臺北，鼎文書局，1980年3月出版）卷31〈張裕傳〉，頁804。

〔註145〕根據〈本傳〉：「在宮城南十五里，郭璞占立之。……後復作〈南郊賦〉，帝見而嘉之，以爲著作佐郎。」頁1901。

就是犯上，法當滅族。又「法當滅族」一語，其實早在三國時期，管輅也曾講過類似的話，而且與葬法有關。《三國志·魏志·管輅傳》記載了管輅對於葬地選擇的看法：

> 林木雖茂，無形可久；碑誄雖美，無後可守。玄武藏頭，蒼龍無足，
>
> 白虎銜尸，朱雀悲哭，四危以備，法當滅族。〔註146〕

這裡管輅指出他對於墓地環境的評斷原則——蒼龍、白虎、玄武、朱雀之類的四象，表示了四方，四正方位的地形是占斷墓地的依據，四方地形要符合原則才算是吉地，四象有神獸，神獸有形象，四方地形於是與四神獸形象對應而相驗。北方玄武無頭、東方蒼龍無足、西方白虎銜屍、南方朱雀悲哭，這些都是凶相，所以稱為「四危」。後世風水術有「凡宅左有流水謂之青龍，右有長道謂之白虎，前有污池謂之朱雀，後有丘陵謂之元武，最為貴地。」〔註147〕因此按照管輅的說法，可以推論「玄武藏頭」指北方沒有高丘；「蒼龍無足」指東方沒有流水；「白虎銜屍」指西方沒有長道；「朱雀悲哭」指南方沒有水池，魏晉時期管輅與郭璞所謂的「法當滅族」，推斷即是這種墓地環境的相地術。

從以上郭璞的術業可知，縱的方面，他不僅精通術數，並且通讀了儒家經典，博學強記，且不泥於古人，能啟發自己的新見，《晉書》記載他曾注《爾雅》、《三蒼》、《方言》、《山海經》、《楚辭》、《穆天子傳》等書；從橫的方面來看，他又善於蒐集各種占筮之事，曾將所聞筮驗的六十多件事彙編成《洞林》一書，作為占筮參考書籍，顯然他是一個集合儒、道、術為一身的人物。

### 3. 郭璞的著作

根據《晉書·郭璞傳》的記載，可以看出郭璞種類相當豐富且多樣，堪稱是著作等身。由這些著作當中，可以看出六朝時期流行的方術之學，包括了天文、曆算、卜筮、堪輿、地理、音律、圖譜、預測等，除此之外，更可以看出郭璞非僅精於方術，對於文學與訓詁似乎也頗有研究。《晉書》記錄了郭璞的著作如下：

> （郭）璞撰前後筮驗六十餘事，名為《洞林》。又抄京、費諸家要
>
> 最，更撰《新林》十篇、《卜韻》一篇。注釋《爾雅》，別為《音義》、

---

〔註146〕《三國志》（臺北，宏業書局，1993 年 8 月出版）卷 29〈管輅傳〉，頁 825。
〔註147〕《陽宅十書》〈論宅外形第一〉，收入《堪輿集成·冊二》，頁 191。

《圖譜》。又注《三蒼》、《方言》、《穆天子傳》、《山海經》及《楚辭》、〈子虛〉、〈上林賦〉數十萬言，皆傳於世。所作詩賦誄頌亦數萬言。〔註148〕

由這幾段史料歸納分析，吾人可以將郭璞的歷史形象論述如下：

第一、郭璞，博學多才，好經術、擅辭賦，精通天文、曆算、卜筮、堪輿之術。

《太平廣記》曾描述他：「周識博物，有出世之道鑒。天文地理，龜書龍圖，爻象讖緯，安墓卜宅，莫不窮微，善測人鬼之情況。」〔註149〕

第二、郭璞的著作有《青囊經》、《葬書》、《爾雅注》、〈江賦〉等數十巨著。除了術數上的貢獻，郭璞在博物學、生物學方面的理解更具有獨到的看法，且多以「氣」作為論斷的認識〔註150〕；此外，他在文學上的表現，被譽為「中興第一」，詞賦號稱「中興之冠」〔註151〕。郭璞博聞強學，並注釋了許多經典，不泥於古人，敢闡發新見，說明了他的知識豐富。

第三、他善於總結經驗，他將生前將筮驗的六十多件事情彙編成《洞林》一書，作為占筮的借鑒。

第四、他和道教的淵源方面，其「遊仙詩」中將道教思想表露無疑。在山川水文方面他也是一個專家，曾注寫《山海經》，至今仍被地理學家視為寶典。在中國文化史上，郭璞的確是一位不可忽視的重要人物，可以說是一位詩人兼辭賦家、語言學家兼神話家，術士兼易學家，可惜那些所謂正統衛道人士常把他歸入方士之流，鄙視其他方面的成就，這其實是頗不公平的。

---

〔註148〕《晉書》卷72，〈郭璞傳〉，頁1910。
〔註149〕〔宋〕李昉等，《太平廣記》（臺北，文史哲出版社，1987年5月出版），〈神仙13・郭璞〉，頁94。
〔註150〕郭璞曾注釋《水經》、《爾雅》與《山海經》，然均不傳。今從後代類書的引文當中，可略窺其對於萬物的看法。例如，他在《爾雅圖贊》中指出比翼鳥為「雖云一質，氣同體隔」；稱蚌為「與月盈虧，協氣晦望」。在《山海經圖贊》中指出桂樹乃「氣王百藥，森然雲挺」；說水玉是「吐納六氣，升降九天」；稱孟槐樹是「氣之相勝，莫見其迹」；說磁石乃「氣有潛通，數亦冥會，物之相感，出乎意外」；又說蜚乃是「稟氣自然，體此殃淫」。由此，似乎可以知道郭璞對於萬物由氣轉育化生的看法。參《全上古三代秦漢三國六朝文》（石家莊，河北教育出版社，1997年10月出版）冊5，郭璞《爾雅圖贊》、《山海經圖贊》，頁1236、1240、1243、1244、1251、1256。
〔註151〕《晉書》卷72，〈郭璞傳〉，頁1899。

## （二）《葬書》其書

有關《葬書》，最權威的介紹要算《四庫全書總目提要》，清代官方史家群的考證如下：

> 《葬書》一卷，舊本題晉郭璞撰。璞撰有《爾雅注》已著錄。葬地之說，莫知其所自來。……考璞本傳，載璞從河東郭公受《青囊中書》九卷，遂洞天文、五行、卜筮之術。璞門人趙載嘗竊《青囊書》，為火所焚，不言其嘗著《葬書》。〈唐志〉有《葬書地脈經》一卷、《葬書五陰》，又不言為璞所作。惟〈宋志〉載有璞《葬書》一卷，是其書自宋始出，其後方技之家競相粉飾，遂有二十篇之多。蔡元定病其蕪雜，為刪去十二篇，存其八篇。吳澄又病蔡氏未盡蘊奧，擇至純者為內篇，精純駁相半者為外篇，駁當去而姑存者為雜篇。……今此本所分內篇、外篇、雜篇，蓋猶吳氏之舊本。……擇地以葬，其術本於晉郭璞，所著《葬書》二十篇，多後人增以謬妄之說。蔡元定嘗去其十二而存其八。……是後世言地學者皆以璞為鼻祖。故書雖依託，終不得而廢歟。據〈宋志〉本名《葬書》，後來術家尊其說者，改名《葬經》。

可見《四庫全書》並不認為《葬書》出自郭璞之手，其真實的作者可能是宋代某個精通風水的術士。然而此書的成書年代，大約起自佛教盛行的魏晉南北朝時期，但至遲不晚於宋季。現今可見的《葬書》是經過元代的吳澄刪編的。吳澄所持刪訂的《葬書》原本究竟是何時代的作品，〈四庫提要〉並未說明。考《晉書・郭璞傳》並未提到郭著《葬書》，然該書至宋代始出。宋以前取名為《葬經》或《葬書》的術書很多，從流傳史的角度而言，《宋史》中的郭璞《葬書》可能保存有郭璞的文字與思想。羅雋、何曉昕認為，《漢書・藝文志》中的形法家始以《宮宅地形》與相人、相物之書並列，則風水術自漢始萌，但是在漢代尚未專言葬法。《後漢書・袁安傳》記載袁安父歿，訪求葬地，道逢三書生的經過，文中指出選擇葬地可使後代子孫累世顯貴。因此，擇地術盛於東漢以後。〈兩唐志〉雖有《葬書地脈經》1卷、《葬書五陰》1卷，均不言為郭璞所作；而〈宋志〉載有郭璞《葬書》1卷，因此，郭璞《葬書》自宋始出。

又從《葬書》所記述的觀測方位之法「土圭測其方位，玉尺度其遐邇」來看，其採用的仍然是「土圭法」，這說明了《葬書》成書於羅盤的發明和使

用之前，目前可以斷定羅盤至少出現於唐末大約西元 800～900 年間，因此，《葬書》的成書年代可縮小至 800 年之前的唐代。〔註152〕

　　不過，依拙見，〈兩唐志〉所列之書目《葬書地脈經》與《葬書五陰》似應與晉代的郭璞《葬書》存有連帶關係。一者，《葬書地脈經》與《葬書五陰》均掛名「葬書」二字，可見其中的術法師承關係；二者，若是推論《葬書》晚出，且至宋始出，則《葬書》似乎也可以另用其他大師之名，例如以楊筠松輩爲書名，非一定得與郭璞連上線不可；三者，以「土圭法」爲風水的操作手段，乃係歷代風水家的習用技術，自有其方便與可信的基礎，一種科學思想的產生，非得由操作工具所左右。因此，按照宋濂的說法，吳澄是擇該書中的「至純者」爲內篇的，所謂的「至純者」就是吳澄認爲是古本《葬書》的原文。現存的〈內篇〉中多處有「《經》曰」字樣，這些「《經》曰」很可能就是吳澄節錄的古本《葬書》的早期經典。

　　推及《葬書》的形成，有著逐步的歷史推演。〔註153〕上溯漢代，漢代流行的納音五行基本上是「數」的推衍，本未涉及於「形」，只能算是初期的風水形式。到了魏晉流朝六朝，南方的地理環境與山水形勢，把「乘生氣」的觀念具體化。東晉以後，創生了大批以描摹自然、歌頌隱逸的山水文學，還產生了像展子虔《游春圖》這種專以描繪山水的山水畫。作爲一種兼有山水藝術氣質，同時又切入世俗生活，爲眾生尋找永久歸宿地的「山水學」，也在此時獲得了長足的發展。所以今傳之《葬書》是否全爲郭璞所著其實不甚重要，此種基於山水形勢的觀念與繪畫、文學上的觀念可以相通、可以互相參

〔註152〕參羅雋、何曉昕，《風水史》（臺北，華成圖書公司，2004 年 12 月出版），頁110～117。

〔註153〕陳師啓雲曾以《老子》爲例，指出中國古代經典文本與學術思想傳承之間的關係。陳師認爲，從現代學術立場上看，自胡適以後，關於老子的考證，優點是把老子其人和《老子》其書分別對待，缺點則是未能把老子思想的出現和文字寫定的時代分別對待。關於老子晚出的考證，大多只能證明《老子》的文字及定本晚出，並不能證實老子的思想晚出。遠古思想很多先靠口語流傳，後來才寫成文字，越是遠古的思想，靠口語流傳的時間愈長，因此距離文字寫定的時差也愈長。參陳師啓雲，〈先秦諸子的思想與門派：歷史研究與經點詮釋〉，《中國經典詮釋傳統》發言稿。陳師又指出，其實一種思想的源起、發展，和它寫成文字及記載在留傳下來的文獻之間，可能有很長的時差（lag-time）。又以神話爲例，由三國時徐整記述「盤古」，到蕭梁時任昉記述「盤古」，中間經過了幾百年，再到現存的唐代《藝文類聚》，宋代的《太平御覽》收錄這些文字，又是幾百年以後。參陳師啓雲，〈中華古代神話的「轉軸」理念和心態〉，《中國古代思想文化的歷史論析》（北京，北京大學出版社，2001 年 2 月出版），頁 52。

照，引為證驗。這才是《葬書》的歷史意義所在。〔註154〕

　　吾人似可把六朝定位為《葬書》的時代——《葬書》正式確定了風水的哲學基礎，為風水下了定義，為後代的風水術下了基本的價值觀念。〔註155〕《葬書》建立了哲學與形相之間的關係——「葬者，乘生氣也」，可說是風水的理論基礎。而風水的定義則為「氣乘風則散，界水則止，故謂之風水。風水之法，得水為上，藏風次之。」這段話的重要性，就是把很抽象的「生氣」的觀念，落實到可以觀察，可以捉摸的「風」與「水」，而好的乘生氣的方法就是「藏風、得水」。風與水都是自然界的事物，要藏風、得水就要有良好的山川形勢與地理環境。

　　有了這樣生動的觀念去觀察自然，就感覺天地間有一股不可遏止的生氣，潛藏在大自然間，這股生氣，凝而為點，風水家稱之為「穴」。穴是不容易覓得的，因為大自然用盡辦法維護它的生命的根泉，而風水家所致力的，就是要找到生氣蓬勃的龍脈，然後在層層的保護之下，找到這穴。穴被視為胎息，把「地」與「人」連結在一起，把地靈人傑的觀念反映了傳統天人合一的思想。事實上，尋穴的原則，就是觀察有生氣的山川形勢的準則。這一原則說明了這胎息所在生氣之緣，所以必須衛護的道理。要藏風、要得水，藏即避風，以免把生氣吹散，得水即聚水，因生氣遇水即止，在龍脈騰躍迴轉，流水蜿蜒的大自然中，找到藏風聚氣之處，就是生氣之穴的所在。這樣的所在，大約是在山脈近乎末梢，枝角廣布的地區。風就是空氣的流動，水就是河川、溪流。藏風止水，對風而言，是指不會暴露在勁風激流之下，因而形成一種平靜、溫和的生存環境；對水而言，是指不傾流直瀉，因而形成一蜿蜒而滋養的生存環境；所以《葬書》上說形止蓄、化生萬物。〔註156〕自地理形勢上看，山脊之存在乃由排水之谷所襯托，水流之存在，乃因山脊所界定。所以龍脈盤旋之處，亦即水流蜿蜒之地。〔註157〕理想的福地就是到了

〔註154〕漢寶德，《風水與環境》（臺北，聯經出版公司，1998 年 12 月出版），〈風水的古與今〉，頁 29～56。
〔註155〕參漢寶德，《風水與環境》一書對於《葬書》的幾點看法。綜觀此書，其主軸在標明了《葬書》的時代特性與其在整個中國風水發展史上的地位。作者認為關於《葬書》的作者是否確定為郭璞並不重要，關鍵的是葬書中所標示的思想，卻為六朝的時代產物，所以說六朝為葬書的時代。《葬書》正式確定了風水的哲學基礎，為風水下了定義，為後世的風水術下了基本的價值觀念。
〔註156〕漢寶德，《風水與環境》，頁 58～61。
〔註157〕此處所謂「水」者，不一定是有形的河流，而是指雨水時的水流，即今日所說的排水線。界水則止的觀念是很有道理的，山勢停住的原因正是排水線繞

山脈的末梢，地勢平緩、山嶺犬牙交錯、山谷排水道曲折、水流速度大減，經久而逐漸淤為盆地的地方。〔註158〕

## 二、《葬書》的內容

考察《葬書》的內容，全文不足 2000 字，言簡意賅，不似一般俗鄙術士所作，為其作為風水理論的經典和基石是當之無愧的。現分別依〈內篇〉、〈外篇〉、〈雜篇〉將《葬書》的主要內容論述如下：

### （一）內　篇

從《葬書》的第一句話「葬者，乘生氣也」開始，一直到「十一不具，是謂其次」，是〈內篇〉的範圍。文中多次提到「《經》曰」一語，似為《葬書》引用另一部經典的引文。現將這些文字整理如下：

《經》曰：「氣感而應，鬼福及人。」

《經》曰：「氣乘風則散，界水則止。」

《經》曰：「外氣橫行，內氣止生。」

《經》曰：「淺深得乘，風水自成。」

《經》曰：「土形氣行，物因以生。」

《經》曰：「形止氣蓄，化生萬物。」

《經》曰：「地有吉氣，土隨而起；支有止氣，水隨而比。」

《經》曰：「葬山之法，若呼吸中。」

《經》曰：「童、斷、石、過、獨，生新凶而消已福。」

從這幾段文字來看，〈內篇〉占斷的法則明顯地是屬於「形法」的體系。早在漢代，班固《漢書》中所說的「以求其生氣貴賤吉凶」是這種占法的宗旨。「氣」是一個抽象的概念，形法就用這個概念來表述和評價「形」，不同的形有不同的氣，《易‧乾》中的說：「同聲相應，同氣相求」，形法講究生氣感應，更講究氣與形的感應。〈內篇〉主要講形法相地理論，具體地說，也就是講「形」與「氣」的關係。〔註159〕所以似乎可以這麼看，在「《經》曰」部分的文字，不涉及葬的內容，只有「《經》曰」之外的文字才涉及葬的內

過，有了這樣的正確的概念，風水家們在一片平原中仍然可以看出龍脈的所在，而不須要現代測量的儀器，凡是水繞過的地方，必然是隆起之點。

〔註158〕漢寶德，《風水與環境》，頁66～67。

〔註159〕〈內篇〉當中提到的9句《經曰》文字，除了最後兩句未提及形與氣的關係，前面的內容幾乎都環繞著形與氣的關係而展開。

容。這種行文的格式似乎說明了古本《葬書》的作者是引用了某部形法術書的話來表述其葬術原理。所以推測，元代吳澄校注的「至純者」其實就是純粹的形法術數。

〈內篇〉後半部分當中提到葬埋內容，各種可葬與不可葬的地形都是以「氣」與「形」來判斷的。例如，五種不可葬之山地——童山光禿貧瘠，無法生起陰陽調和之氣；斷山山脈鑿斷，氣不接續，生氣絕隔；氣因土行，可是石山山勢嶙峋，有骨無肉，石乾而堅，氣無水不附；氣隨勢止，過山山勢奔流而逝，氣無凝止；最後，氣需龍脈融會，獨山孤挺突兀，無兄無弟，故不可葬也。﹝註160﹞可以說，〈內篇〉的後半部分是前半部份的原理的具體運用。

### （二）外 篇

〈外篇〉則較為詳細地論述了各種不同地形的宜忌規則，從「夫重岡疊阜，群壟眾支，當擇其特」開始，到「山囚水流，虜王滅侯」為止，是為〈外篇〉的部分。其中引「《經》曰」的內容有四條：﹝註161﹞

《經》曰：「勢止形昂，前澗後岡，龍首之藏。」

《經》曰：「不蓄之穴，腐骨之藏也。」

《經》曰：「騰漏之穴，敗槨之藏也。」

《經》曰：「山來水回，貴壽而財；山囚水流，虜王滅侯。」

這部分當中涉及了葬埋法則，各種可葬或不可葬的地形，也是以「氣」與「形」來比對判斷，可以說〈外篇〉也是一種「地理形勢」的理論。

### （三）雜 篇

〈雜篇〉是《葬書》的最後一部分。這部分主要在講「形」與「勢」的原則。其中的內容有很多地方係〈內篇〉與〈外篇〉的引伸與延展。

## 三、《葬書》的理論與傳承

### （一）氣化論

此為《葬書》的核心理論，全書開篇第一句話便是：「葬者，乘生氣也。」﹝註162﹞於是選擇墓葬的一切活動便圍繞著如何「乘生氣」而進行。何謂生氣？

---

﹝註160﹞王振復，《風水聖經：宅經・葬書》，《葬書・內篇》，頁130～134。

﹝註161﹞王振復，《風水聖經：宅經・葬書》，《葬書・外篇》，頁146～181。

﹝註162﹞王振復，《風水聖經：宅經・葬書》，《葬書・內篇》，頁81。

後世風水家的解釋是：凡宇宙間的大自然現象，新興而生苗，這種生氣，在天則周流六虛，在地則化生萬物，天以生氣爲資，地以生氣爲載，生氣聚於地中，即所謂「五氣行乎地中，發而生乎萬物。」〔註163〕《葬書》的氣說構成了爾後風水理論的總綱領。

　　兩漢思想家吸收了陰陽家的思想，雜揉了讖緯、陰陽五行、天人感應等色彩的哲學，並利用陰陽家「氣」的概念，去詮釋或推衍先秦道家的氣論，完成了「氣化宇宙觀」的理論。〔註164〕這樣的理論以《淮南子》爲代表，推演及於《春秋繁露》，代表了漢代思想家「氣論」的成果。兩漢的氣化天地萬物學說以《淮南子》爲代表，萬有的生成，在《淮南子》看來，全是一「氣」之轉化。因此說：「天地之合和，陰陽之陶化萬物，皆乘一氣者也。」〔註165〕這樣的理論，也是循著《老子》「道生一」而作的詮釋，其一氣轉化的基本觀點，則是來自《莊子‧知北遊》「人之生，氣之聚也。聚則爲生，散則爲死。……故萬物一也，是其所美者爲神奇，其所惡者爲臭腐；臭腐復化爲神奇，神奇復化爲臭腐。故曰：通天下，一氣耳。」〔註166〕的觀念，爲中國古代架構了一個相當系統化的氣化論模式，可以說，在兩漢的哲學論著中，不論儒、道、陰陽、方術家，一談到宇宙論，沒有人能脫離這個基本模式。

　　董仲舒認爲宇宙的最高主宰是「天」，天透過陰陽和五行之「氣」表現其意旨。天地之間，有陰氣和陽氣，「氣」是看不見的，「氣」是動蕩的，人類時常浸潤在這動蕩之「氣」中，而與治亂的「氣」流通，互相混雜。故治亂之氣，邪正之風，與天地的化育相混雜。《春秋繁露‧五行相生》云：

　　　　天地之氣，合而爲一，分爲陰陽，判爲四時，列爲五行。行者，行
　　　　也，其行不同，故謂之五行。五行者，五官也，比相生而間相勝也。
　　　　故爲治，逆之則亂，順之則治。〔註167〕

---

〔註163〕王振復，《風水聖經：宅經‧葬書》，《葬書‧內篇》，頁82，此句爲《葬書》全書的第二句話。

〔註164〕陳麗桂，〈漢代的氣化宇宙論及其影響〉，《道家文化研究》第八輯（1995年11月出刊），頁248～266。

〔註165〕劉文典，《淮南鴻烈集解》（北京，中華書局，1997年1月出版）卷8〈本經訓〉，頁249。

〔註166〕楊柳橋，《莊子譯詁》（上海，上海古籍出版社，1996年5月出版），〈外篇‧知北遊〉，頁426～427。

〔註167〕〔漢〕董仲舒，袁長江編注，《董仲舒集》（北京，學苑出版社，2003年7月

董仲舒主張天意並不容易得知，天道不易瞭解，要從陰陽五行之「氣」，觀察天意和天道。天地之「氣」，本是合而爲一，可以區分爲陰氣和陽氣，分別爲四季，排列爲五行。董仲舒的氣化學說，充滿「天人感應」的思想。〔註168〕而這種天人感應的思想，也被《葬書》所吸收，成爲擇葬的原則。不過，《葬書》的氣論，顯然比起董仲舒的氣論有更進一步的闡釋。首先，《葬書》將「生」與「葬」皆以氣之「聚」與「行」來論析，例如，《葬書》曰：「葬者，乘生氣也，……五氣行乎地中，發而生乎萬物，……蓋生者氣之聚，……葬者，反氣入骨，以應所生，……聚之使不散，行之使有止，……陰陽之氣，行乎地中，而爲生氣。夫氣行乎地中，其行也，因地之勢；其聚也，因勢之止。」因此，明氣之行、察氣之聚，便是《葬書》氣論的首要法則。其次，氣是無形的，氣是流動的，察氣之行、聚，必須由地形地貌的「形」看出來。凡形之美者，沖陽和陰、鬱草茂林、是吉地，是全氣之地，當葬其止。而其目標就在於「乘其所來、審其所廢、擇其所相，避其所害」，因此，這也可以看出《葬書》的氣論的趨吉避凶的功能。

《葬書》在談到氣化論的理論根源時，首先引用陶侃的名言：「先天地而長存，後天地而固有。」生氣藏於地中，人不可見，惟依循地之理以求之，然後能知其所在，葬者需能知氣之所在，使枯骨得以乘之，則地理之能事畢矣。而地中有五行之氣，乃天地間之生氣，分爲陰、陽；析爲五行。雖運於天，實出於地。行則萬物發生，聚則山川融結。〔註169〕《葬書》進一步指出，「人受體於父母，本骸得氣，遺體受蔭。」〔註170〕《葬書》的遺體受蔭

---

〔註168〕天人感應有兩種意義，第一種意義在於人類的氣和天地的氣相貫通，因此，人的善行或惡行，在天地的現象裏，因爲相同的氣稟感應，產生祥瑞或災異。第二種意義在於天地的祥瑞或災異，代表上天的意旨，祥瑞或災異的現象和上天的意旨連結在一起，作爲鼓勵或譴責的告示。

〔註169〕日本學者丸山敏秋指出《葬書》這種「地氣」的說法，與葬埋及萬物之間的生氣之影響：「地気もまた人間生活に与える影響は大きい。……地中に埋葬される死者に及ぼす影響が強いと信じられた。地の気を占う術が生まれた所以である。……大地は生きている。そこには万物を化成する活力が藏され、地中には生気が充満している所とそうでない所がある。」參丸山敏秋，《気——論語からニューサイエンスまで》（東京，東京美術，1989 年 7 月出版），頁 61。

〔註170〕王振復，《風水聖經：宅經・葬書》，《葬書・內篇》，頁 83，此句爲《葬書》全書的第三句話。

理論乃根據父母骸骨，爲子孫之本，子孫形體，乃父母之枝，一氣相廕，由本而達枝也。《葬書》接著引用古本《葬經》的說法：「氣感而應，鬼福及人。」〔註171〕父母子孫，本同一氣，互相感召，如受鬼福。人心通乎氣，而氣通乎天，以人心之靈和山川之靈，故降神孕秀，以鍾於生息之源。而其富貴貧賤、壽夭、賢愚，靡不攸繫。至於形貌之妍醜，並皆肖象山川之美惡也。而在《葬書》的注文當中，也以「嵩嶽生申、尼丘孕孔」，指出河南嵩山的山川生出了申生；尼山的風水孕育了孔子，這都是因爲天地山川的靈氣，乘氣受廕誕生聖人之故。

接著，《葬書》氣化論的進一步論述則是「葬地興旺」的說法，《葬書》徵引了程頤「卜其宅兆，不其地之美惡也。」〔註172〕所謂地美則神靈安，子孫盛，若培壅其根而枝葉茂也。又蔡元定亦云：「生死殊途，情氣相感，自然莫與之通。」〔註173〕如果拿暴露在地面上的遺骨，滴落在遺骨上，鮮血會滲入遺骨，便可證明是血親骨肉。《葬書》對於葬地的選擇與葬法，有其專門的術法。根據不同的葬地，選擇不同的葬法，使得氣可以得乘，吉地的風水就自然而然地成就。《葬書》認爲：「藏於涸燥者，宜深；藏於坦夷者，宜淺。」〔註174〕也就是說，高爽乾燥之地，是陰氣濁沉之區，此地的生氣深孕於大地之中，其品性剛強而下沈，故葬於乾燥高爽的壟地，宜深埋死者的骸骨。反之，平坦之地，是陽氣高揚之區，生氣顯露於外，反而顯得柔弱而淺在，因此，在土地平坦的支地，應當淺埋死者的骸骨。而葬得其法，則致生氣；失其道，則遭殺氣。

## （二）感應論

《葬書》另一項論點是「感應論」。這也是《葬書》理論當中比較玄奇的思想。文本當中以古本《葬經》的「氣感而應，鬼福及人」的說法，引伸提出「人受體於父母，本骸得氣，遺體受廕」的看法。認爲人的身軀受之於父母，父母死後的骸骨如果能得到生氣，便可以蔭庇子孫，父母之氣感乎地，則子孫之氣應乎父母，父母子孫，本同一氣，可以感應，生人若因此受到父母之氣，便可以旺盛。

---

〔註171〕王振復，《風水聖經：宅經‧葬書》，《葬書‧內篇》，頁86，此句爲《葬書》全書的第四句話。

〔註172〕王振復，《風水聖經：宅經‧葬書》，《葬書‧內篇》，頁84，注引程子言。

〔註173〕王振復，《風水聖經：宅經‧葬書》，《葬書‧內篇》，頁84，注引蔡季通言。

〔註174〕王振復，《風水聖經：宅經‧葬書》，《葬書‧內篇》，頁100～101。

　　此一思想，乃係淵源於先秦「取象與天」與漢代「人副天數」的思想，不僅僅是人體與宇宙有著對應的類比，更將宇宙與人體的構造模型有各種不同的變化與解釋。而這其間運作的機制則是沿著「氣——感應」的邏輯。在《老子》的觀點，「道」是以「一」開始它在現象界的生化；在漢人的解釋，宇宙正是以「氣」開始肇生有形世界。就萬物的形成而言，《淮南子‧精神》說是在天地形成之後，由這天地的陰陽二氣「剛柔相成，萬物乃形」；而《董仲舒》更提出了「自然感通」的論點：「天地之精所以生物者，莫貴於人。人受命乎天也，故超然有以倚，……人有三百六十節，偶天之數也；形體骨肉，偶地之厚也；上有耳目聰明，日月之象也，體有空竅理脈，山谷之象也；心有哀樂喜怒，神氣之類也。觀人之體，一何高物之甚；而類於天也」〔註175〕，徐復觀稱董仲舒的這種說法為「自然感通」。〔註176〕本來天有天氣、地有地氣，天地二氣各有各自的構成，而在《淮南子》當中，開始將天氣、地氣、與人體互相類比。視觀《淮南子》的說法：

　　　　於是乃別為陰陽，離為八極，剛柔相成，萬物乃形。是故精神，天
　　　　之有也，而骨骸者，地之有也。精神入其門，而骨骸反其根。……
　　　　夫精神者，所受於天也，而形骸者者，所稟於地也。〔註177〕

《淮南子》在此處很關鍵地指出，人的精神受稟於天，人的形骸受稟於地，天地之間的陰陽之氣，剛柔相成，人稟天之精氣以合精神，稟地之精氣以成形。〔註178〕而王充《論衡》則主張：「天主施氣，地主產物。……生地之物，更從天集，生天之物，可從地出乎？地之有萬物，猶天之有列星也」〔註179〕王充更進一步以「曾子之孝，與母同氣」作為感應的實例，並說明了至孝與父母同氣，體有疾病，精神輒感。可見「人的精神本支天，形骸來自地」的

---

〔註175〕《董仲舒集》，〈天副人數〉，頁282。
〔註176〕徐復觀認為：「陰陽五行思想，在西漢形成了更完整的格架，因而發生了更大的影響，應當是出於董仲舒。……他通過陰陽五行把天與人的關係，更具體化了，由此以強調天人的感應。……由此可知人身即是一小天地。這是說天亦像人一樣，含有喜怒哀樂之情，因此，天人之間，便發生了一種自然感通的作用。」參徐復觀，《中國人性論史——先秦篇》(臺北，臺灣商務印書館，1994年4月出版）頁。579
〔註177〕《淮南鴻烈集解》，卷7〈精神訓〉，頁218～219。
〔註178〕《管子》對於人稟天地之氣以化成，也有類似的說法，《管子》曰：「凡人之生也，天出其精，地出其形，合此以為人。和乃生，不合不生」，參《新譯管子讀本》卷16〈內業第49〉，頁832。
〔註179〕《論衡校釋》卷5，〈感虛篇〉，頁252。

概念，將其闊而大之，天地、萬物皆稟受陰陽之精氣相薄相感而成。而根據「骨骸者地之有」的觀點，便是這些物類在形成之後，依然受到陰陽二氣變化的支配，並按四時的變化而盛衰生息。

《葬書》提出的感應論的另一關鍵爲「五氣行乎地中，發而生乎萬物」，又說「人受體於父母，本骸得氣，遺體受蔭」，五氣是五行之氣，五氣也是四時職司生、長、斂、藏之氣，五種生氣行於地中，發舒出於地面，陰陽相乘，藉以生長萬物、化育萬物，因此，祖骸爲子孫之本源，子孫爲祖骸之形體，一脈相傳，一氣相承，血緣相同，靈氣相通，故祖骸葬得生氣之地，子孫必得靈氣之感應。

### （三）崇水論

「崇水論」是指風水設計上的「得水說」。如《葬書》所云：「氣乘風則散，界水則止，古人聚之使不散，行之使有止，故謂之風水。風水之法，得水爲上，藏風次之。」〔註180〕這裡提出風水名詞，並闡述風水的原則，以「得水」爲最妙，「避風」次之。生氣會隨著風吹而四散，但遇到水就會停止。《葬書》的精華就是在巧方設法使得生氣不流散，讓生氣的行進能夠凝止，這就是風水的眞諦。風水的觀念認爲，生氣隨支壟流行，滔滔而去，非水界則莫之能及；有水還得靠大大小小的山嶺環抱，這樣才能藏風而不使生氣四散。氣定則凝、氣逐則散。土爲氣之體，界水則土絕而氣無從散。相地之法，純是「聚」、「止」二字眞言。現將《葬書》中論及崇水、界水、得水的文字整理如下：

> 氣乘風則散，界水則止。
>
> 風水之法，得水爲上，藏風次之。
>
> 土者，氣之體，有土斯有氣。氣者，水之母，有氣斯有水。
>
> 外氣所以聚內氣，過水所以止來龍。
>
> 以水爲朱雀者，衰旺繫乎形應。
>
> 山來水回，貴壽而財；山囚水流，虜王滅侯。

《葬書》接著提到葬法與得水之間的關係。陰陽二氣，呼出成風、生天成雲、降地成雨、流行成氣。是故《葬書》云：「夫陰陽之氣，噫而爲風，生而爲雲，降而爲雨，行乎地中，而爲生氣。」〔註181〕又認爲土是氣的載體，有

---

〔註180〕王振復，《風水聖經：宅經·葬書》，《葬書·內篇》，頁93～96。

〔註181〕王振復，《風水聖經：宅經·葬書》，《葬書·內篇》，頁102。

土斯有氣；氣是水的本體，有氣斯有水。這種思想，在先秦時代的《管子》文本中已經萌芽。〔註 182〕從《管子・水地篇》來看，可以說點出了一般人所看到的「地生萬物」的現象，其目的在於引導人們透過現象來看本質，明白「地」之所以能生長萬物，關鍵在於地下有水，水是萬物得以產生的最後本原。〔註 183〕所以，在談到地為萬物之本原之後，也告訴我們，地之所以能生長萬物，在於有「水」這個關鍵的要素。〔註 184〕

　　水是生命之本，人類的生活離不開水，優美的自然環境的組成離不開水，水在風水中佔有極為重要的地位，故而《葬書》有「風水之法，得水為上，藏風次之」之說。中國文化的發源也與水有密切相關，對於各種水源區，像是湖畔、河岸、江邊，只要是可開闊之地，都是適於居住的風水寶地。早在先秦時代，《管子》就提出「水者，地之血脈」的思想，《宅經》也說：「以泉水為水脈，以土地為皮肉，以草木為毛髮」〔註 185〕，顯然，將大地之水，比擬為人體之血脈，可以說就是《葬書》中所說的「得水為上」的本義。

　　《葬書》中對於水的情形特別講求「彎曲環抱」，最忌直去無收。而選擇良好的水系，並使得風的運行，能因水之美善而凝止，為《葬書》得水之上法。山的支脈與岡壟，皆須有水系環繞，高峻的山地，從高山順勢直下，雖

〔註 182〕例如《管子・水地篇》曾提出「水」為萬物本原的學說，〈水地篇〉開頭寫道：「地者，萬物之本原，諸生之根菀也，美惡、賢不肖、愚俊之所生也。水者，地之血氣，如筋脈之通流者也。」而在篇末又寫道：「水者何也？萬物之本原也，諸生之宗室也。美惡、賢不肖、愚俊之所產也。」參湯孝純，《新譯管子讀本》下冊，頁 710～720。

〔註 183〕〈水地篇〉曰：「水者，地之血氣，如筋脈之通流者也，故曰：水，具材也。」參湯孝純，《新譯管子讀本》下冊，〈水地第 39〉，頁 710。

〔註 184〕所以歸根究柢，「水」才是真正構成萬物的原始「具材」。正因為有這樣的基本前題，所以〈水地篇〉的篇名定為「水地」，將「水」置於「地」之前，這樣的考慮在說明「水」是比「地」更根本的元素。至於為何主張「水是萬物的本原」呢？〈水地篇〉認為：「是以水者，萬物之準也，諸生之淡也，韙非得失之質也。……萬物莫不以生。」在〈水地篇〉的作者看來，水「無不滿，無不居」，水「集於天地，而藏於萬物，產於金石，集於諸生。故曰水神。」這就是說，從無生命的金石，到有生命的諸生（包括植物、動物、人類），都賴以水得其生成。水儼然是「神靈」，能使萬物盡其生機，復歸本性。水也是萬物的本據，是一切生命的核心，是所有是非得失的依據。這是因為水無處不能充滿，無處不可停留；水聚集在天空、地上，儲藏在萬物的內部，產生在金石之間，凝聚於一切生命之中。以上係根據《管子・水地篇》的說法，參湯孝純《新譯管子讀本》，頁 709～722。

〔註 185〕王振復，《風水聖經：宅經・葬書》，《宅經》，頁 51。

然不一定需有大江大河攔截，以阻斷山脈，但是也必須有池潭來蓄儲風水寶地的生命之氣。而平坦無支脈壟起的平原，雖然無遮無蔽，也要尋求流水曲彎環抱。《葬書》追求的「外氣橫行，內氣止生」〔註186〕，就是指顯露在生命之氣之外的水系，其型態運行於大地之上，而潛藏於大地之中的生命之氣，也可以因為流水的彎曲環抱，而使得穴地之內的氣樓止於此。

### （四）形勢論

關於形與勢的概念，早在先秦諸子著述中就已見廣泛應用，甚至還有專以「形」、「勢」為題的論述，而這些都是先秦時期形勢理論的濫觴。〔註187〕兩漢以後，關於形和勢的概念，有了更為明確的闡釋。例如，《漢書・藝文志》中有「形法家」，為漢代風水術的一大流派，此派之學術精華在於「大舉九州之勢以立城郭室舍形」，或許這正是先秦時代形勢理論的傳承。形法家的著述，據班固的整理，有六家，122卷之多，詳目如下：〔註188〕

1. 《山海經》13篇
2. 《國朝》7卷
3. 《宮宅地形》20卷
4. 《相人》24卷
5. 《相寶劍刀》20卷
6. 《相六畜》38卷

這其中，班固僅以原則性的「形法者，大舉九州之勢以立城郭室舍形」為其總綱，詳細的具體論述則因術書亡佚而難究其詳，然此一流派，既然在漢代以「形法」為名，則推測在當時應有一定影響，似可於漢代流傳的宮殿賦體文字中尋求蛛絲馬跡。

曾以「數術窮天地，製作侔造化」飲譽於後世的東漢張衡，集漢賦之大成，傳世的宮殿賦名篇有〈西京賦〉、〈東京賦〉，賦中評論長安和洛陽的選址規劃，其言及「審曲面勢」〔註189〕等說法，就不啻為漢代「形法」或是

---

〔註186〕王振復，《風水聖經：宅經・葬書》，《葬書・內篇》，頁96～97。

〔註187〕例如，《管子》中的〈勢〉、〈形勢〉、〈形勢解〉三篇；《孫子》有〈形〉、〈勢〉等篇。其中，「形」有形式、形狀、形象等意義；「勢」則指姿勢、態勢、趨勢等意義。而若以形與勢相互比較，則「形」還有個體、局部、細節的含意；「勢」則具有群體、總體、宏觀的意涵。

〔註188〕《漢書》卷30〈藝文志〉，頁1774～1775。

〔註189〕張衡，〈東京賦〉，收入《全上古三代秦漢三國六朝文・全後漢文》第二冊，

後世「形勢」理論的具體論述。而其另一篇〈冢賦〉，更道出了「形」與「勢」的箇中意涵——其中細膩描繪了有關陵墓選址、營造及相擇山陵岡埠的原則，而有關於陵墓建築的空間構成，張衡寫道：「宅兆之形，規矩之制，晞而望之方以麗，踐而行之巧以廣。」〔註 190〕指出了陵墓建築外部空間應注重遠近行止不同，而巧於變化的視覺效果。三國時期，曹魏何晏〈景福殿賦〉云：「遠而望之，若縭朱霞而耀天文；迫而察之，若仰崇山而戴垂雲。」〔註 191〕在此，借用了「形」與「勢」的局部與整體的不同涵義，來妙寫空間的意象。

六朝時期，風水理論的發展過程中，就是對於這種空間構成的高低、大小、遠近、離合、局部整體等視覺效果的認識和把握，再由實際經驗體悟導向於理論思維，從而借用形與勢的概念，以衍生出一套系統的理論，這就是源自先秦，經過兩漢，到六朝時期風水術中講「形」與「勢」的論述。《葬書》中有關形勢說的理論，主要圍繞著「形」和「勢」的基本概念而展開，規範了二者的不同涵義和不同的空間尺度，並陳列了形與勢的轉化與對應。《葬書》中提到形與勢的文字如下：

> 夫氣行乎地中，其行也，因地之勢；其聚也，因勢之止。
> 山者勢險而有也，乘其所會，審其所廢，擇其所相，避其所害。
> 地勢原脈，山勢原骨，委蛇東西，或爲南北。
> 千尺爲勢，百尺爲形。勢來形止，是謂全氣。
> 大則特小，小則特大，參形雜勢，主客同情。
> 勢如萬馬，自天而下；形如負扆，有壟中峙。
> 勢止形昂，前澗後岡，龍首之藏。
> 形止氣蓄，化生萬物，爲上地也。
> 龍虎抱衛，主客相迎；四勢端明，五害不親。
> 地有四勢，氣從八方。寅申巳亥，四勢也。
> 四勢之山生八方之龍，四勢行龍，八方施生。〔註192〕

卷 53，頁 514。

〔註 190〕張衡，〈冢賦〉，收入《全上古三代秦漢三國六朝文・全後漢文》第二冊，卷 54，頁 522。

〔註 191〕何晏，〈景福殿賦〉，收入《全上古三代秦漢三國六朝文・全三國文》第三冊，卷 39，頁 394。

〔註 192〕《經》曰：「地有四勢，氣從八方。寅申巳亥，四勢也；震離坎兌乾坤艮巽，八方也。」參王振復，《風水聖經：宅經・葬書》，《葬書・雜篇》，頁 194。

> 千尺之勢，宛委頓息。
>
> 占山之法，以勢爲難，而形次之，方又次之。
>
> 夫勢與形順者吉，勢與形逆者凶。勢凶形吉，百福希一；勢吉形凶，
>
> 禍不旋日。

現在將《葬書》中有關形與勢的說法，整理論述如下：

### 1. 形與勢的基本概念

　　一般而言，「形」是指近觀的、小的、個體的、局部的、細節的空間構成；「勢」是指遠觀的、大的、群體的、整體的、概括的空間構成。又以尺度分析，「形」，一般在百尺以內；「勢」，一般以千尺爲準。其次，分析形與勢的基本關係，可以說形與勢，即近與遠、小與大、個體與群體、局部與整體、細節與概括等對立的空間構成，實際上都是相反相成、互相轉化的。在組群之中，形與勢共存，以勢統形、以形立勢。因此，形與勢的概念及尺度，是基於空間構成，在近觀或遠觀時的知覺效果，時空上皆具有相對的轉換。而由近及遠或由遠及近的時空運動中，景觀就在形與勢當中轉換。

### 2. 四勢論與尋龍

　　《葬書》認爲土有形，生氣附於土而行，萬物都是依土而生的。氣在土中運行，依地勢而行，依地勢而止。地氣不可得知，然地勢則是可以了解的。早在漢代，就有將中國的地勢劃分爲「三條四列」的說法。〔註193〕

三條是北條、中條、南條——

　　北條：岍—岐—荊山—壺口—雷首—太嶽—砥柱—析城—王屋—太
　　　　　行—常山—碣石。

　　中條：西傾—朱圉—鳥鼠—太華—熊耳—外方—桐柏—負尾。

　　南條：岷山—衡山—敷淺源。

四列是——

　　第一列：岍—碣石。

　　第二列：西傾—陪尾。

　　第三列：嶓冢—荊山—外方—大別。

　　第四列：岷山—敷淺源。

又《葬書》文本當中，二度提到「四勢」的說法。例如，「四勢端明，五害

---

〔註193〕瀧川資言，《史記會注考證》（臺北，天工書局，1993年9月出版），〈夏本紀〉，
　　　　頁46～48。

不親」、「地有四勢，氣從八方」。四勢及四象，又稱四靈，左爲青龍、右爲白虎、前爲朱雀、後爲玄武。凡玄武垂頭、朱雀翔舞、青龍蜿蜒、白虎馴頫，則稱爲「端明」。《葬書》指出了凡是吉地，就是要有日月在天上照耀，如萬水朝宗、眾得拱表，兩邊有龍山、虎山環抱，穴地與周圍的地勢像主人和賓客一樣彬彬有禮。前後左右的山水端嚴明淨，山嶺充滿全氣之象。

### 3. 形勢論與空間

　　《葬書》認爲「地勢原脈，山勢原骨，委蛇東西，或爲南北。千尺爲勢，百尺爲形。勢來形止，是謂全氣，全氣之地，當葬其止。」〔註194〕就是說平地要看土壟之脈，山地要看峰巒之骨，地勢委蛇變化，或東西或南北，沒有定勢，遠來之山爲勢近處之山爲形；看地形既要考察遠山之勢，亦要細究近山之形，形勢闔合之處，便是全氣之地，可以在此安葬。又認爲千里求龍，五盡入手，風水的形勢觀念，在於勢是形之崇，形是勢之積，有勢然後有形，有形然後知勢。勢立於形之先，形成於勢之後。形住於內，勢住於外。形得就勢，勢得就形。勢是起伏的群山，形是單座的山頭，勢如城郭垣牆，形似樓臺門第。來勢爲本，住形爲末。認勢惟難，觀形則易。左右前後爲四勢，山水應案爲三形。〔註195〕

　　另一段，在〈雜篇〉當中，《葬書》對於形勢與空間的說法更爲詳細。〈雜篇〉一開始就對於「勢、形、方」三者做了總論性的概說。「占山之法，以勢爲難，而形次之，方又次之。」指出了觀看龍脈，以勢最難看出來，地形其次，方向又其次。在這三者之中，勢言闊遠、形言淺近；勢有隱顯、或去或止，勢從東趨、形從西結，所以看勢最難。〈雜篇〉又將勢與空間做了全盤的通論：

> 勢如萬馬自天而下，其葬王者。
> 勢如巨浪，重嶺疊嶂，千乘之葬。
> 勢如降龍，水遶雲從，爵祿三公。
> 勢如重屋，茂草喬木，開府建國。
> 勢如驚蛇，屈曲徐斜，滅國亡家。
> 勢如戈矛，兵死刑囚。
> 勢如流水，生人皆鬼。〔註196〕

〔註194〕王振復，《風水聖經：宅經・葬書》，《葬書・內篇》，頁107～108。
〔註195〕王玉德，《風水術注評》（中和，雲龍出版社，1994年2月出版），頁86。
〔註196〕王振復，《風水聖經：宅經・葬書》，《葬書・內篇》，頁182～186。其中「勢

這段認為，山勢如萬馬奔騰，自天而降，如此宏大的氣勢，是出君王的葬地。山勢如洪波巨浪者，可出諸侯。山勢高地起伏、旁有護衛的流水，是出三公之地。勢如豪家屋宇，是開府建國之地。反之，若形勢有如橫竄直撞的驚蛇，或山勢有如兵戈矛利，都是不好的地形。另一方面，關於「形」〈雜篇〉也提出了多種選擇性的看法：

> 形如燕巢，法葬其凹，胙土分茅。
>
> 形如側罍，後岡遠來，前應曲回，九棘三槐。
>
> 形如覆釜，其顛可富。
>
> 形如植冠，永昌且歡。
>
> 形如投算，百事昏亂。
>
> 形如亂衣，妒女淫妻。
>
> 形如灰囊，災舍焚倉。
>
> 形如覆舟，女病男囚。
>
> 形如橫几，子滅孫死。
>
> 形如臥劍，誅夷逼僭。
>
> 形如仰刀，凶禍伏逃。

這段說明了地形與吉凶的關係。地形背後有靠山，穴地似燕巢，葬於中凹處，可以得到富貴。其他的吉地，像是偃仰如罍的地形、如覆倒的大鍋的地形、後仰前倚的地形等都屬於吉地。反之，地形散亂如亂扔的籌碼、如亂扔的衣服、如灰色的布袋等等，屬於凶地。

## 本章小結

　　風水乃是藉由考察評估山川、水文、風向、植被、氣場、景觀等因素，選擇居址與葬地，並據此採取相應的規劃，以尋求和諧的生存空間的法則。因此，風水學說的選擇與判斷，本身就是一個綜合考慮與評量的過程。風水思想的起源頗早，這從《詩經》當中的記述，可以知道至少在西周初年，即已產生了的風水的想法。後來的風水學說與陰陽五行互相交融，而使得風水

---

如流水，生人皆鬼」一句，王振復教授認為如果地勢傾斜，好比水流傾瀉、無法凝止，則在這樣的地形擇葬，無龍脈可言，活著的子孫會在年輕時死亡，且有客死他鄉之虞。

的學說體系逐漸擴大，而其關鍵就在六朝時期。

在六朝「大地」思想的探索過程，若觀察《漢書・地理志》與《淮南子・地形訓》二書，皆不見出現風水文字，亦未見提及葬地的說法。然而，在〈地理志〉與〈地形訓〉當中提到的山川形勢、風氣土宜、陰陽消長、五行生剋、明辨吉凶等說法，則又似乎可以與風水學說拉上關連，這些都是風水學說可以立論的主要重點。因此可以說，風水葬地的法式雖然在漢代尚未成形，但是其思想的種子已經在「大地」思想的各個領域播入泥土，殆六朝的環境成熟，風水學說的重葬風氣也破土而出，鄭重地登附六朝「大地」思想的骨架。

這樣的機會的形成，歸因於六朝整個時代環境對於「大地」的意涵的重新檢視與體認。首先是六朝世家大族重葬的風氣，使得六朝的山川被蒙上了龍脈與水脈的印象，而地產可以自由取得，包括山區與平原地帶，也使得葬地的選擇更具有自由選擇的方便性。還有，六朝都城選址的「王氣」說法，也促成了「大地」思想與山川型態的交融解釋的合作。因此，山脈的蜿蜒曲折被說成「龍盤虎踞」；河川的行止氣聚，被看成可以位爵三公；枯骨的浸潤寶地，被認為可以「氣感而應，鬼福及人」。所以，六朝風水學說的運作上，透過「氣」與「感應」，將看得到的山川的美好，看成是生氣孕育、山川融結的結果。可以說六朝「大地」思想在風水學說的層面上，包羅了陰陽五行學說，並且互相參照的過程。

而風水學說的生氣尋龍，在都城選址上，講求都城的山川形勢；在葬地選擇上，重視葬地的環抱護衛，關鍵的因素皆在「生氣」的追尋。因為各地地理不同，南北氣候差異，因此「生氣」並非處處可見，「生氣」並非隨時可得。「生氣」乃萬物生命生長的核心，因此《葬書》稱「五氣行乎地中，發而生乎萬物」。是故，「生氣」的取得，需經過一連串對於山川審慎選擇的過程，這也促成了風水發達的契機。而六朝的風水學說即是透過「氣」在地勢中的運行與居止，在山川之間流行，而形成了長串綿延的生氣帶（生氣→龍氣→龍脈），亦即「龍脈」的象徵。透過生氣的源遠流行，在合適的地形地勢，就會積聚起生氣充盈的理想場域，這在都城選址上，表現為龍盤虎踞的山川形勝；在葬地的選址上，表現出四靈護衛的拱抱格局，可見風水學說在六朝的選都與擇葬過程當中的運用。然而，龍脈之脈絡的久遠與尋根，似乎也代表了龍脈之「氣」是否強而穩、足而旺的關鍵。都城與葬地附近的山

川形勢，外觀上雖然形美、秀麗、環繞，卻也隱含了山川的體制，錯綜而紛亂，龍脈的源流，短淺而乏後勁的缺憾。建康山川形勢的瑕疵即在此處——山形多樣、忽高忽低、互相抵觸，且龍脈短促，既不能與中國諸山脈，脈脈相接，又無法攀攬眾山祖脈崑崙山之龍氣的福蔭，因此，一旦地氣的大限將屆，則國祚亦隨之煙消霧散，歷史上凡在建康定都者，立國皆無由久遠，似乎亦透露出這種無法擺脫的宿命。

　　《葬書》的四大理論（氣化論、感應論、崇水論、形勢論）當中，均是關於葬地選址的方針，以這樣的原則來處理陽宅與都城選址的方法，可能不一定全都適用。首先，《葬書》的「形勢論」，指出了審察九州山川形勢，以立城郭宮舍，此一原則乃漢代形法派之總綱領，經過漢魏時代「宮殿賦」（例如張衡〈東京賦〉、班固〈兩都賦〉等）的描述與說明，使其說法更讓人注意。到了六朝《葬書》出現，更吸納其精華，歸納為「四勢端明，萬乘之尊」（《葬書・內篇》），「地有四勢，氣從八方」（《葬書・雜篇》）的原則。可見《葬書》對於都城選址理論的吸納與總結的地位。而《葬書》的「氣化論」，更是源遠流長，亦是中國古代對於大地的觀察與體會所歸納出的心得。這也是《葬書》全書的中心要旨。無形之氣，靠山川形勢的高低、運行、集結等樣貌表現出來，而構成可以描述（例如「丘壟之骨，岡阜之支，氣之所隨」）、分類（例如「山之不可葬者五，童、斷、石、過、獨」）、比較（例如「地有吉氣，土隨而起；支有止氣，水隨而比」）的理論。此亦可以視為《葬書》對於山川形勢的進一步的詮釋。

　　其次，《葬書》提出了「崇水論」，並提出「氣乘風則散，界水則止」（《葬書・內篇》）以及「風水之法，得水為上，藏風次之」的兩大原則。「水」乃生命之要素，地球上因為有陽光、空氣、水，使得萬事得以生長；而水亦為居住、灌溉、飲用等生活必須之物質。世界上的都城選址，幾乎都離不開河川或水源附近，且河川亦具有其他方面（例如防禦、灌溉、練兵、園林等）的功能，這是適用於陽宅居住與都城選址的原則。不過，若分析葬地之選擇「得水」，就不適宜選在臨水或近水之處，一來河川水位可能有氾濫淹沒葬地之虞，另一方面河川地通常濕氣較重，亦不利於棺槨之保存。因此，依拙見，《葬書》所稱之「得水為上」，係指水脈的迂迴環繞所帶出的「氣場」而言，而氣場的形成通常需山脈、水脈互相配合以聚氣。

　　再者，《葬書》又提出「感應論」的說法，這一點可以視為《葬書》理

論中的「心法」。《葬書》根據《經》曰:「氣感而應,鬼福及人」的說法,選用「銅山西崩、靈鐘東應;木華於春,栗芽於室」的例子,而得出「人受體於父母,本骸得氣,遺體受蔭」的論點。這種感應論的說法在漢代已經出現,在《淮南子‧精神訓》與《論衡‧感虛篇》皆曾提及陰陽之氣在天地、萬物之間變化的情形。不過,《葬書》則將這種說法轉移論述的場域,套用到擇葬的法則裡來,並提創出嶄新的角度。而「感應論」的先決條件則在於前面的「氣化論」、「崇水論」、「形勢論」三者的佈局與協調。一來「感應論」所關心的空間已由廣大的山脈、綿延的河川、鞏固的形勢等自然條件的山川地理,轉變為聚焦在透過這些地理條件所選擇出來的「地點」(葬地、陽宅、都城);二來「氣化論」、「崇水論」、「形勢論」的論述主角皆為自然地理的山川,而「感應論」的主人翁不在「地」,而在「人」,因此這也代表了《葬書》透過繁複的地理論述,其最終所關切的主題仍在於「人」。

　　另一方面,「感應論」認為「人受體於父母」,因此「感應」的操作原則乃基於「血緣」因素。人的出生、孕育、生成皆來自於父母的養育,因此,父母骸骨,為子孫之本;子孫形體,乃父母之枝,一氣相蔭,由本而達枝。這似乎也隱含了祖先之氣的「傳達」給子孫「福蔭」的過程,具有「排他性」。而這種傳達的過程也是可以跨過陰陽的疆界,由「陰」降臨到「陽」,這也就是《經》曰:「氣感而應,鬼福及人」的關鍵。因此,《葬書》的這個想法可以說是具有既創新又超越的觀點,也可以說是《葬書》之「葬骨即葬心,山川之靈通人心之靈」的真諦。不過,「感應論」是否也可以作為都城選址的合理解釋呢?都城選址亦需考慮山川形勢、水脈流通、藏風聚氣,就這三點原則而言,與葬地之選擇頗為類似。就氣的傳達手段而言,葬氣可以穿過陰陽時空,傳達納福給後代子孫;都城則係山川拱衛而可聚會生氣,直接提供給都城良好的環境。就氣的受惠者而言,葬地之龍氣會帶給後代子孫福蔭,但僅限於自家人;都城為一國之都,山川龍脈之氣匯聚於都城,可帶給王朝永世的國祚,但也僅限於皇室一姓。

　　然而,都城選址的重點在於「居」而不在於「葬」,這就顯現出根本上的差異。就都城與葬地的功能性而言,都城的選定在於提供生人的居住空間,而葬地的選定在於提供給祖先一個安葬之所。就都城與葬地的目標而言,都城的地點必須適合於人類的各項政治、經濟、社會諸活動,而這些活動都屬於「動」的樣貌;喪葬的地點在於提供給棺槨與祖靈一個可以不被干擾,可

以靜養聚氣之寶地，所以屬於「藏」的樣貌。因此，縱使都城與葬地的選擇皆須審視「氣」這個因素，但都城還需強調生活方便、交通順暢、進可攻、退可守等居住功能，葬地則注重保藏、安靜、隱密等原則。此外，依拙見，都城選址與葬地尚須考慮龍脈的轉移關鍵，好的寶地可能適合建都，亦可能適合擇葬，需由人判斷。通常今日適合建都之地，他日未必適合建都；今日被選為優良的喪葬之所，百年後滄海桑田，可能已是大樓林立的住宅區了。

# 第六章　結　論

　　由以上各章之論析，吾人可知悉六朝之「大地」思想，無論在思想之整合，與思想之實踐上均呈顯多元面向，而這些面向均爲中國古代攸關大地議題之組成。

　　以歷史淵源分析，可以發現《漢書・地理志》與《淮南子・地形訓》爲六朝「大地」思想之淵源；而《漢書・地理志》與《淮南子・地形訓》則是漢代攸關「大地」思想的成果，其淵源更可以上溯至先秦時期的《尙書・禹貢》、《周禮・職方》、《周禮・保章》等典籍。而這些多元多樣的養料，使得六朝「大地」思想呈現出多元論述的樣貌。

## 「土」、「田」、「地」、「野」──

　　首先是關於「地」這個主題的相關內涵，使用的文字包括「土」、「田」、「地」、「野」等字眼，這也是地的議題較爲一般與通用的範疇。而使用的面向包括地理學的地理志、地方志、地圖學等許多探討土地、田地、田野、地區、地圖等之地理研究；包括了園林、農學面向的田地、田畝、耕地、占田、地權的問題；也包括風水學說的相地、擇地等主題。因此，這個層面的「大地」，所指涉的是指一般通用的地的「所有權」的角度，可以取得多大的地、多少田畝、耕地多少、旱田水田、何處擇葬、墓園多大等，而這些土地所有權的測量與表示，可以用天然的土地界限或人爲繪製的地圖來表示。

## 「州」、「國」、「郡」、「縣」、「都城」──

　　「地」的另外一種表現方式，是屬於傳統沿革地理學的範疇，這也是自《漢書・地理志》所流傳下來的架構，不過在六朝階段，有了重大的變化。《漢書・地理志》當中的一個部分，而且可稱是漢代的當代地理的部分，亦即漢代的疆域沿革地理，包括了京師周邊、候國、郡縣等區域。班固除了詳細將這些疆域政區的歷史沿革、山川分佈、民居物產、交通聯絡，作了仔細的描

述以外，還將古國、古州的歷史沿革，與漢代的疆域地理對照說明，以顯示漢代地理的歷史傳承。因此，論述「州、國、郡、縣」的歷史沿革與疆域分劃，就成了「大地」思想強調「歷史」面向的議題。

然而，吾人審查六朝時期的地理志書，可以發現出現了許多談論都城選址的問題。這顯現了「大地」思想當中強調疆域沿革的作法出現了變化。中國自古即非常重視都城的選址與建設，凡立國都，非於大山之上，必於廣川之上，因天材，就地利，選擇土地肥沃、山河鞏固之地建都。因此，都城選址也與人類社會息息相關，乃是人類擇居的本能表現。然而在漢代以前，沿革地理的論述只到郡縣這一級，到了六朝，都城的沿革地理成為顯學，一時南北各地的重要區域中心都城，例如，長安、洛陽、建康、鄴城、成都、廣州、吳等，都出現獨立成書的地理著作；此外，各地都城的宮殿、佛寺、道觀、洞窟亦可單獨成為地理論述的個體。這也顯現出地理敘述的空間，由大變小的趨勢。

一般而言，在都城選址時，地理因素通常都是首要考量的因素；然而，都城選擇的過程，又常常與其政治、經濟、社會因素牽連糾葛，使得都城的選址蒙上諸多複雜的面向。其中尤以風水因素，最具有不同解釋的空間。一方面，風水的說法可以透過山河的形勢，與其理論互為表裡，藉以增強定都的合理性；另一方面，風水常假人事的盛衰與朝代的興替，以彰顯其天、地、人論述的感通性。建康建都的過程，也是經歷了一連串的選址、考量、協調、建設等等的思慮過程。綜觀六朝歷史，建康之被選定為都城，即使有風水因素存在，但也只是諸多的因素之一。六朝的政權持續而連貫地，加強對於建康各方面的建設，其實才是作為一個都城可以永續定都的關鍵。天地乎悠悠，山河依舊在，王氣繫乎人氣，人氣貴在人事也。

## 「山」、「水」、「園」、「墅」、「景觀」——

第三是關於「山」、「水」、「園」、「景觀」的相關主題，此乃「大地」思想當中的自然地理的範疇。以山水文學而言，山水賦出現於東晉時期。然中國文學中的自山水意識有著悠久的歷史傳統。《詩經》中即有「蒹葭蒼蒼，白露為霜」（〈秦風‧蒹葭〉）和「昔我往矣，楊柳依依；今我來思，雨雪霏霏」（〈小雅‧采薇〉）等描寫山水自然之美的句子。《楚辭》特別是其中的九歌、招魂、招隱士等篇，更是極力鋪敘天地四方山林川澤的景物。但在《詩經》、《楚辭》的時代，山水景物只是一種背景描寫與比興手段，並不具有獨立自

主的地位。漢賦繼承《楚辭》以麗雅的文辭鋪敘山川景物的美學傾向，山水描寫有了較爲完整而自成首尾的樣貌。但在整個作品當中，仍然只是片斷、襯托，是一幅長卷中的段落，也是對於自然景觀或帝王苑囿，京都宮殿鋪寫的組成部分。而漢賦中的山水描寫著重物產之富、形勢之勝，主要是從社會史、政治史的角度加以贊頌美化，較少是以藝術的審美眼光來審視。若仔細分析起來，一方面由於戰禍的緣故使得田地休耕、地利不殷，因此有農田水力的開鑿與屯墾闢荒的政策；再者，六朝的文藝美學與「大地」思想也其關連性，六朝時期盛行的山水詩與山水畫可稱是「大地」思想的催化劑。而六朝的園林美學也重視山水、植物、動物、人工景觀的種種配置，以表現出描山範水、接近自然的意境。

殆至劉宋時代，謝靈運的〈山居賦〉不僅跳脫漢代宮苑大賦呆板僵化的格局，並注入賦體全新的生命力。拙文除了指出這種文學演變的軌跡之外，也探討了謝靈運寫作〈山居賦〉的種種注重「寫實」與「考察」的過程，也考證了始寧山居的環境與地理位置，以及山居中的生物樣貌。透過文本史料與當代資料的互證，可知謝靈運對於山川景物的喜愛，與動物植物的關懷之情。在其〈山居賦〉中，山川的自然景觀與動植物的眞切妙寫，成爲五世紀，描寫浙東地區的地理與生態的珍貴史料。然而，受限於個人的地科知識不足，尚未能從謝靈運的文字的蛛絲馬跡當中，體驗出他對於山川水文、地形地貌所透露出來的地形學上的種種地質（類似河階地形、向陽坡地、激流河曲等）現象的充分解析。

## 「葬」、「氣」、「風」——

再者是關於「葬」、「氣」、「風」三者的相關主題，風與氣是一體之兩面，「氣乘風則散」，因此必須講究藏龍避風的原則。然而，風與氣皆是無色無相、無形無體之物，又是行止快速、運動自如之物。透過地理學上的「民風」、「風土」、「風俗」等說法；園林與農學上的「風物」、「地氣」；宇宙論與陰陽五行上的「風土」、「風氣」、「土宜」、「八風」等說法；風水學說上的「風水」、「水土」、「葬氣」之說法，可以把這些說法納入「大地」思想之「風」與「氣」的體相之內。而「葬」可以說是無形的「風」與「氣」所化生出來的各地的諸相。因爲各地的風氣、風土之差異，因此產生各種不同的物產、地產、人種、異物。而「風」與「氣」可以說是大地的「諸物」的「因」，大地上各種產物，又是「風」與「氣」所孕育的「果」。

從另一個角度來看，「葬」又成為六朝追求與衡量「氣」與「風」的良窳的關鍵。這從《葬書》所強調的「葬者，藏也」，可以看出「葬」成為世代庫藏吉氣的手段。而透過可靠的葬法，可以坐享「蔭福納貴」的榮景。《葬書》所提出的「本骸得氣、遺體受蔭」的理論，使得六朝對於「氣」的運用、「風」的角色、「葬」的位階，皆提昇到另一層不可言喻的心法，也使得此三者產生了互相交融的體相，這也是《葬書》的理論承續前代，進而超越蛻變的價值所在。因此，「葬」可以看成是一種對於無形而又神奇的「風」與「氣」的追求與殷藏。為了永生永世地保有這股神妙之氣，六朝的皇室與貴胄，無不嘔心瀝血，「葬而乘氣、葬而藏風」。而「大地」思想當中，「葬」、「氣」、「風」三者的因果關鍵即在此處。

此外，六朝時期的風水學說的興起與轉變，可以說乃是六朝南方的山川環境，為選址與擇葬，提供了理論的發跡與實驗的契機。基本上，由六朝各帝王雖頒令節葬，然而選擇葬址仍精心考量來看，風水之於中國歷史之發展可謂大矣哉。於此同時，世家大族對於墓地的考量更是費勁苦心，必慎選山勢良好的山衝之地以擇葬，而且實施聚族而葬，但願能世世代代能夠穩坐龍脈，坐享高官厚祿。最後，談到《葬書》的諸多問題，包括作者、內容、傳承問題，拙文在行文當中，也提出一些看法。中國的古代文本經常可見歷史傳承的歷程，由思想發軔、整理文字、形成學說、寫成文本、史家搜羅、列入典冊，無不經過一連串艱辛而漫長的歷程，以宏觀的歷史來看，此乃中華寶貴之文化資產。

## 「分野」、「方位」、「方向」──

第五部分是關於「分野」的學說，這個學說其實有很久遠的歷史，而作為一種星占預測的方式，分野學說的主要要點即是在天空與地面之間，尋找合理解釋的空間。以期能對於上天所兆示的星象變化，對應到地面上，並做出預測吉凶的通知。因此，分野學說的關鍵在於，必須先擁有地面州國郡縣的地域分劃的正確資料，以便在做星占斷測時可以做出更為精準的報導。六朝「大地」思想當中，可以看出在正史地理志與私家地方志，皆或多或少提及分野與預測；其中，宇宙論與陰陽五行學說更是提倡「分野占測」的主要使用部門。

談到分野學說的淵源，吾人從《周禮‧保章》以及劉向《域分》即可看見其受到重視之傾向。《周禮》認為「分野」是與天文同一範疇，且其方法是

觀察星占，藉以辨吉凶；《域分》則認爲分野應與疆域的界限、方位、封地、郡縣、州國一起論述。因此，可以看出分野學說注重「空間」的屬性，包括天空的分割與地土的分裂，天空的星官與地上州國的對應，這就構成了「大地」思想當中天地對應的格局。六朝「大地」思想當中，地理學與宇宙論面向所提出的許多分野學說，基本上都是在《漢書》的分野體系之下，只不過在區域分劃上更趨細分而已。

其次，討論六朝時期的星占與分野學說，及其與大地思想之間的關係。基本上，六朝的天文史家，採取了一種「星占制君」的策略，一方面藉以引史爲正，一方面也延續漢代讖緯的餘脈，並將星占學說系統化。這在唐代的幾部星占典籍（例如《乙巳占》、《開元占經》）裡可以透露出這種關鍵。拙文也指出了在星占的操作過程當中，天文史家透過各種天文知識、分野對應，將天上的星斗與地上的州國，互相對應，以達到預測國事、占測吉凶，進一步藉著天象的兆示，而彰顯正統王朝的天威。而凡此種種，皆可視爲是六朝「大地」思想的一個面向。

## 「陰陽五行」、「對應思想」、「感應」──

最後，六朝時期也是一個陰陽五行盛行的時代，這也顯示出六朝「大地」思想多元而複雜的面向。在六朝的陰陽五行論述當中，陰陽五行不僅是一項術數的技巧，更是論述空間、方位、州國、物產、動物、植物、人體、壽命、山川、星官、風氣等諸多項目的解釋方式。陰陽五行以其五種不同的體性展開，配合空間與時間，架構起天、地、人，互相對應的體系。因此，「五方土宜」，皆因「五方之氣」，而「各有所感」。這使得大地所顯像出來的自然的、人文的、虛擬的、實際的等，各種類目皆可以被統轄在「陰陽五行」的框架裡面，而其操作的手段，就是透過「對應思想」，在萬物的聽覺、視覺、觸覺、心理知覺之間所產生的「感應」。

例如，以「八風」理論而言，透過「方位」（東、南……）、「節氣」（立春、春分……）、「卦象」（艮、震……），與風氣相串連；以「臟腑」理論而言，透過「天干」（甲、乙……）、「季節」（春、夏……）、「五行」（金、木……）、「臟腑」（肝、心……）、「植物」（葵、杏……）、「動物」（犬、牛……）、「味道」（酸、苦……）等項目互相對應；以人的身體與性格而言，透過「五行」（金、木……）、「方位」（東、南……）、「地區」（山、林……）、「州國」（冀、揚……）、「氣候」（溫、寒……）等因素加以解釋不同地區的人種與民性之關

係。這些陰陽五行的不同論述，在六朝「大地」思想的地理學與陰陽五行兩個面向當中，皆可見到許多精彩的分析。

因此，六朝「大地」思想所呈現出來的是一個多元而豐富的內涵，而六朝時期又是一個多元而複雜的時代，此多元的思想，透過各個面向之間共通的「語彙」與「知識」，感通而扣合在地理學、園林、農學、宇宙論、陰陽五行、風水等諸多方面，而展現出多元而繽紛的大地。

# 附　錄〔註1〕

## 附錄一：六朝時期「全國總志」存目表

| 作　者 | 書　名 | 卷數 | 資　料　來　源 |
|---|---|---|---|
| 〔晉〕荀綽 | 《九州記》 | 不詳 | 文廷式《補晉書藝文志》 |
| 樂資 | 《九州志》 | 不詳 | 章宗源《隋書經籍志考證》 |

〔註1〕附錄一至附錄七之資料來源，說明如下：

(1) 有關正史地理志補注部分，係根據《二十五史補篇》（臺北，臺灣開明書店，1974年6月出版）一～六冊之資料。包括：〔清〕顧懷三，《補後漢書藝文志》（收入冊二，頁2131～2304）；〔清〕侯康，《補三國藝文志》（收入冊三，頁3165～3188）；〔清〕丁國鈞，《補晉書藝文志》（收入冊三，頁3653～3701）；〔清〕文廷式，《補晉書藝文志》（收入冊三，頁3703～3795）；〔清〕秦榮光，《補晉書藝文志》（收入冊三，頁3797～3849）；〔清〕黃逢元，《補晉書藝文志》（收入冊三，頁3895～3964）；〔清〕聶崇岐，《補宋書藝文志》（收入冊三，頁4299～4308）；〔清〕陳述，《補南齊書藝文志》（收入冊三，頁4327～4345）；〔清〕章宗源，《隋書經籍志考證》（收入冊四，頁4943～5037）；〔清〕姚振宗，《隋書經籍志考證》（收入冊四，頁5039～5904）；〔清〕徐崇，《補南北史藝文志》（收入冊五，頁6649～6716）。

(2) 〔清〕王謨，《漢唐地理書鈔》（臺北，中華書局，1961年9月出版）。

(3) 正史經籍志包括，《隋書》（臺北，鼎文書局，1974年7月出版）卷33〈經籍志二・史部〉，頁953～992；《舊唐書》（臺北，鼎文書局，1985年3月出版）卷46〈經籍志上・乙部史錄〉，頁1987～2016；《新唐書》（臺北，鼎文書局，1979年2月出版）卷58〈藝文志二・乙部史錄〉，頁1453～1508。

(4) 〔唐〕歐陽詢等，《藝文類聚》（臺北，西南書局，1977年8月出版）；〔唐〕虞世南，《北堂書鈔》（台北：新興書局，1978年1月）。

(5) 〔宋〕李昉等，《太平御覽》（石家莊，河北教育出版社，2000年3月出版）。

(6) 〔宋〕李昉等，《太平御覽經史圖書綱目》，收入《四庫全書》（臺北，臺灣商務印書館，1986年3月出版）冊893，頁8～34。

(7) 〔宋〕樂史，《太平寰宇記》（臺北，中華書局，2000年1月出版）。

| | | | |
|---|---|---|---|
| 黃恭 | 《十四州記》 | 不詳 | 丁國鈞《補晉書藝文志》 |
| 王隱 | 《晉書·地道記》 | 不詳 | 王謨《漢唐地理書鈔》 |
| 伏滔 | 《地記》 | 不詳 | 丁國鈞《補晉書藝文志》 |
| 皇甫謐 | 《地書》 | 不詳 | 《隋書·崔賾傳》 |
| 摯虞 | 《畿服經》〔註2〕 | 170 | 《隋書·經籍志》 |
| 袁山松 | 《後漢書·郡國志》 | 不詳 | 王謨《漢唐地理書鈔》 |
| 佚名 | 《元康三年地記》〔註3〕 | 6 | 《隋書·經籍志》 |
| 〔宋〕佚名 | 《元嘉六年地記》〔註4〕 | 3 | 《隋書·經籍志》 |
| 劉黃門 | 《地理書鈔》 | 10 | 《隋書·經籍志》 |
| 〔齊〕陸澄 | 《地理書》 | 150 | 《隋書·經籍志》 |
| 陸澄 | 《地理書鈔》 | 20 | 《隋書·經籍志》 |
| 〔梁〕任昉 | 《地記》 | 252 | 《隋書·經籍志》 |
| 任昉 | 《地理書鈔》 | 9 | 《隋書·經籍志》 |
| 吳均 | 《十三州記》 | 不詳 | 《梁書·吳均傳》 |
| 〔陳〕顧野王 | 《輿地志》 | 30 | 《隋書·經籍志》 |
| 〔北魏〕闞駰 | 《十三州志》 | 10 | 《隋書·經籍志》 |
| 佚名 | 《大魏諸州記》 | 21 | 《隋書·經籍志》 |
| 〔隋〕佚名 | 《隋區宇圖志》 | 129 | 《隋書·經籍志》 |
| 〔隋〕佚名 | 《隋諸郡土俗物產》 | 151 | 《隋書·經籍志》 |
| 〔隋〕郎蔚之 | 《隋諸州圖經集》 | 100 | 《隋書·經籍志》 |

## 附錄二：六朝時期「州郡地記」存目表

| 地區 | 作　者 | 書　名 | 卷數 | 資　料　來　源 |
|---|---|---|---|---|
| 齊魯 | 〔晉〕荀綽 | 《兗州記》 | 不詳 | 《太平御覽經史圖書綱目》 |
| | 〔晉〕晏謨 | 《齊地記》 | 2 | 《新唐書·藝文志》 |
| | 〔晉〕伏琛 | 《齊記》 | 不詳 | 《太平御覽經史圖書綱目》 |
| | 〔晉〕佚名 | 《三齊略記》 | 不詳 | 文廷式《補晉書藝文志》 |

〔註2〕《隋書·經籍志二》〈史部·地理類·總敘〉曰：「晉世，摯虞依〈禹貢〉、〈周官〉，做《畿服經》，其州郡及縣分野封略事業，國邑山陵水泉，鄉亭城道里土田，民物風俗，先賢舊好，靡不具悉，凡一百七十卷，今亡。」
〔註3〕元康三年為〔西晉〕惠帝元康三年（293）。
〔註4〕元嘉六年為〔宋〕文帝元嘉六年（429）。

| | | | | |
|---|---|---|---|---|
| | 〔北朝〕解道康 | 《齊地記》　〔註5〕 | 不詳 | 章宗源《隋書經籍志考證》 |
| | 〔北朝〕張朏 | 《三齊記》 | 不詳 | 《太平御覽經史圖書綱目》 |
| 淮南 | 〔北魏〕劉芳 | 《徐地錄》 | 1 | 《舊唐書‧經籍志》 |
| | 〔北朝〕楊曄 | 《徐州記》 | 不詳 | 《太平御覽經史圖書綱目》 |
| | 〔北朝〕佚名 | 《彭門記》 | 不詳 | 《太平寰宇記》卷55 |
| 中州 | 〔魏〕阮籍 | 《宜陽記》 | 不詳 | 《太平御覽經史圖書綱目》 |
| | 〔晉〕佚名 | 《河南郡縣境界簿》 | 不詳 | 文廷式《補晉書藝文志》 |
| | 〔晉〕佚名 | 《晉中州記》 | 不詳 | 文廷式《補晉書藝文志》 |
| | 〔晉〕杜預 | 《汝南記》 | 不詳 | 文廷式《補晉書藝文志》 |
| | 〔晉〕江敞 | 《陳留志》 | 15 | 《隋書‧經籍志》 |
| 燕冀 | 〔魏〕盧毓 | 《冀州論》 | 不詳 | 《太平御覽經史圖書綱目》 |
| | 〔魏〕何晏 | 《冀州論》 | 不詳 | 《太平御覽經史圖書綱目》 |
| | 〔晉〕裴秀 | 《冀州記》 | 不詳 | 《隋書‧經籍志》 |
| | 〔晉〕荀綽 | 《冀州記》 | 不詳 | 丁國鈞《補晉書藝文志》 |
| | 〔晉〕張曜 | 《中山記》 | 不詳 | 文廷式《補晉書藝文志》 |
| | 〔北齊〕李公緒 | 《趙記》 | 10 | 《隋書‧經籍志》 |
| | 〔北朝〕邢子勵 | 《趙記》 | 不詳 | 《太平寰宇記》卷51 |
| | 〔北朝〕佚名 | 《洺州記》 | 不詳 | 章宗源《隋書經籍志考證》 |
| 關隴 | 〔魏〕阮籍 | 《秦記》 | 不詳 | 《太平御覽經史圖書綱目》 |
| | 〔晉〕潘岳 | 《關中記》 | 1 | 《舊唐書‧經籍志》 |
| 河西 | 〔魏〕佚名 | 《西河舊事》 | 1 | 《新唐書‧藝文志》 |
| | 〔後燕〕張資 | 《涼記》 | 10 | 《舊唐書‧經籍志》 |
| | 〔西涼〕段龜龍 | 《涼記》 | 10 | 《隋書‧經籍志》 |
| | 〔西涼〕段龜龍 | 《西河記》 | 2 | 《舊唐書‧經籍志》 |
| | 〔宋〕段國 | 《沙洲記》 | 不詳 | 《太平御覽經史圖書綱目》 |
| | 〔宋〕郭仲產 | 《仇池記》 | 不詳 | 章宗源《隋書經籍志考證》 |
| | 〔宋〕郭仲產 | 《秦州記》 | 不詳 | 章宗源《隋書經籍志考證》 |
| | 〔北朝〕佚名 | 《隴西記》 | 不詳 | 《太平御覽經史圖書綱目》 |
| 三吳 | 〔吳〕顧啓期 | 《婁地記》 | 1 | 《隋書‧經籍志》 |
| | 〔吳〕朱育 | 《會稽土地記》 | 1 | 《隋書‧經籍志》 |

〔註5〕 《齊地記》又名《齊記》，六朝期間，同名之書，有伏琛、晏謨、解道康所撰
　　　三種。

| | 〔吳〕顧微 | 《吳縣記》 | 不詳 | 章宗源《隋書經籍志考證》 |
|---|---|---|---|---|
| | 〔吳〕韋昭 | 《吳興錄》 | 1 | 顧懷三《補後漢書藝文志》 |
| | 〔吳〕韋昭 | 《三吳郡國志》 | 不詳 | 《太平寰宇記》卷94 |
| | 〔吳〕徐整 | 《豫章舊志》 | 8 | 《隋書·經籍志》 |
| | 〔晉〕佚名 | 《分吳會丹陽三郡記》 | 3 | 《舊唐書·經籍志》 |
| | 〔晉〕顧宜 | 《吳郡記》 | 2 | 《隋書·經籍志》 |
| | 〔晉〕顧長生 | 《三吳土地記》 | 不詳 | 文廷式《補晉書藝文志》 |
| | 〔晉〕賀循 | 《會稽記》 | 1 | 《隋書·經籍志》 |
| | 〔宋〕山謙之 | 《南徐州記》 | 2 | 《隋書·經籍志》 |
| | 〔宋〕山謙之 | 《吳興記》 | 3 | 《隋書·經籍志》 |
| | 〔宋〕山謙之 | 《丹陽記》 | 不詳 | 章宗源《隋書經籍志考證》 |
| | 〔宋〕董覽 | 《吳地記》 | 不詳 | 《太平御覽經史圖書綱目》 |
| | 〔宋〕王僧虔 | 《吳地記》 | 不詳 | 章宗源《隋書經籍志考證》 |
| | 〔宋〕劉澄之 | 《揚州記》 | 不詳 | 章宗源《隋書經籍志考證》 |
| | 〔宋〕佚名 | 《會稽郡十城記》 | 不詳 | 章宗源《隋書經籍志考證》 |
| | 〔宋〕孔靈符 | 《會稽記》 | 不詳 | 章宗源《隋書經籍志考證》 |
| | 〔宋〕鄭緝之 | 《永嘉記》 | 不詳 | 《太平御覽經史圖書綱目》 |
| | 〔宋〕鄭緝之 | 《東陽記》 | 1 | 《舊唐書·經籍志》 |
| | 〔宋〕劉道貞 | 《錢塘記》 | 不詳 | 章宗源《隋書經籍志考證》 |
| | 〔宋〕紀義 | 《宣城記》 | 不詳 | 《太平御覽經史圖書綱目》 |
| | 〔宋〕王玄謨 | 《壽陽記》 | 不詳 | 章宗源《隋書經籍志考證》 |
| | 〔宋〕劉澄之 | 《豫州記》 | 不詳 | 章宗源《隋書經籍志考證》 |
| | 〔宋〕劉澄之 | 《江州記》 | 不詳 | 陳述《補南齊書藝文志》 |
| | 〔宋〕荀伯子 | 《臨川記》 | 不詳 | 章宗源《隋書經籍志考證》 |
| | 〔宋〕鄭德明 | 《南康記》 | 不詳 | 《太平御覽經史圖書綱目》 |
| | 〔宋〕王韶之 | 《南康記》 | 不詳 | 《太平御覽經史圖書綱目》 |
| | 〔宋〕雷次宗 | 《豫章記》 | 1 | 《隋書·經籍志》 |
| | 〔齊〕陸道瞻 | 《吳地記》 | 不詳 | 《太平御覽經史圖書綱目》 |
| | 〔南朝〕阮敘之 | 《南兗州記》 | 1 | 《新唐書·藝文志》 |
| | 〔南朝〕佚名 | 《吳郡緣海四縣記》 | 不詳 | 章宗源《隋書經籍志考證》 |
| | 〔南朝〕是乘民 | 《江乘地記》 | 不詳 | 章宗源《隋書經籍志考證》 |
| | 〔南朝〕夏侯曾 | 《會稽地志》 | 不詳 | 《太平御覽經史圖書綱目》 |

| | | | | |
|---|---|---|---|---|
| | 〔南朝〕佚名 | 《淮南記》 | 1 | 《隋書・經籍志》 |
| | 〔南朝〕王孚 | 《安城記》 | 不詳 | 章宗源《隋書經籍志考證》 |
| | 〔南朝〕阮升之 | 《南兗州記》 | 1 | 《新唐書・藝文志》 |
| 荊湘 | 〔魏〕楊元鳳 | 《桂陽記》 | 不詳 | 侯康《補三國藝文志》 |
| | 〔晉〕張僧監 | 《潯陽記》 | 2 | 《通志・藝文略》 |
| | 〔晉〕庾仲雍 | 《湘州記》 | 2 | 《隋書・經籍志》 |
| | 〔晉〕史荃〔註6〕 | 《武昌記》 | 不詳 | 章宗源《隋書經籍志考證》 |
| | 〔晉〕庾仲雍 | 《荊州記》 | 不詳 | 《太平御覽經史圖書綱目》 |
| | 〔晉〕佚名 | 《荊州土地記》 | 不詳 | 章宗源《隋書經籍志考證》 |
| | 〔晉〕范汪 | 《荊州記》 | 不詳 | 《太平御覽經史圖書綱目》 |
| | 〔宋〕劉澄之 | 《荊州記》 | 不詳 | 章宗源《隋書經籍志考證》 |
| | 〔宋〕劉澄之 | 《梁州記》 | 不詳 | 章宗源《隋書經籍志考證》 |
| | 〔宋〕盛弘之 | 《荊州記》 | 3 | 《隋書・經籍志》 |
| | 〔宋〕郭仲產 | 《荊州記》 | 不詳 | 《隋書・經籍志》 |
| | 〔宋〕郭仲產 | 《南雍州記》 | 3 | 《舊唐書・經籍志》 |
| | 〔宋〕郭仲產 | 《湘州記》 | 1 | 《隋書・經籍志》 |
| | 〔宋〕甄烈 | 《湘州記》 | 不詳 | 章宗源《隋書經籍志考證》 |
| | 〔齊〕黃閔 | 《沅陵記》 | 不詳 | 《太平御覽經史圖書綱目》 |
| | 〔齊〕黃閔 | 《武陵記》 | 不詳 | 章宗源《隋書經籍志考證》 |
| | 〔梁〕伍安貧 | 《武陵記》 | 不詳 | 章宗源《隋書經籍志考證》 |
| | 〔梁〕鮑至 | 《南雍州記》 | 6 | 《隋書・經籍志》 |
| | 〔梁〕梁元帝 | 《荊南地記》 | 2 | 《隋書・經籍志》 |
| | 〔南朝〕佚名 | 《湘州記》 | 4 | 《新唐書・藝文志》 |
| 巴蜀 | 〔蜀〕譙周 | 《三巴記》 | 1 | 《隋書・經籍志》 |
| | 〔晉〕袁修明 | 《巴蜀志》 | 1 | 《隋書・經籍志》 |
| | 〔宋〕任預 | 《益州記》 | 不詳 | 章宗源《隋書經籍志考證》 |
| | 〔梁〕李膺 | 《益州記》 | 3 | 《隋書・經籍志》 |
| 南中 | 〔晉〕魏完 | 《南中志》 | 不詳 | 文廷式《補晉書藝文志》 |
| | 〔晉〕佚名 | 《南中八郡志》 | 不詳 | 文廷式《補晉書藝文志》 |
| | 佚名 | 《漢中記》 | 不詳 | 《太平寰宇記》卷138 |

---

〔註6〕　史荃，異寫頗多，又作史岑、史苓者，章宗源認爲蓋以形似而訛，當以史荃　爲是。參劉緯毅，《漢唐方志輯佚》，頁114之說明。

| 閩越 | 〔梁〕蕭子開 | 《建安記》 | 不詳 | 章宗源《隋書經籍志考證》 |
|---|---|---|---|---|
| 交廣 | 〔晉〕王隱 | 《交廣記》 | 不詳 | 丁國鈞《補晉書藝文志》 |
| | 〔晉〕黃恭 | 《交廣記》 | 1 | 文廷式《補晉書藝文志》 |
| | 〔晉〕王范 | 《交廣二州記》 | 1 | 《新唐書·藝文志》 |
| | 〔晉〕劉欣期 | 《交州記》 | 不詳 | 丁國鈞《補晉書藝文志》 |
| | 〔晉〕佚名 | 《交州雜事》 | 10 | 文廷式《補晉書藝文志》 |
| | 〔晉〕裴淵 | 《廣州記》 | 2 | 文廷式《補晉書藝文志》 |
| | 〔晉〕顧微 | 《廣州記》 | 不詳 | 文廷式《補晉書藝文志》 |
| | 〔宋〕王歆之 | 《始安郡記》 | 7 | 章宗源《隋書經籍志考證》 |
| | 〔宋〕王韶之 | 《始興記》 | 不詳 | 章宗源《隋書經籍志考證》 |
| | 〔宋〕沈懷遠 | 《南越志》 | 8 | 《隋書·經籍志》 |
| | 〔宋〕劉澄之 | 《交州記》 | 不詳 | 姚振宗《隋書經籍志考證》 |
| | 〔宋〕姚文咸 | 《交州記》 | 不詳 | 章宗源《隋書經籍志考證》 |

## 附錄三：六朝時期「都邑文物」方志存目表

| 都邑 | 作　者 | 書　名 | 卷數 | 資　料　來　源 |
|---|---|---|---|---|
| 長安 | 〔晉〕戴延之 | 《西京記》 | 不詳 | 《藝文類聚》卷 64 |
| | 〔北魏〕崔鴻 | 《西京記》 | 不詳 | 《初學記》卷 6 |
| | 〔北周〕薛寬 | 《西京記》 | 3 | 《隋書·經籍志》 |
| | 〔北朝〕佚名 | 《長安記》 | 不詳 | 《初學記》卷 8 |
| | 〔北朝〕佚名 | 《京兆記》 | 不詳 | 《初學記》卷 27 |
| | 〔北朝〕佚名 | 《京兆舊事》 | 不詳 | 《太平御覽》卷 31 |
| 洛陽 | 〔晉〕佚名 | 《洛陽記》 | 4 | 《隋書·經籍志》 |
| | 〔晉〕陸機 | 《洛陽記》 | 1 | 《隋書·經籍志》 |
| | 〔晉〕華延儁 | 《洛陽記》 | 不詳 | 章宗源《隋書經籍志考證》 |
| | 〔晉〕楊佺期 | 《洛陽圖》 | 1 | 《隋書·經籍志》 |
| | 〔晉〕佚名 | 《洛陽宮殿簿》 | 1 | 《隋書·經籍志》 |
| | 〔晉〕佚名 | 《洛陽宮地記》 | 不詳 | 文廷式《補晉書藝文志》 |
| | 〔晉〕佚名 | 《洛陽宮舍記》 | 不詳 | 丁國鈞《補晉書藝文志》 |
| | 〔晉〕佚名 | 《洛陽故宮名》 | 不詳 | 《藝文類聚》卷 64 |

| | | | | |
|---|---|---|---|---|
| | 〔北魏〕楊衒之 | 《洛陽伽藍記》 | 5 | 《隋書・經籍志》 |
| | 〔北朝〕佚名 | 《洛陽圖經》 | 不詳 | 章宗源《隋書經籍志考證》 |
| | 〔北朝〕劉璆 | 《京師寺塔記》 | 10 | 《隋書・經籍志》 |
| | 〔北朝〕釋曇宗 | 《京師寺塔記》 | 2 | 《隋書・經籍志》 |
| 建康 | 〔吳〕佚名 | 《吳都記》 | 不詳 | 《初學記》卷8 |
| | 〔梁〕陶季直 | 《京邦記》 | 2 | 《新唐書・藝文志》 |
| | 〔陳〕姚察 | 《建康記》 | 1 | 徐崇《補南北史藝文志》 |
| | 〔陳〕佚名 | 《建康宮殿簿》 | 不詳 | 章宗源《隋書經籍志考證》 |
| 鄴 | 〔晉〕陸翽 | 《鄴中記》 | 2 | 《隋書・經籍志》 |
| | 〔北齊〕楊楞伽 | 《鄴都故事》 | 不詳 | 《太平御覽經史圖書綱目》 |

# 附錄四：六朝時期「山水地志」存目表

| 山／水 | 作　者 | 書　名 | 卷數 | 資　料　來　源 |
|---|---|---|---|---|
| 通論 | 〔晉〕羅含 | 《湘中山水記》 | 3 | 丁國鈞《補晉書藝文志》 |
| | 〔晉〕袁山松 | 《宜都山川記》 | 不詳 | 丁國鈞《補晉書藝文志》 |
| | 〔宋〕王韶之 | 《神境記》 | 不詳 | 章宗源《隋書經籍志考證》 |
| | 〔齊〕黃閔 | 《神壤記》〔註7〕 | 1 | 《隋書・經籍志》 |
| | 〔齊〕劉澄之 | 《永初山川古今記》 | 20 | 《隋書・經籍志》 |
| | 〔齊〕劉澄之 | 《司州山川古今記》 | 3 | 姚振宗《隋書經籍志考證》 |
| 山總論 | 〔晉〕王演 | 《山記》 | 不詳 | 文廷式《補晉書藝文志》 |
| | 〔晉〕張玄之 | 《吳興山墟名》 | 不詳 | 丁國鈞《補晉書藝文志》 |
| | 〔宋〕謝靈運 | 《遊名山志》 | 1 | 《隋書・經籍志》 |
| | 〔宋〕謝靈運 | 《居名山志》 | 1 | 《隋書・經籍志》 |
| 廬山 | 〔晉〕釋慧遠 | 《廬山記》 | 3 | 丁國鈞《補晉書藝文志》 |

〔註7〕 王庸發現黃閔《神壤記》與王韶之《神境記》，同記滎陽山水，不知孰先。《神
壤記》見於〈隋志〉書目，而根據姚振宗，《隋書經籍志考證》的說明：「《神
境記》，蓋亦記滎陽山水古蹟，與此相類，特不知黃閔與王韶之孰先孰後耳。」
參王庸，《中國地理學史》（臺北，臺灣商務印書館，1986年10月出版），頁
150。

| | 〔晉〕釋慧遠 | 《廬山記略》 | 1 | 丁國鈞《補晉書藝文志》 |
|---|---|---|---|---|
| | 〔晉〕王彪之 | 《廬山記》 | 不詳 | 文廷式《補晉書藝文志》 |
| | 〔晉〕張野 | 《廬山記》 | 不詳 | 文廷式《補晉書藝文志》 |
| | 〔晉〕劉遺民 | 《廬山記》 | 不詳 | 文廷式《補晉書藝文志》 |
| | 〔晉〕陳舜俞 | 《廬山記》 | 不詳 | 文廷式《補晉書藝文志》 |
| | 〔晉〕伏滔 | 《遊廬山序》 | 不詳 | 文廷式《補晉書藝文志》 |
| | 〔齊〕宗測 | 《廬山記》 | 不詳 | 陳述《補南齊書藝文志》 |
| | 〔南朝〕周景式 | 《廬山記》 | 不詳 | 章宗源《隋書經籍志考證》 |
| 羅浮山 | 〔晉〕袁宏 | 《羅浮山記》 | 不詳 | 丁國鈞《補晉書藝文志》 |
| | 〔晉〕竺法眞 | 《羅浮山疏》 | 不詳 | 文廷式《補晉書藝文志》 |
| 虎丘山 | 〔晉〕王珣 | 《虎丘記》 | 不詳 | 文廷式《補晉書藝文志》 |
| | 〔晉〕顧愷之 | 《虎丘山序》 | 不詳 | 文廷式《補晉書藝文志》 |
| 衡山 | 〔晉〕徐靈期 | 《南嶽記》 | 不詳 | 黃逢元《補晉書藝文志》 |
| | 〔齊〕宋居士 | 《衡山記》 | 1 | 《隋書經籍志》 |
| | 〔齊〕宗測 | 《衡山記》 | 不詳 | 陳述《補南齊書藝文志》 |
| 勾將山 | 〔晉〕袁山松 | 《勾將山記》 | 不詳 | 文廷式《補晉書藝文志》 |
| 幕阜山 | 〔晉〕葛洪 | 《幕阜山記》 | 1 | 文廷式《補晉書藝文志》 |
| 嵩山 | 〔北朝〕盧元明 | 《嵩山記》 | 不詳 | 章宗源《隋書經籍志考證》 |
| 天台山 | 〔晉〕支遁 | 《天台山圖》 | 不詳 | 文廷式《補晉書藝文志》 |
| 石簣山 | 〔晉〕賀循 | 《石簣山記》 | 不詳 | 秦榮光《補晉書藝文志》 |
| 水總論 | 〔吳〕虞仲翔 | 《川瀆記》 | 不詳 | 姚振宗《三國藝文志》 |
| | 〔晉〕釋道安 | 《四海百川水源記》 | 1 | 《隋書·經籍志》 |
| 長江 | 〔晉〕庾仲雍 | 《江記》 | 5 | 《隋書·經籍志》 |
| 漢水 | 〔晉〕庾仲雍 | 《漢水記》 | 5 | 《隋書·經籍志》 |
| | 〔晉〕庾仲雍 | 《尋江源記》 | 5 | 《舊唐書·經籍志》 |
| | 佚名 | 《尋江源記》 | 1 | 《隋書·經籍志》 |
| 沅江 | 〔齊〕黃閔 | 《沅川記》 | 不詳 | 章宗源《隋書經籍志考證》 |

# 附錄五：六朝時期「異物風俗」方志存目表

| 作　者 | 書　名 | 卷數 | 所記區域 | 資　料　出　處 |
|---|---|---|---|---|
| 〔東漢〕楊孚 | 《交州異物志》〔註8〕 | 1 | 交州 | 《隋書·經籍志》 |
| 〔東漢〕楊孚 | 《臨海水土記》 | 不詳 | 臨海郡 | 《隋書·經籍志》 |
| 〔吳〕薛瑩 | 《荊揚巴南異物志》 | 不詳 | 荊州、揚州 | 候康《補三國藝文志》 |
| 〔吳〕薛翊 | 《異物志》 | 不詳 | 不詳 | 章宗源《隋書經籍志考證》 |
| 〔吳〕沈瑩 | 《臨海水土異物志》〔註9〕 | 1 | 臨海郡 | 《隋書·經籍志》 |
| 〔吳〕萬震 | 《南州異物志》 | 1 | 交州 | 《隋書·經籍志》 |
| 〔蜀〕譙周 | 《巴蜀異物志》 | 不詳 | 巴、蜀 | 顧懷三《補後漢書藝文志》 |
| 〔晉〕續絃 | 《異物志》 | 不詳 | 不詳 | 黃逢元《補晉書藝文志》 |
| 〔晉〕徐衷 | 《南方草物狀》〔註10〕 | 不詳 | 交州、廣州 | 《太平御覽經史圖書綱目》 |
| 〔東晉〕佚名 | 《涼州異物志》 | 1 | 涼州 | 《隋書·經籍志》 |
| 〔南朝〕曹叔雅 | 《廣陵異物志》 | 不詳 | 廣陵郡 | 《太平御覽經史圖書綱目》 |
| 〔南朝〕佚名 | 《南方異物志》 | 不詳 | 交州、廣州 | 章宗源《隋書經籍志考證》 |
| 〔南朝〕束皙 | 《發蒙記》 | 1 | 不詳 | 《隋書·經籍志》〔註11〕 |

〔註8〕 本書異名甚多，據劉緯毅《漢唐方志輯佚》的整理，《隋書·經籍志》著錄楊孚《異物志》一卷、楊孚《交州異物志》一卷，似為兩種。然《水經注》引作楊氏《南裔異物志》；《北堂書鈔》、《初學記》注引作《楊孚異物志》；《北戶錄》則作《交州異物志》；《類聚》、《御覽》又作《交趾異物志》，異名甚夥。今觀佚文所記均為交州之異物，楊氏一人實無必要、也不太可能一題寫二書。又漢晉之間，曾撰《異物志》者亦甚夥，有楊孚、譙周、薛瑩、薛翊、陳祈暢、續咸等多人；且後代類書引用此類書籍時，常簡稱《異物志》，或未署撰人，徒增考據上之困難。

〔註9〕 本書亦有多種異名。《隋書·經籍志》作《臨海水土物志》1卷；《舊唐書·經籍志》作《臨海水土異物志》1卷；《太平御覽經史圖書剛目》作《臨海水土志》；《齊民要術》、《太平御覽》則作《臨海異物志》。

〔註10〕 本書所稱「南方」，蓋泛指嶺南與越南地區。《太平御覽經史圖書綱目》作徐衷《南方記》；文廷式《補晉書藝文志》作徐衷《南方草木狀》。

〔註11〕 本書雖未以「異物」為書名，據《隋書·經籍志》載「《發蒙記》一卷，束皙撰，載物產之異。」推測本書亦屬記異物一類。

# 附錄六：六朝時期「域外行記」方志存目表

| 作　者 | 書　名 | 卷數 | 資　料　出　處 |
|---|---|---|---|
| 〔吳〕康泰 | 《吳時外國傳》 | 不詳 | 侯康《補三國藝文志》 |
| 〔晉〕伏滔 | 《北征記》 | 不詳 | 丁國鈞《補晉書藝文志》 |
| 郭緣生 | 《述征記》 | 2 | 《隋書·經籍志》 |
| 戴延之 | 《西征記》 | 2 | 《隋書·經籍志》 |
| 戴延之 | 《宋武北征記》 | 1 | 《隋書·經籍志》 |
| 釋道安 | 《西域記》 | 不詳 | 丁國鈞《補晉書藝文志》 |
| 裴淵 | 《海東記》 | 不詳 | 文廷式《補晉書藝文志》 |
| 釋法顯 | 《佛國記》 | 1 | 《隋書·經籍志》 |
| 蓋泓 | 《珠崖傳》〔註12〕 | 1 | 《隋書·經籍志》 |
| 佚名 | 《交州以南外國傳》 | 1 | 《隋書·經籍志》 |
| 〔宋〕釋智猛 | 《遊行外國傳》 | 1 | 《隋書·經籍志》 |
| 沈懷文 | 《隨王入沔記》 | 6 | 《隋書·經籍志》 |
| 裴松之 | 《述征記》 | 不詳 | 聶崇岐《補宋書藝文志》 |
| 裴松之 | 《西征記》 | 不詳 | 聶崇岐《補宋書藝文志》 |
| 裴松之 | 《北征記》 | 不詳 | 聶崇岐《補宋書藝文志》 |
| 徐齊民 | 《北征記》 | 不詳 | 姚振宗《隋書經籍志考證》 |
| 伍緝之 | 《從征記》 | 不詳 | 姚振宗《隋書經籍志考證》 |
| 邱淵之 | 《征齊道里志》 | 不詳 | 章宗源《隋書經籍志考證》 |
| 〔梁〕釋僧佑 | 《世界記》 | 5 | 《隋書·經籍志》 |
| 薛泰 | 《輿駕東行記》 | 1 | 《隋書·經籍志》 |
| 李繪 | 《封君義行記》 | 1 | 《隋書·經籍志》 |
| 姚最 | 《序行記》 | 10 | 《隋書·經籍志》 |
| 諸葛穎 | 《北伐記》 | 7 | 《隋書·經籍志》 |
| 諸葛穎 | 《巡撫揚州記》 | 7 | 《隋書·經籍志》 |
| 釋曇景 | 《外國傳》 | 5 | 《隋書·經籍志》 |
| 釋法盛 | 《歷國傳》 | 2 | 《隋書·經籍志》 |
| 〔陳〕江德藻 | 《聘北道里記》 | 3 | 《隋書·經籍志》 |

〔註12〕 《隋書·經籍志》此書注曰：「《珠崖傳》1卷，偽燕聘晉使蓋泓撰。」推測此書內容亦為朝聘行記之書。

| | 劉師知 | 《聘遊記》 | 3 | 《隋書・經籍志》 |
|---|---|---|---|---|
| | 佚名 | 《朝聘記》 | 6 | 《隋書・經籍志》 |
| | 〔北朝〕蔡允恭 | 《并州入朝道里記》 | 1 | 《隋書・經籍志》 |
| | 〔北朝〕佚名 | 《魏聘使行記》 | 6 | 《隋書・經籍志》 |
| | 〔北朝〕佚名 | 《西域道里志》 | 不詳 | 《隋書・經籍志》 |
| | 〔隋〕佚名 | 《大隋翻經婆羅門法師外國傳》 | 5 | 《隋書・經籍志》 |

# 附錄七：六朝時期「先賢耆舊」方志存目表

| 地區 | 作　者 | 書　名 | 卷數 | 資　料　來　源 |
|---|---|---|---|---|
| 齊魯 | 〔曹魏〕王基 | 《東萊耆舊傳》 | | 《三國志・魏志》 |
| | 〔晉〕白褒 | 《魯國先賢傳》 | 2 | 《隋書・經籍志》 |
| | 〔晉〕佚名 | 《濟北先賢傳》 | 1 | 《隋書・經籍志》 |
| | 〔北朝〕佚名 | 《青州先賢傳》 | 不詳 | 章宗源《隋書經籍志考證》 |
| | 〔北朝〕佚名 | 《兗州先賢傳》 | 1 | 《隋書・經籍志》 |
| 中州 | 〔魏〕蘇林 | 《陳留耆舊傳》〔註13〕 | 1 | 《隋書・經籍志》 |
| | 〔魏〕周裴 | 《汝南先賢傳》 | 5 | 《隋書・經籍志》 |
| | 〔北朝〕陳英宗 | 《陳留先賢像贊》 | 1 | 《隋書・經籍志》 |
| 三吳 | 〔吳〕謝承 | 《會稽先賢傳》 | 7 | 《隋書・經籍志》 |
| | 〔吳〕陸凱 | 《吳先賢傳》 | 4 | 《隋書・經籍志》 |
| | 〔吳〕徐整 | 《豫章列士傳》 | 3 | 《隋書・經籍志》 |
| | 〔晉〕熊默 | 《豫章舊志》 | 3 | 《隋書・經籍志》 |
| | 〔晉〕熊欣 | 《豫章舊志後撰》 | 1 | 《隋書・經籍志》 |
| | 〔晉〕佚名 | 《廣陵耆老傳》 | 不詳 | 文廷式《補晉書藝文志》 |
| | 〔晉〕華鬲 | 《廣陵烈士傳》 | 1 | 《舊唐書・經籍志》 |
| | 〔晉〕佚名 | 《會稽先賢像贊》 | 5 | 《隋書・經籍志》 |
| | 〔晉〕鍾離岫 | 《會稽後賢傳記》 | 2 | 《隋書・經籍志》 |
| | 〔晉〕佚名 | 《永嘉流人名》 | 不詳 | 丁國鈞《補晉書藝文志》 |

〔註13〕六朝其間，書名爲《陳留耆舊傳》者，有〔東漢〕袁湯、〔東漢〕圈稱、〔魏〕蘇林所撰三種。因後代佚文常未署撰人，姑逕以《陳留耆舊傳》統稱之。又陳留郡，治所在今河南開封。

| | | | | | |
|---|---|---|---|---|---|
| | 〔宋〕劉義慶 | 《江左名士傳》 | 1 | 《隋書・經籍志》 | |
| | 〔宋〕劉義慶 | 《徐州先賢贊》 | 9 | 《隋書・經籍志》 | |
| | 〔南朝〕佚名 | 《徐州先賢傳》 | 1 | 《隋書・經籍志》 | |
| 荊湘 | 〔吳〕張勝 | 《桂陽先賢畫贊》 | 1 | 《隋書・經籍志》 | |
| | 〔晉〕高范 | 《荊州先賢傳》 | 3 | 《隋書・經籍志》 | |
| | 〔晉〕張方 | 《楚國先賢傳》 | 12 | 《隋書・經籍志》 | |
| | 〔晉〕劉彧 | 《長沙耆舊傳讚》 | 3 | 《隋書・經籍志》 | |
| | 〔晉〕習鑿齒 | 《襄陽耆舊記》 | 5 | 《隋書・經籍志》 | |
| | 〔宋〕郭緣生 | 《武昌先賢志》 | 2 | 《隋書・經籍志》 | |
| | 〔南朝〕佚名 | 《武陵先賢傳》 | 不詳 | 章宗源《隋書經籍志考證》 | |
| | 〔南朝〕佚名 | 《南陽先賢傳》 | 不詳 | 《北堂書鈔》卷 154 | |
| | 〔南朝〕佚名 | 《零陵先賢傳》 | 1 | 《隋書・經籍志》 | |
| 巴蜀 | 〔南朝〕陳長壽 | 《益部耆舊傳》 | 14 | 《隋書・經籍志》 | |
| | 〔南朝〕佚名 | 《續益部耆舊傳》 | 2 | 《隋書・經籍志》 | |
| 交廣 | 〔吳〕陸胤 | 《廣州先賢傳》 | 7 | 《舊唐書・經籍志》 | |
| | 〔吳〕士燮 | 《交州人物志》 | 不詳 | 章宗源《隋書經籍志考證》 | |
| | 〔晉〕范瑗 | 《交州先賢傳》 | 3 | 《隋書・經籍志》 | |

# 附錄八：六朝正史〈天文志〉「分野」記錄史料表 〔註14〕

| 發生時間 | 分 野 史 料 | 地區 | 分野模式 | 資料來源 |
|---|---|---|---|---|
| 魏明帝太和 6 年（232） | 十一月有星孛於翼，占曰：「為兵喪」，翼，楚分，孫權封略也。明年，權有遼東之敗。 | 楚 | 二十八宿分野 | 《宋書・天文志》卷 23，頁 682 |
| 魏明帝青龍 3 年（235） | 十月太白晝見在尾，占曰：「尾為燕，燕臣強，有兵。」景初元年（238），公孫淵發兵。 | 燕 | 二十八宿分野 | 《宋書・天文志》卷 23，頁 684 |
| 魏明帝青龍 4 年（236） | 五月太白犯畢，占曰：「畢為邊兵，又主刑罰。」九月，涼州塞外胡阿畢師侵犯諸國。 | 趙 | 二十八宿分野 | 《宋書・天文志》卷 23，頁 684 |

〔註14〕 依據《宋書》卷 23〈天文志・一〉～卷 26〈天文志・四〉、《魏書》卷 105-1〈天象志・一〉～卷 105-4〈天象志・四〉、《隋書》卷 19〈天文志・上〉～卷 21〈天文志・下〉綜合整理。

| 魏明帝景初2年（239） | 八月慧星見張，占曰：「爲兵喪，張，周分野，洛陽惡之。」十月，斬公孫淵。 | 周 | 二十八宿分野 | 《宋書・天文志》卷23，頁686 |
|---|---|---|---|---|
| 魏齊王正始元年（240） | 十月慧星拂牽牛，犯太白。占曰：「牛，吳越之分。吳、越有兵喪。」二年五月，吳將寇芍陂，……吳太子登卒。 | 吳越 | 二十八宿分野 | 《宋書・天文志》卷23，頁686 |
| 魏齊王正始6年（245） | 八月慧星見七星，進至張，……七年十一月，又見軫，……九年七月，又見翼，進至軫，占曰：「七星、張，周分野，翼、軫爲楚，主兵喪也。」嘉平元年（249），司馬懿誅曹爽兄弟。……三年（251），誅楚王。 | 周楚 | 二十八宿分野 | 《宋書・天文志》卷23，頁687 |
| 吳主孫權赤烏13年（250） | 五月，熒惑逆行入南斗，占曰：「熒惑逆行，其地有死君。」太元二年（252）權薨，是其應也。故國志書於吳而不書於魏也。 | 吳 | 五星分野 | 《宋書・天文志》卷23，頁688 |
| 魏高貴鄉公正元元年（254） | 十一月，有白氣出斗側，……是歲，吳主孫亮五鳳元年（254），斗牛，吳、越分。占曰：「有兵喪，除舊佈新之象也。」太平三年（258），孫休代立，是其應也。故國志又書於吳。 | 吳越 | 二十八宿分野 | 《宋書・天文志》卷23，頁690 |
| 西晉武帝泰始4年（268） | 正月慧星見軫，……占曰：「爲兵喪，軫又楚分也。」十月，吳將施積寇江夏。 | 楚 | 二十八宿分野 | 《宋書・天文志》卷23，頁693 |
| 西晉武帝泰始10年（274） | 十二月，有星孛於軫，占曰：「天下兵起，軫又楚分也。」……咸寧六年（280）吳亡，是其應也。 | 楚 | 二十八宿分野 | 《宋書・天文志》卷23，頁693 |
| 西晉武帝太康2年（281） | 八月，有星孛於張，占曰：「爲兵喪。周分野，災在洛邑。」四年（283），齊王攸薨。 | 周 | 二十八宿分野 | 《宋書・天文志》卷23，頁694 |
| 西晉惠帝元康5年（295） | 四月，有星孛於奎，占曰：「奎爲魯，又爲庫兵。」明年（296），武庫火。 | 魯 | 二十八宿分野 | 《宋書・天文志》卷24，頁699 |
| 西晉惠帝永興2年（305） | 八月，星孛於昂、畢。占曰：「爲兵喪。」昂、畢，又趙、魏分也。明年（306），惠帝崩。 | 趙魏 | 二十八宿分野 | 《宋書・天文志》卷24，頁704 |
| 西晉懷帝永嘉6年（312） | 七月，熒惑、歲星、塡星、太白聚牛女之間，按占曰：「牛，揚州分。」是後兩都傾覆，而元帝中興，是其應也。 | 揚州 | 五星分野 | 《宋書・天文志》卷24，頁706 |

| | | | | |
|---|---|---|---|---|
| 東晉元帝太興元年（318） | 七月，太白犯南斗，占曰：「吳、越有兵。」……三年（320）太白犯歲星，在翼，占曰：「爲兵亂。」……永昌元年（322），王敦率江荊之眾，來攻京都。 | 吳 越 翼 | 二十八宿分野 | 《宋書・天文志》卷24，頁707 |
| 東晉成帝咸和6年（331） | 十一月，熒惑守胃、昂，占曰：「趙、魏有兵。」八年（333）七月，石勒死，石虎自立，……是時雖勒、虎僭號，而其強弱常占於昂。 | 趙魏 | 二十八宿分野 | 《宋書・天文志》卷24，頁707 |
| 東晉成帝咸康2年（336） | 九月太白犯南斗，占曰：「斗爲宰相，又揚州分，死喪象。」五年（339），王導薨。 | 揚州 | 二十八宿分野 | 《宋書・天文志》卷24，頁709 |
| 東晉康帝建元元年（343） | 正月太白入昂，占曰：「趙地有兵。」是年，石虎殺其太子徒屬二百餘人。 | 趙 | 二十八宿分野 | 《宋書・天文志》卷24，頁711 |
| 東晉穆帝永和4年（348） | 五月，熒惑入婁，占在趙，及爲兵喪。五年（349），石虎僭號稱帝，尋病死。 | 趙 | 二十八宿分野 | 《宋書・天文志》卷24，頁713 |
| 東晉哀帝興寧元年（363） | 十月，月奄太白，在須女。占曰：「災在揚州。」三年（365），洛陽沒。 | 揚州 | 二十八宿分野 | 《宋書・天文志》卷24，頁718 |
| 東晉海西公太和元年（366） | 二月月奄熒惑，在參。占曰：「爲內亂。參，魏地。」五年（370），慕容暐爲苻堅所滅，司、冀、幽、并四州並屬氏。 | 魏 | 二十八宿分野 | 《宋書・天文志》卷24，頁718 |
| 東晉孝武帝寧康3年（375） | 六月太白犯東井，占曰：「秦地有兵。」太元元年（376），苻堅破涼州。 | 秦 | 二十八宿分野 | 《宋書・天文志》卷25，頁722 |
| 東晉孝武帝太元7年（382） | 十一月太白晝見，在斗。占曰：「吳有兵喪。」八年（383）太白又晝見，在餐。占曰：「魏有兵喪。」九月，苻堅攻沒壽陽。 | 吳魏 | 二十八宿分野 | 《宋書・天文志》卷25，頁723 |
| 東晉孝武帝太元19年（394） | 十月太白犯歲星，在斗。占曰：「爲饑，爲內兵，斗，吳、越分。」至隆安元年（397），王恭等舉兵。 | 吳越 | 二十八宿分野 | 《宋書・天文志》卷25，頁726 |
| 東晉安帝隆安元年（397） | 月奄歲星，在東壁。占曰：「爲饑，衛地有兵。」二年（398）六月，歲星晝見在胃，胃，兗州分。是年歆恢以萬人殘虜於滑臺。 | 兗州 | 二十八宿分野 | 《宋書・天文志》卷25，頁727 |

| 北魏道武帝永興 2 年（410） | 三月至秋八月，月三掩南斗，斗，吳分也。占曰：「強大之臣有干天祿者，大人憂之。」時劉裕謀弱晉室，……殺僕射謝混，襲荊州刺史劉毅於江陵，夷之。……其君託食而已。 | 吳 | 二十八宿分野 | 《魏書・天象志》卷105-3，頁2394 |
|---|---|---|---|---|
| 北魏明元帝神瑞 5 年（420） | 三月，月犯太白於參。參，魏分野。占曰：「強侯作難，國戰不勝。」……明年（421）七月，劉裕以舟師渡河，陷我滑臺。 | 魏 | 二十八宿分野 | 《魏書・天象志》卷105-3，頁2396 |
| 宋武帝永初 2 年（421） | 熒惑犯氐、犯房。……氐、房又兗、豫分。占曰：「人主有憂。」……七月，長沙王薨，王領兗州也。 | 兗州豫州 | 二十八宿分野 | 《宋書・天文志》卷26，頁744 |
| 北魏太武帝始光元年（424） | 正月，月犯心，心為宋分。月為大臣，主刑事。是歲，宋權臣徐羨之、謝晦、傅亮殺其主，立其弟宜都王，是為宋文帝。 | 宋 | 二十八宿分野 | 《魏書・天象志》卷105-3，頁2400 |
| 北魏文成帝太安 3 年（457） | 十一月，太白犯房，月入南斗，皆宋分。占曰：「國有變，臣為亂。」……明年（458），宋兗州刺史作亂，宋王親戎，無日不戰，悉屠之。 | 宋 | 二十八宿分野 | 《魏書・天象志》卷105-3，頁2408 |
| 宋孝武帝大明 2 年（458） | 熒惑入東井。井，雍州分。……海陵王茂修為雍州刺史，反誅。 | 雍州 | 二十八宿分野 | 《宋書・天文志》卷26，頁750 |
| 北魏文成帝和平元年（460） | 四月，太白犯東井，井，秦分。占曰：「雍州有兵亂。」六月，月犯心，心，宋分。時宋君虐其諸弟，後宮多喪。……是歲，詔諸將討雍州。 | 秦雍州宋 | 二十八宿分野 | 《魏書・天象志》卷105-3，頁2409 |
| 宋前廢帝永光元年（465） | 正月太白掩牽牛。牽牛，越分。二月入南斗，南斗，揚州分野。……六月熒惑入東井，東井，雍州分。……其年，太宰江夏王義恭誅。 | 越揚州雍州 | 二十八宿分野 | 《宋書・天文志》卷26，頁754 |
| 宋明帝泰始 6 年（470） | 八月，熒惑犯南斗，南斗，吳分。占曰：「大臣有誅者。」二年（471），殺揚州刺史王景文。 | 吳 | 二十八宿分野 | 《宋書・天文志》卷26，頁756 |
| 北魏宣武帝景明元年（500） | 二月，月入南斗，占曰：「吳越有憂。」十二月，蕭寶卷被殺。 | 吳越 | 二十八宿分野 | 《魏書・天象志》卷105-1，頁2371 |
| 北魏宣武帝永平元年（508） | 六月，太白、歲星合於柳。柳，為周分。占曰：「有內兵以賊諸侯。」八月，冀州刺史舉兵反。 | 周 | 二十八宿分野 | 《魏書・天象志》卷105-3，頁2433 |

| 梁武帝天監 7 年（508） | 九月，月犯東井，占曰：「有水災。」其年京師大水。 | 雍州 | 二十八宿分野 | 《隋書・天文志》卷 21，頁 593 |
|---|---|---|---|---|
| 北齊文宣帝天保 10 年（559） | 六月庚子，填星犯井鉞，與太白并。占曰：「子爲玄枵，齊之分野。君有戮死者，大臣誅，斧鉞用。」明年（560），廢少帝爲濟南王。 | 齊 | 十二次分野 | 《隋書・天文志》卷 21，頁 601 |
| 北齊廢帝皇建 2 年（560） | 四月丙子，日有食之。子爲玄枵，齊之分野。占曰：「有大喪。」十一月，帝以暴疾崩。 | 齊 | 十二次分野 | 《隋書・天文志》卷 21，頁 601 |
| 北齊孝武帝河清 4 年（565） | 正月甲辰，太白、熒惑、歲星合在婁。占曰：「甲爲齊。改立侯王，國易政。」……至四月，傳位於太子，改元。 | 齊 | 十干分野 | 《隋書・天文志》卷 21，頁 601 |
| 陳文帝天嘉 7 年（566） | 二月，月無光，烏見。占曰：「王者惡之。」其日庚午，吳、楚之分野。……是月，帝崩。 | 吳楚 | 十干分野 | 《隋書・天文志》卷 21，頁 598 |
| 北齊後主武平 3 年（572） | 八月，填星、歲星、太白合於氐，宋之分野。占曰：「其國內外有兵喪，改立侯王。」四年（573）十一月，後周武帝攻晉州，進兵并州，大戰流血。 | 宋 | 二十八宿分野 | 《隋書・天文志》卷 21，頁 602 |
| 北周武帝建德 6 年（577） | 十月，月食，熒惑在斗，占曰：「國敗，其君亡，兵大起，破軍殺將。」斗爲吳、越之星，陳之分野。明年（578），討擒陳將吳明徹俘斬三萬餘人。 | 吳越 | 二十八宿分野 | 《隋書・天文志》卷 21，頁 608 |
| 隋文帝開皇 8 年（588） | 十月有星孛於牽牛，占曰：「臣殺君，天下合謀。牛，吳、越之星，陳之分野。」後年（590），陳氏滅。 | 吳越 | 二十八宿分野 | 《隋書・天文志》卷 21，頁 612 |

# 參考書目

一、古　籍（含後人注疏）

1. 《二十五史補篇》，臺北，臺灣開明書店，1974 年 6 月出版。

2. 《九家舊晉書輯本》，〔清〕湯球輯，鄭州，中州古籍出版社，1991 年 8 月出版。

3. 《十三經全文標點本》，吳樹平等點校，北京，北京燕山出版社，1991 年 12 月出版。

4. 《三國志》，〔晉〕陳壽，臺北，鼎文書局，1993 年 6 月出版。

5. 《三國會要》，〔清〕楊晨，臺北，世界書局，1975 年 3 月出版。

6. 《三才圖會》，〔明〕王圻，臺北，成文出版社，1974 年出版。

7. 《山海經》，〔晉〕郭璞注，上海，上海古籍出版社，1986 年 1 月出版。

8. 《水經注校釋》，〔北魏〕酈道元，杭州，杭州大學出版社，1999 年 4 月出版。

9. 《文選》，〔梁〕蕭統編，北京，中華書局，1996 年 1 月出版。

10. 《文心雕龍》，〔梁〕劉勰，臺北，三民書局，1994 年 4 月出版。

11. 《文獻通考》，〔元〕馬端臨，杭州，浙江古籍出版社，1988 年 11 月出版。

12. 《六朝事迹編類》，〔宋〕張敦頤，上海，上海古籍出版社，1995 年 1 月出版。

13. 《太平御覽》，〔宋〕李昉等，北京，中華書局，1960 年 4 月出版。

14. 《太平御覽》，〔宋〕李昉等，石家莊，河北教育出版社，2000 年 3 月出版。

15. 《太平廣記》，〔宋〕李昉等，臺北，文史哲出版社，1987 年 5 月出版。

16. 《太平寰宇記》，〔宋〕樂史，臺北，中華書局，2000 年 1 月出版。

17. 《太平寰宇記》，〔宋〕樂史，永和，文海出版社，1993 年 2 月出版。

18. 《太平御覽經史圖書綱目》，收入《四庫全書》冊 893，臺北，臺灣商務印書館，1986 年 3 月出版。

19. 《五行大義》，〔隋〕蕭吉，錢杭點校，上海，上海書店，2001 年 12 月出版。

20. 《中國畫論》，張勁秋校注，合肥，安徽美術出版社，1995 年 9 月出版。

21. 《中國方術概觀・占星卷》，北京，人民中國出版社，1993 年 12 月出版。

22. 《白虎通疏證》，〔漢〕班固，吳則虞點校，北京，中華書局，1997 年 10 月出版。

23. 《北史》，〔唐〕李延壽，臺北，鼎文書局，1994 年 9 月出版。

24. 《北齊書》，〔唐〕李百藥，臺北，鼎文書局，1981 年 7 月出版。

25. 《北堂書鈔》，〔唐〕虞世南，臺北，新興書局，1978 年 1 月出版。

26. 《北堂書鈔》，〔唐〕虞世南，孔廣陶校注，臺北，宏業書局，1974 年 10 月出版。

27. 《世說新語》，〔劉宋〕劉義慶，臺南，大行出版社，1992 年 5 月出版。

28. 《世說新語校箋》，〔劉宋〕劉義慶，徐震堮校注，臺北，文史哲出版社，1989 年 9 月出版。

29. 《老子校釋》，朱謙之校釋，北京，中華書局，1996 年 8 月出版。

30. 《列子集釋》，楊伯峻集釋，北京，中華書局，1997 年 10 月出版。

31. 《全上古三代秦漢三國六朝文》，〔清〕嚴可均，石家莊，河北教育出版社，1997 年 10 月出版。

32. 《先秦漢魏晉南北朝詩》，臺北：木鐸出版社，1988 年 7 月出版。

33. 《江文通集》，〔梁〕江淹，臺北：臺灣商務印書館，1975 年 11 月出版。

34. 《江淹集校注》，〔梁〕江淹，俞紹初校注，鄭州，中州古籍出版社，1994 年 9 月出版。

35. 《初學記》，〔唐〕徐堅等，北京，中華書局，2004 年 2 月出版。

36. 《宋書》，〔梁〕沈約，臺北，鼎文書局，1993 年 10 月出版。

37. 《周書》，〔唐〕令狐德棻，臺北，鼎文書局，1993 年 6 月出版。

38. 《抱朴子內篇校釋》，〔晉〕葛洪、王明點校，北京，中華書局，1988 年 7 月出版。

39. 《抱朴子外篇校箋》，〔晉〕葛洪，楊明照校箋，北京，中華書局，1997 年 10 月出版。

40. 《長安志》，〔元〕駱天驤，黃永年點校，北京，中華書局，1990 年 8 月出版。

41. 《法苑珠林校注》，〔唐〕釋道世，北京，中華書局，2003 年 12 月出版。

42. 《荀子集釋》，李滌生集釋，臺北，臺灣學生書局，1988 年 10 月出版。

43. 《南史》，〔唐〕李延壽，臺北，鼎文書局，1994 年 9 月出版。

44. 《南朝宋會要》，〔清〕朱銘盤，臺北，弘文館出版社，1986 年 7 月出版。

45. 《南朝齊會要》，〔清〕朱銘盤，臺北，弘文館出版社，1986 年 11 月出版。

46. 《南朝梁會要》，〔清〕朱銘盤，臺北，弘文館出版社，1986 年 7 月出版。

47. 《南朝陳會要》，〔清〕朱銘盤，臺北，弘文館出版社，1986 年 11 月出版。

48. 《南齊書》，〔梁〕蕭子顯，臺北，鼎文書局，1993 年 5 月出版。

49. 《建康實錄》，〔唐〕許嵩，上海，上海古籍出版社，1987 年 10 月出版。

50. 《拾遺記譯注》，〔晉〕王嘉，孟慶祥、商溦姝譯注，哈爾濱，黑龍江人民出版社，1989 年 4 月出版。

51. 《庾子山集注》，〔北周〕庾信，許逸民校點，北京，中華書局，2000 年 3 月出版。

52. 《晉書》，〔唐〕房玄齡等，臺北，鼎文書局，1995 年 6 月出版。

53. 《晉會要》，〔清〕汪兆鏞，北京，中國建築工業出版社稿本，未署出版年月。

54. 《荊楚歲時記》，〔北周〕宗懍，臺北，文津出版社，1992 年 6 月出版。

55. 《荊州記九種‧襄陽四略》，武漢，湖北人民出版社，1999 年 6 月出版。

56. 《黃帝內經素問注證發微》，王洪圖、李雲點校，北京，科學技術文獻出版社，1999 年 1 月出版。

57. 《莊子譯詁》，楊柳橋譯詁，上海，上海古籍出版社，1996 年 5 月出版。

58. 《梁書》，〔唐〕姚思廉，臺北，鼎文書局，1993 年 1 月出版。

59. 《陳書》，〔唐〕姚思廉，臺北，鼎文書局，1993 年 5 月出版。

60. 《董仲舒集》，〔漢〕董仲舒，北京，學苑出版社，2003 年 7 月出版。

61. 《陶淵明集》，〔晉〕陶潛，逯欽立校注，臺北，里仁書局，1985 年 4 月出版。

62. 《陶淵明集校箋》，〔晉〕陶潛、楊勇校箋，臺北，正文書局，1987 年 1 月出版。

63. 《博物志》，〔晉〕張華，臺北，明文書局，1984 年 7 月出版。

64. 《淮南鴻烈集解》，〔漢〕劉安等，劉文典，北京，中華書局，1997 年 1 月出版。

65. 《淮南子校注譯》，陳一平校注譯，廣州，廣東人民出版社，1994 年 1 月出版。

66. 《國語》，臺北，里仁書局，1971 年 7 月出版。

67. 《通典》，〔唐〕杜佑，長沙，岳麓書社，1995 年 11 月出版。

68. 《通典》，〔唐〕杜佑，杭州，浙江古籍出版社，1988 年 11 月出版。

69. 《通志》，〔宋〕鄭樵，北京，中華書局，1995 年 11 月出版。

70. 《隋書》，〔唐〕魏徵，臺北，鼎文書局，1974 年 7 月出版。

71.《堪輿集成》，重慶，重慶出版社，1994 年 5 月出版。

72.《搜神記》，〔晉〕干寶，臺北，木鐸出版社，1985 年 7 月出版。

73.《新唐書》，〔宋〕歐陽修，北京，中華書局，1991 年 12 月出版。

74.《新譯尹文子》，徐忠良注注譯，臺北，三民書局，1996 年 1 月出版。

75.《新譯管子讀本》，湯孝純注譯，李振興校閱，臺北，三民書局，1995 年 7 月出版。

76.《新譯楚辭讀本》，傅錫任註譯，臺北，三民書局，1984 年 12 月出版。

77.《新譯呂氏春秋》，朱木嘉、蕭木注譯，臺北，三民書局，1995 年 8 月出版。

78.《新譯西京雜記》，曹海東注譯、李振興校閱，臺北，三民書局，1995 年 8 月出版。

79.《新譯洛陽伽藍記》，劉九洲注譯、侯迺慧校閱，臺北，三民書局，1994 年 3 月出版。

80.《新譯文心雕龍》，羅立乾注譯、李振興校閱，臺北，三民書局，1994 年 4 月出版。

81.《新譯孔子家語》，羊春秋注譯、周鳳五校閱，臺北，三民書局，1996 年 7 月出版。

82.《新譯顏氏家訓》，李振興、黃沛榮、賴明德注譯，臺北，三民書局，1993 年 9 月出版。

83.《摩訶止觀輔行傳弘決》，〔隋〕天台智凱講述，臺北，中華佛教文獻編撰社，1981 年 11 月出版。

84.《園冶》，〔明〕計成，臺北，明文書局，1993 年 8 月出版。

85.《景定建康志》，〔宋〕周應合，臺北，成文出版社，1983 年 3 月出版。

86.《資治通鑑》，〔宋〕司馬光，臺北，宏業書局，1993 年 10 月出版。

87.《齊民要術》，〔北魏〕賈思勰，成都，巴蜀書社，1995 年 9 月出版。

88.《詩品譯注》，〔梁〕鍾嶸，趙仲邑譯注，臺北，貫雅文化公司，1991 年 7 月出版。

89.《嘉泰會稽志》，〔宋〕施宿，臺北，成文出版社，1983 年 3 月出版。

90.《論衡校釋》，〔漢〕王充，黃暉校釋，北京，中華書局，1996 年 11 月出版。

91.《漢書》，〔漢〕班固，臺北，鼎文書局，1997 年 10 月出版。

92.《漢唐地理書鈔》，〔清〕王謨，臺北，中華書局，1961 年 9 月出版。

93.《劉孝標集》，〔梁〕劉峻，臺北，貫雅文化公司，1991 年 2 月出版。

94.《魏書》，〔北齊〕魏收，臺北，鼎文書局，1981 年 7 月出版。

95.《算經十書》，瀋陽，遼寧教育出版社，1998 年 12 月出版。

96. 《歷代宅京記》，〔清〕顧炎武，北京，中華書局，1984 年 2 月出版。

97. 《墨子集釋》，張純一注述，臺北，文史哲出版社，1993 年 1 月出版。

98. 《謝宣城集》，〔南齊〕謝朓，上海，上海古籍出版社，1991 年 11 月出版。

99. 《謝靈運集》，〔宋〕謝靈運，李運富校注，長沙，岳麓書社，1999 年 8 月出版。

100. 《謝靈運集校注》，〔宋〕謝靈運，顧紹柏校注，臺北，里仁書局，2004 年 4 月出版。

101. 《魏晉南北朝古籍逐字索引叢刊‧謝靈運集逐字索引》，香港，中文大學出版社，2000 年 11 月出版。

102. 《舊唐書》，〔後晉〕李百藥，北京，中華書局，1991 年 12 月出版。

103. 《戰國策譯注》，錢超塵譯注，北京，北京燕山出版社，1993 年 7 月出版。

104. 《藝文類聚》，〔唐〕歐陽詢等，臺北，西南書局，1977 年 8 月出版。

105. 《讀史方輿紀要》，〔清〕顧祖禹，賀次君、施金和點校，北京，中華書局，2005 年 3 月出版。

## 二、專　書（依作者姓氏筆畫）

1. 丁成泉，《中國山水詩史》，臺北，文津出版社，1995 年 8 月出版。

2. 王庸，《中國地理學史》，臺北，臺灣商務印書館，1986 年 10 月出版。

3. 王庸，《中國地圖史綱》，北京，三聯書店，1958 年 6 月出版。

4. 王三山，《中國建築與園林》，武漢，湖北人民出版社，1995 年 4 月出版。

5. 王玉德，《風水術注評》，中和，雲龍出版社，1994 年 2 月出版。

6. 王成祖，《中國地理學史：先秦至明代》，北京，商務印書館，1982 年 12 月出版。

7. 王深法，《風水與人居環境》，北京，中國環境科學出版社，2003 年 4 月出版。

8. 王振復，《風水聖經：宅經‧葬書》，臺北，恩楷公司，2003 年 12 月出版。

9. 王重光、陳愛娣，《中國帝陵》，上海，上海古籍出版社，1996 年 8 月出版。

10. 王國瓔，《中國山水詩研究》，臺北，聯經出版公司，1992 年 2 月出版。

11. 中研院經濟所編，《積漸所至——中國環境史論文集》，臺北，中研院經濟所，1995 年 6 月出版。

12. 中國古都學會編，《中國古都研究》第二輯，杭州，浙江人民出版社，1986 年 9 月出版。

13. 中國古都學會編，《中國古都研究》第三輯，杭州，浙江人民出版社，1987 年 3 月出版。

14. 中國古都學會編,《中國古都研究》第四輯,杭州,浙江人民出版社,1989年3月出版。

15. 中國畫像石全集編輯委員會,《中國畫像石全集》,濟南,山東美術出版社,2000年6月出版。

16. 中國畫像磚全集編輯委員會,《中國畫像磚全集》,成都,四川美術出版社,2006年1月出版。

17. 史念海,《中國古都和文化》,北京,中華書局,1998年7月出版。

18. 朱偰,《建康蘭陵六朝陵墓圖考》,北京,中華書局,2006年8月出版。

19. 朱偰,《金陵古蹟圖考》,收入《民國叢書》第四編,上海,上海書店,1992年12月初版。

20. 朱大渭,《六朝史論》,北京,中華書局,1998年8月出版。

21. 任常泰,《中國陵寢史》,臺北,文津出版社,1995年6月出版。

22. 牟宗三,《才性與玄理》,臺北,臺灣學生書局,1983年6月出版。

23. 江曉原,《星占學與傳統文化》,上海,世紀出版公司,2005年8月出版。

24. 江曉原,《12宮與28宿:世界歷史上的星占學》,瀋陽,遼寧教育出版社,2005年5月出版。

25. 李文初,《中國山水詩史》,廣東,廣東高等教育出版社,1991年5月出版。

26. 李文初,《中國山水文化》,廣東,廣東人民出版社,1996年9月出版。

27. 李零,《中國方術正考》,北京,中華書局,2006年5月出版。

28. 李約瑟,《中國之科學與文明》,臺北,臺灣商務印書館,1985年2月出版。

29. 李森南,《山水詩人謝靈運》,臺北,文史哲出版社,1989年7月出版。

30. 杜正勝,《古代國家與社會》,臺北,允晨文化,1992年10月出版。

31. 杜石然,《中國科學技術史稿》,北京,科學出版社,1982年7月出版。

32. 阮浩耕,《立體詩畫──中國園林藝術鑑賞》,臺北,書泉出版社,1994年1月出版。

33. 何曉昕,《風水探源》,臺北,博遠出版公司,1995年8月出版。

34. 竺可楨,《竺可楨全集》,上海,上海科技教育出版社,2004年7月出版。

35. 金祖孟,《中國古宇宙論》,上海,華東師範大學出版社,1996年5月出版。

36. 金應春,《中國地圖史話》,北京,科學出版社,1984年6月出版。

37. 吳功正,《六朝園林》,南京,南京出版社,1992年11月出版。

38. 吳明益,《以書寫解放自然──臺灣現代自然書寫的探索:1980～2002》,臺北,大安出版社,2004年11月出版。

39. 周一良,《魏晉南北朝使札記》,北京,中華書局,1985年3月出版。

40. 周武忠，《中國園林藝術》，臺北，臺灣中華書局，1993 年 1 月出版。

41. 周維權，《中國古典園林史》，臺北，明文書局，1991 年 12 月出版。

42. 周瀚光、戴宏才，《六朝科技》，南京，南京出版社，2003 年 8 月出版。

43. 河南省文物研究所，《登封王城崗與陽城》，北京，文物出版社，1992 年 1 月出版。

44. 俞孔堅，《理想景觀探源——風水的文化意義》，臺北，田園城市，1998 年 2 月出版。

45. 俞孔堅，《生物與文化基因上的圖式風水與理想景觀的深層意義》，臺北，田園城市，1998 年 2 月出版。

46. 胡寶國，《漢唐間史學的發展》，北京，商務印書館，2003 年 11 月出版。

47. 胡欣、江小群，《中國地理學史》，臺北，文津出版社，1995 年 12 月出版。

48. 唐長孺，《山居存稿》，北京，中華書局，1989 年 7 月出版。

49. 唐長孺，《魏晉南北朝使論叢續編》，臺北，帛書出版社，1985 年 7 月出版。

50. 袁有根、蘇涵、李曉庵，《顧愷之研究》，北京，民族出版社，2005 年 8 月出版。

51. 徐金堤，《中國山水畫史錄》，濟南，齊魯書社，1993 年 12 月出版。

52. 徐復觀，《中國人性論史·先秦篇》，臺北，臺灣商務印書館，1994 年 4 月出版。

53. 海野一隆，《地圖的文化史》，香港，中華書局，2001 年 5 月出版。

54. 郝潤華，《六朝史籍與史學》，北京，中華書局，2005 年 3 月出版。

55. 陳水雲，《中國山水文化》，武漢，武漢大學出版社，2001 年 10 月出版。

56. 陳玉峰，《台灣生態史話》，臺北，前衛出版社，1997 年 12 月出版。

57. 陳寅恪，《隋唐制度淵源略論稿》，臺北，里仁書局，1994 年 8 月出版。

58. 陳啓雲，《荀悅與中古儒學》，瀋陽，遼寧大學出版社，2000 年 6 月出版。

59. 陳啓雲，《漢晉六朝文化·社會·制度——中華中古前期史研究》，臺北，新文豐出版社，1997 年 1 月出版。

60. 陳琳國，《魏晉南北朝政治制度研究》，臺北，文津出版社，1994 年 3 月出版。

61. 陳橋驛，《酈道元評傳》，南京，南京大學出版社，1994 年 4 月出版。

62. 陳遵嬀，《中國天文學史》，臺北，明文書局，1985 年 5 月出版。

63. 傅大爲，《異時空裡的知識追逐——科學史與科學哲學論文集》，臺北，東大圖書公司，1992 年 10 月出版。

64. 莊慶信，《中國哲學家的大地觀》，臺北，師大書苑，1995 年 8 月出版。

65. 馮時，《中國天文考古學》，北京，社會科學文獻出版社，2001 年 11 月出版。

66. 萬繩南編：《陳寅恪魏晉南北朝史演講錄》，中和，雲龍出版社，1995 年 2 月出版。

67. 張淵量，《葬經圖解》，中壢，三泰出版社，1998 年 11 月出版。

68. 張家驥，《中國造園史》，臺北，博遠出版公司，1990 年 8 月出版。

69. 黃雲，《中國山水畫史》，廣州，廣東高等教育出版社，1991 年 7 月出版。

70. 劉沛林，《風水──中國人的環境觀》，上海，三聯書店，1995 年 12 月出版。

71. 廖國棟，《魏晉詠物賦研究》，臺北，文史哲出版社，1990 年 10 月出版。

72. 楊寬，《中國古代都城制度史研究》，上海，上海人民出版社，2003 年 6 月出版。

73. 楊寬，《中國古代陵寢制度史研究》，上海，上海人民出版社，2003 年 6 月出版。

74. 楊新、班宗華，《中國繪畫三千年》，臺北，聯經出版公司，1999 年 1 月出版。

75. 趙伯陶，《十二生肖面面觀》，濟南，齊魯書社，2001 年 5 月出版。

76. 蔡達峰，《歷史上的風水術》，上海，上海科技教育出版社，1994 年 12 月出版。

77. 漢寶德，《風水與環境》，臺北，聯經出版公司，1998 年 12 月出版。

78. 蒲慕州，《墓葬與生死──中國古代宗教之省思》，臺北，聯經出版公司，1993 年 6 月出版。

79. 盧良志編，《中國地圖學史》，北京，測繪出版社，1984 年 7 月出版。

80. 鄭欣，《魏晉南北朝史探索》，濟南，山東大學出版社，1989 年 8 月出版。

81. 鄭文光，《中國天文學源流》，臺北，萬卷樓圖書，2002 年 3 月出版。

82. 鄭欽仁等，《魏晉南北朝史》，蘆洲，國立空中大學，1998 年 8 月出版。

83. 鄭炳林、王晶波，《敦煌寫本相書校錄研究》，北京，民族出版社，2004 年 12 月出版。

84. 劉國忠，《五行大義研究》，瀋陽，遼寧教育出版社，1999 年 3 月出版。

85. 劉淑芬，《六朝的城市與社會》，臺北，臺灣學生書局，1992 年 10 月出版。

86. 劉樂賢，《簡帛數術文獻探論》，武漢，湖北教育出版社，2004 年 5 月出版。

87. 謝敏聰譯・著，《中國古代的城市與建築》，臺北，大立出版社，1985 年 1 月。

88. 謝敏聰，《北京的城垣與宮闕之再研究：1403～1911》，臺北，臺灣學生

書局，1989 年 3 月出版。

89. 謝敏聰，《中國歷史旅遊文集──建築‧城市‧考古‧地理訪查 17 年》，臺北，臺灣學生書局，2005 年 10 月出版。

90. 謝敏聰，《盛世皇都旅遊──隋唐長安與明清北京對比探奇》，臺北，臺灣學生書局，2006 年 9 月出版。

91. 羅宗眞，《六朝考古》，南京，南京大學出版社，1994 年 12 月出版。

92. 羅宗眞、王志高，《六朝文物》，南京，南京出版社，2004 年 7 月出版。

93. 羅雋、何曉昕，《風水史》，臺北，華成圖書公司，2004 年 12 月出版。

94. 龐樸，《穰莠集──中國文化與哲學論集》，上海，上海人民出版社，1983 年 3 月出版。

95. 顧陵岡，《地理天機會元》，臺北，武陵出版社，1989 年 8 月出版。

96. 《古史辨》第五冊，臺北，明倫出版社，1970 年 3 月出版。

97. 〔美〕巫鴻著，柳揚岑河譯，《武梁祠──中國古代畫像藝術的思想性》，北京，三聯書店，2006 年出版。

98. 〔日〕小尾郊一，《謝靈運──孤独の山水詩人》，東京，汲古書院，1983 年 9 月出版。

99. 〔日〕大川富士夫，《六朝江南の豪族社會》，東京，雄山閣，1987 年 3 月出版。

100. 〔日〕丸山敏秋，《気──論語からニューサイエンスまで》，東京，東京美術，1989 年 7 月出版。

101. 〔日〕中村璋八，《五行大義》，東京，明德出版社，1991 年 4 月出版。

102. 〔日〕吉川忠夫，《六朝精神史》，京都，朋成社，1989 年 10 月出版。

103. 〔日〕丹波康賴，高文鑄校注，《醫心方》，北京，華夏出版社，1996 年 11 月出版。

104. 〔日〕安居香山，《緯書と中國の神秘思想》，東京，平河出版社，1988 年 9 月出版。

105. 〔日〕安居香山編，《讖緯思想の綜合的研究》，東京，国書刊行会，1984 年 2 月出版。

106. 〔日〕村上嘉實，《六朝思想史研究》，京都，平樂寺書店，1976 年 3 月出版。

107. 〔日〕坂出祥伸，《中國思想研究》，京都，關西大學出版部，1999 年 9 月出版。

108. 〔日〕岡崎文夫，《魏晉南北朝史》，東京，弘文堂，1933 年 7 月出版。

109. 〔日〕宮川尚志，《六朝史研究》，京都，平樂寺書店，1992 年 10 月出版。

110. 〔日〕渡邊欣雄,《風水思想と東アジア》,京都,人文書院,1990 年 3 月出版。

111. 〔日〕渡邊欣雄,《風水——気の景観地理學》,京都,人文書院,1995 年 3 月出版。

112. 〔日〕賴惟勤,《賴惟勤著作集Ⅱ》,東京,汲古書院,1989 年 8 月出版。

113. 〔日〕《陰陽道叢書》,東京,名著出版社,1991 年 9 月出版。

114. Eitel, E.J., *Feng-Shui: The Science of Sacred Landscape in Old China*, Tucson: Synergetic Press.

115. Graham, A.C., *Yin-Yang and the Narture of Correlative Thinking*, The Institute of East Asian Philosophers, Occasional Paper and Monograph Series No.6, 1986.

116. Henderson, J.B., *The Development and Decline of Chinese Cosmology*, Columbia, 1984.

117. Yang, L.S., *Studies in Chinese Institutional History*, Harvard University Press, 1963.

## 三、期刊論文（依作者姓氏筆畫）

1. 艾蘭（S.Allan）,〈「亞」形與殷人的宇宙觀〉,《中國文化》（上海,三聯書局,1992 年出版）,第 4 期,頁 32。

2. 朱淵清,〈《五行大義》版本述略〉,《古籍整理研究學刊》,1996:2（長春,1996 年 3 月出刊）,頁 29～30。

3. 李勇,〈對中國古代恆星分野和分野式盤研究〉,《自然科學史研究》11:1（1992 年出刊）,頁 22～31。

4. 宋德熹,〈中古門第觀念探微〉,《興大歷史學報》,第五期（1995 年 6 月出刊）,頁 14。

5. 宋德熹,〈「關隴集團」中的代北外戚家族的角色與地位〉,《大陸雜誌》,85:6（臺北,1993 年 1 月出刊）,頁 3～7。

6. 宋德熹,〈參透風流二字禪——「風流」詞義在中國社會文化史上的遞變〉,《淡江大學中文學報》創刊號,頁 41～55。

7. 何茲全,〈魏晉時期莊園經濟的雛形〉,《食貨半月刊》1:1（1934 年 12 月出刊）,頁 6～10。

8. 吳功正,〈六朝莊園經濟與美學結構之關係〉,《貴州社會科學》（1994 年 2 月出刊）,頁 59～65。

9. 林敏勝,《六朝園林研究》,臺中,國立中興大學歷史學系碩士論文,1997 年 6 月。

10. 胡厚宣,〈釋殷代求年於四方和四方風的祭祀〉,《復旦學報》（上海,復

旦大學，1956 年 1 月出刊），頁 49～86。

11. 胡阿祥，〈六朝疆域與政區研究史料評説〉，《歷史地理》12 輯（上海，1995 年 3 月出刊），頁 237。

12. 孫仲明，〈戰國中山王墓「兆域圖」的初步探討〉，《地理研究》，1982 年 1 卷 1 期。

13. 陳久金，〈渾天説的發展歷史新探〉，《科技史文集》第 1 集，上海科學技術出版社，1978 年出版，頁 59。

14. 陳啓雲，〈漢代中國：經濟、社會和政府的權力〉，《陝西歷史博物館館刊》，第一輯，西安，1999 年 6 月出刊。

15. 陳啓雲，〈地理與人文動態互應考析之一：中西地理環境的比較〉，《蘭州大學學報》，35：2（蘭州，2007 年 3 月出刊），頁 4。

16. 陳啓雲，〈商周中原文化對長江流域古代社會文明化進程的影響〉，《學術月刊》，38：7（上海，2006 年 7 月出刊），頁 131～134。

17. 陳啓雲，〈跨學科與超領域的研究〉，《南開學報——哲學社會科學版》（上海，2006 年 9 月出刊），頁 39～42。

18. 陳麗桂，〈漢代的氣化宇宙論及其影響〉，《道家文化研究》第八輯，1995 年 11 月出刊。

19. 傅大爲，〈論《周髀》研究傳統的歷史發展與轉折〉，收入傅大爲，《異時空裡的知識追逐——科學史與科學哲學論文集》，臺北，東大圖書公司，1992 年 10 月出版，頁 3～5。

20. 傅大爲，〈對「周髀研究傳統」一文的補註〉，收入傅大爲，《異時空裡的知識追逐——科學史與科學哲學論文集》，臺北，東大圖書公司，1992 年 10 月出版，頁 66～67。

21. 郭黎安，〈魏晉南北朝都城形制試探〉，收入《中國古都研究》第二輯，頁 52～55。

22. 陶希聖，〈齊民要術裡田園的商品生產〉，《食貨半月刊》3：4（1936 年 1 月出刊）。

23. 黃正藩、田澤濱，〈六朝時期江南的山墅〉，《魏晉南北朝史》（1988 年 2 月出刊），頁 3～13。

24. 萬繩楠，〈南朝時代江南的田莊制度〉，《歷史教學》（1965 年 11 月出刊），頁 42～45。

25. 萬繩楠，〈南朝田莊制度的變革〉，《安徽師大學報》（1980 年 2 月出刊），頁 47～53。

26. 崔振華，〈分野説探源〉，收入《中國科學技術史國際學術討論會論文集》（北京，中國科學技術出版社，1992 年出版），頁 22～26。

27. 楊鴻勛，〈戰國中山王陵及兆域圖研究〉，《考古學報》，1980 年 1 期出刊。

28. 鄭欣，〈東晉南朝的世族莊園制度〉，《文史哲雙月刊》（1978 年 3 月出刊），頁 33～44。

29. 薩孟武，〈中國歷史上的國都〉，《大陸雜誌》，臺北，1952 年 10 月出刊。

30. 譚其驤，〈中國歷史上的七大古都〉，《歷史教學問題》，北京，1982 年 7 月出刊。

31. 饒宗頤，〈法譯五行大義校注序〉，《中國文哲研究通訊》，1：4，臺北，1991 年 12 月出刊。

32. 劉毓璜，〈論漢晉南朝的封建莊園制度〉，《歷史研究》（1962 年 3 月出刊），頁 116～133。

33. 閻萬英，〈魏晉南朝地主田莊經濟在江淮地區開發中的積極作用〉，《中國農史》（1988 年 4 月出刊），頁 14～21。

34. 河南省文物研究所，〈登封王城崗遺址的發掘〉，《文物》（1983 年第 3 期），頁 16。

35. Bennett, Steven J., "Patterns of the Sky and Earth: A Chinese Science of Applied Cosmology" *Chinese Science,* 3（1978），pp.1-26.

36. Berger, Kenneth J. E., "Is Feng Shui an Early Form of Ecology?" A*sian Culture,* Vol.XXII，No.3（Autumn, 1994），pp.3-12.

37. Fu, Daiwie, "An Early Geomantic Theory and its Relation to Compass Deviation".

38. *Storia Della Scienza—Cina, India, Americhe*（Enciclopedia Italiana, 2001），pp.119-122.

39. Henderson, J.B., *"Cosmology"*, manuscript, pp.1-24.

40. Métaillé, George, "Some hints on 'Scholar Gargens' and plants in traditional China" *Studies in the History of Gardens & Designed Landscapes,* 18:3（Autumn，1998），pp.248-256.

## 四、網路資料

1. http://rub.ihp.sinica.edu.tw/中央研究院歷史語言研究所，「漢代石刻畫像拓本」網站。

2. http://www.chiculture.net 香港中國文化研究院，「漢畫像石與畫像磚」網站。http://www.shangyu.gov.cn 上虞市人民政府門戶網站。

3. http://www.sznews.zj.cn 嵊州新聞網。

4. http://www.chibs.edu.tw/publication/LunCong/030/960-977.htm

5. http://www.zmk.uni-freigurg.de/rheineintern/Elvin.htm Mark Elvin, '*Nature as revelation: a reading of Xie Lingyun's "Living in the Hills" as the first Chinese poem on the environmen*t'.